Futh

# Rationalisierung der Datenverarbeitung
Band IX

Horst Futh

# Rationalisierung der Datenverarbeitung

## Band IX
## Die EDV mitgestalten

– EDV für Mitarbeiter von Fachabteilungen –

Mit 76 Abbildungen

R. Oldenbourg Verlag
München Wien 1980

**CIP-Kurztitelaufnahme der Deutschen Bibliothek**

**Futh, Horst:**
Rationalisierung der Datenverarbeitung / Horst Futh. – München, Wien : Oldenbourg.

Bd. 9. Die EDV mitgestalten : EDV für Mitarb. von Fachabt. – 1980.
ISBN 3-486-24381-0



Druck: Hofmann-Druck, Augsburg
Bindearbeiten: R. Oldenbourg Graphische Betriebe GmbH, München

ISBN 3-486-24381-0

# Inhaltsverzeichnis

# Vorwort zur Gesamtausgabe

Alle mit der Datenverarbeitung zusammenhängenden Fragen sind heute aktueller denn je. Nicht nur, daß die Anzahl der installierten EDV-Anlagen von Jahr zu Jahr wächst und immer mehr Anwendungsgebiete auf die EDV umgestellt werden, auch die EDV-Probleme haben erheblich zugenommen. Während in den 60er Jahren die maschinelle Abwicklung von Massen- und Routinearbeiten im Vordergrund stand, werden heute Lösungen für Dispositions- und Informationssysteme, für den Einsatz von Dialoggeräten und für den Aufbau von Datenbanken gesucht. Diese Entwicklung stellt neue Fragen und verlangt ein Abweichen von eingefahrenen Wegen. Hinzu kommt, daß die Unternehmen heute aus wirtschaftlichen Gründen gezwungen sind, in der EDV rationellere Verfahren und Techniken einzusetzen: Mehr Planung und Überwachung, der Einsatz normierter Organisations- und Programmierungstechniken und die Einführung von Kostenbudgets und Wirtschaftlichkeitsrechnungen werden bald zum Maßnahmenkatalog jeder EDV-Abteilung gehören.

Dem Wandel in der EDV und den Anforderungen, die künftig an die EDV-Mitarbeiter, aber auch an die Geschäftsleitungen und Mitarbeiter in den Fachabteilungen gestellt werden, will diese Buchreihe Rechnung tragen. Sie erstreckt sich auf das Gesamtgebiet der EDV-Technik und wird nur dort eingeschränkt, wo sich die EDV-Aktivitäten auf herstellerbezogene Hardware- und Softwaretechniken beziehen.

Die neue Buchreihe umfaßt folgende Bände:

| | |
|---|---|
| Band I | Grundlagen der EDV<br>- Hardware, Software, Orgware - |
| Band II | Planung und Einrichtung von EDV-Abteilungen<br>- Aufgaben- und Datenanalyse, Gesamtsystem, Hardware- und Softwareauswahl, Wirtschaftlichkeitsanalyse, Gesamtplanung, organisatorischer, personeller und räumlicher Aufbau der EDV-Abteilung - |
| Band III | Entwicklung und Einführung von EDV-Systemen<br>- Voruntersuchung, Projektsteuerung, Projektrealisierung, Änderungsdienst - |
| Band IV | Rechenzentrumsorganisation<br>- Arbeitsplanung und Ablaufvorbereitung, Datenerfassung und Datenverarbeitung, Kontrolle und Abstimmung - |
| Band V | EDV-Systemrevision<br>- Revision der Projektumstellung, Revision der RZ-Abwicklung, Revision projektunabhängiger Bereiche - |
| Band VI | EDV-Personalführung<br>- EDV-Personalorganisation, EDV-Personalplanung, EDV-Personalmanagement - |
| Band VII | Datenschutz und Datensicherung<br>- Begriffe, Bundes-Datenschutzgesetz, Risiken, Maßnahmen, Kosten, Überwachung, Realisierung - |
| Band VIII | Die EDV in den Griff bekommen<br>- EDV für Führungskräfte - |
| Band IX | Die EDV mitgestalten<br>- EDV für Mitarbeiter von Fachabteilungen - |
| Band X | EDV für Klein- und Mittelbetriebe<br>- Einsatz von Computern der mittleren Datentechnik - |

Februar 1980 Horst Futh

# Vorwort zu Band IX

Die Beziehungen zwischen der EDV-Abteilung und ihren Benutzern, den Fachabteilungen, haben seit dem Einsatz von Computern eine Entwicklung durchlaufen, die von völliger Passivität der Benutzer bis zur selbständigen Gestaltung von EDV-Konzepten reicht. Bezieht man die künftige, schon heute überschaubare Entwicklung in diesen Prozeß ein, so lassen sich vier Perioden der Zusammenarbeit zwischen EDV-Abteilung und den Mitarbeitern der Fachabteilungen unterscheiden.

Die erste Periode (bis etwa Mitte der 60er Jahre) ist durch ein nahezu völlig passives EDV-Verhalten der Führungskräfte und Mitarbeiter in den Fachabteilungen gekennzeichnet: Man lehnte damals die EDV ab, weil man sie nicht durchschaute und sie, durch zusätzliche Kontrollen und Doppelarbeiten, die Arbeitserledigung eher erschwerte statt erleichterte.

Erst in der zweiten Periode (Mitte der 60er bis Mitte der 70er Jahre) beginnt eine Mitwirkung der Fachabteilungen bei EDV-Prozessen. Da in vielen Firmen einfache Abrechnungsvorgänge wie die Lohn- und Gehaltsabrechnung, die Materialbestandsfortschreibung und die Auftragsbearbeitung bereits auf den Computer übernommen sind, wendet man sich jetzt "höheren" Arbeitsgebieten zu. Bei der Umstellung dieser Arbeitsgebiete, wie beispielsweise der Materialdisposition, der Finanzbuchhaltung und der Kostenrechnung, kann man nicht mehr auf die Mitwirkung der Führungs- und Fachkräfte in den Fachabteilungen verzichten, weil es hierbei auf präzise Fachkenntnisse und klare Zielformulierungen ankommt.

Ein weiteres Vordringen des Computers (nach einfachen Abrechnungsvorgängen und dispositiven Aufgaben werden Computer jetzt auch für die Planung und Informationsversorgung eingesetzt), vor allem aber der Übergang zum Dialogverkehr machen ein noch stärkeres Engagement der Mitarbeiter in den Fachabteilungen erforderlich. Wir können deshalb diese dritte Periode, die etwa Mitte der 70er Jahre beginnt und gegenwärtig noch andauert als Periode der Mitgestaltung bezeichnen, weil in dieser Phase ein erheblicher Teil der Verantwortung bei der Umstellung, Änderung und Handhabung von EDV-Systemen auf die Fachabteilungen übergeht.

Wie bereits heute erkennbar und von Fachkennern vorausgesagt, werden im Laufe dieses Jahrzehnts, als vierte Periode der Entwicklung, weitere EDV-Aktivitäten, die heute noch bei den Mitarbeitern der EDV-Abteilung liegen, den Fachabteilungen überlassen. Diese vierte Periode ist dadurch gekennzeichnet, daß die Führungs- und Fachkräfte in den Fachabteilungen organisatorisch die Eigengestaltung von EDV-Systemen übernehmen, einfach zu handhabende Programmiersprachen benutzen und nicht nur die Bildschirmgeräte bedienen, sondern selbst mit Mikroprocessoren und Minicomputern, die zu Computer-Verbundnetzen zusammengeschlossen sind, umgehen. Mit Abschluß dieser Periode Ende der 80er Jahre wird die zentrale, zum Teil übermächtige EDV-Abteilung in der heutigen Form aufhören zu existieren.

Es liegt auf der Hand, daß die aufgezeigte Entwicklung erhebliche personelle und organisatorische Auswirkungen auf Struktur und Arbeitsabläufe der Fachabteilungen haben wird. Schon heute ist der einzelne Mitarbeiter in großem Umfange mit EDV-Fragen konfrontiert. Deshalb wird jeder Mitarbeiter in den Fachabteilungen der neuen Herausforderung nur begegnen können, wenn er sich das hierzu notwendige EDV-Fachwissen aneignet, wozu dieses Buch beitragen möchte.

Februar 1980 Horst Futh

# 1. Einführung

Damit die Mitarbeiter in den Fachabteilungen EDV-Systeme mitgestalten, ändern und handhaben können, benötigen sie ausreichende Kenntnisse in den technischen Grundlagen der EDV einschließlich der erforderlichen Fachbegriffe, müssen organisatorische Institutionen (EDV-Ausschuß, EDV-Kontaktleute) für die Zusammenarbeit mit dem EDV-Personal geschaffen werden, sind Verantwortung und Aufgaben bei EDV-Prozessen einschließlich Verfahrenstechniken und Hilfsmittel festzulegen und sollten die Mitarbeiter wissen, welche Anwendungen sich für die EDV eignen und welche Informationen der Computer bereitstellen kann.

Ganz allgemein ist es notwendig, daß alle anwendungsbezogenen EDV-Aktivitäten der Planung, Durchführung und Kontrolle mehr und mehr in die Verantwortung und Aufgaben der Fachabteilungen übergehen. Eine solche Entwicklung ist deshalb wichtig, weil die EDV

- sich immer mehr "höheren" Arbeitsgebieten (dispositive Aufgaben, Planungs- und Informationssysteme, Entscheidungssimulationen) zuwendet und dieser Prozeß folgerichtig nicht ohne Mitwirkung und Mitgestaltung der Fachabteilungen ablaufen kann
- technisch immer weiter an die Fachabteilungen heranrückt (Einsatz von Bildschirmgeräten und Minicomputern, Dialogbetrieb, Anwendung einfacher Programmiersprachen in den Fachabteilungen), wovon fast jeder Mitarbeiter in den Fachabteilungen betroffen wird
- heute in vielen Unternehmen einen zu geringen Wirkungsgrad besitzt, dessen Verbesserung die Mitwirkung und Kontrolle durch die Fachabteilungen erfordert.

Um den Stoff des Buches so anschaulich und praxisnah wie möglich zu gestalten, wurde jedes Kapitel durch Bilder oder Formulare mit Beispielen ergänzt.

# 2. Hardware und Software – die technischen Grundlagen der EDV

## 2.1 Begriffe und Übersicht

Jede Büro- und Verwaltungstätigkeit besteht darin, Daten aufzunehmen (Datenerfassung), sie an andere Stellen weiterzuleiten (Datenübertragung) und sie anschließend zu verarbeiten und auszuwerten (Datenverarbeitung) - ganz gleich, ob der Datenverarbeitungsprozeß nun manuell, maschinell oder automatisch mit Hilfe einer EDV-Anlage abläuft.

Bei der elektronischen oder automatischen Datenverarbeitung (EDV oder ADV) werden die Daten auf Datenerfassungsbelegen und Datenträgern erfaßt, per Boten oder Post an das Rechenzentrum gesandt und dort mit Hilfe einer EDV-Anlage verarbeitet (herkömmlicher EDV-Prozeß). Erfolgt die Datenerfassung mit Hilfe der Direkteingabe, so werden die Daten direkt in den Fachabteilungen erfaßt, per Leitung in die EDV-Anlage übertragen und dort verarbeitet (EDV-Prozeß mit Direkteingabe). Folgt der Datenverarbeitung auch noch die sofortige Rückgabe der Verarbeitungsergebnisse an den Absender der Direkteingabe oder einen Dritten, so sprechen wir vom EDV-Prozeß mit Dialogverkehr.

Die Bilder 1 bis 3 zeigen einen herkömmlichen EDV-Prozeß, einen EDV-Ablauf mit Direkteingabe und das Beispiel eines Computer-Dialogs.

Während man unter dem englischen Begriff "Hardware" alles versteht, was der EDV-Anwender an maschinellen Einrichtungen und Geräten für die EDV benötigt, bezeichnet die "Software" die Gesamtheit aller Programme, die zum Betrieb einer EDV-Anlage erforderlich sind oder verwendet werden.

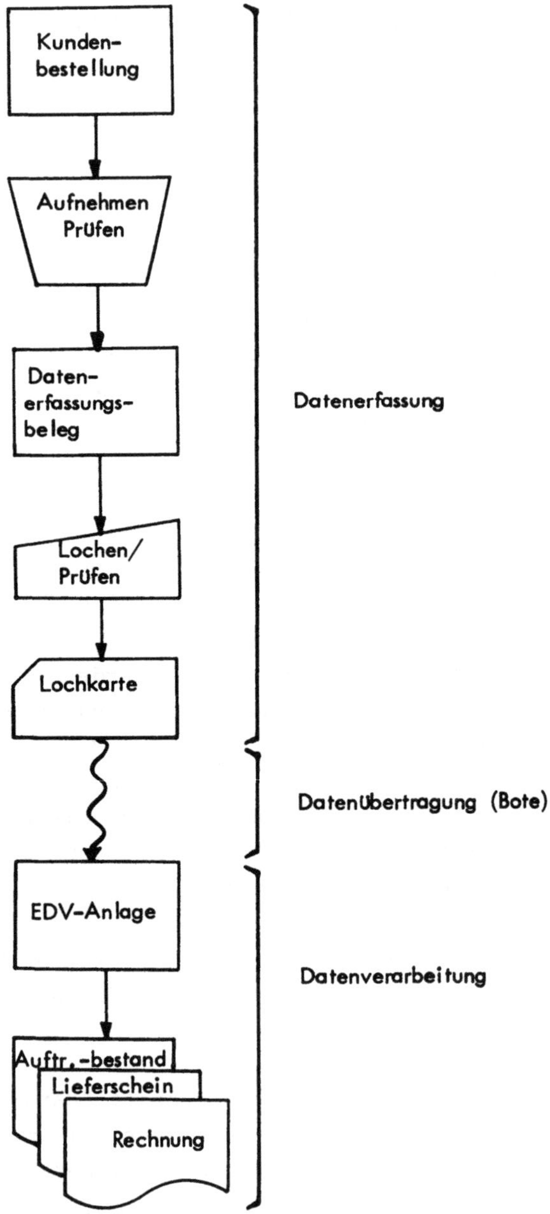


Bild 1: Herkömmlicher EDV – Prozeß

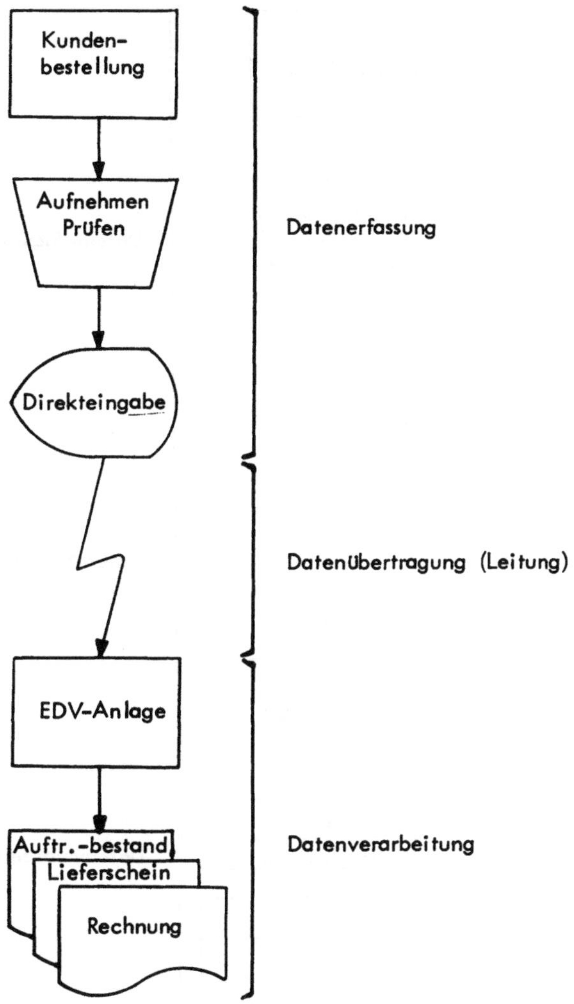


Bild 2: EDV - Prozeß mit Direkteingabe

Entsprechend dem Ablauf eines maschinellen und automatischen Datenverarbeitungsprozesses gliedern wir die Hardware in die Geräte, Einrichtungen und Anlagen der

- Datenerfassung (Datenerfassungsgeräte)

- Datenübertragung (Datenübertragungs- und Datenfernübertragungseinrichtungen) und

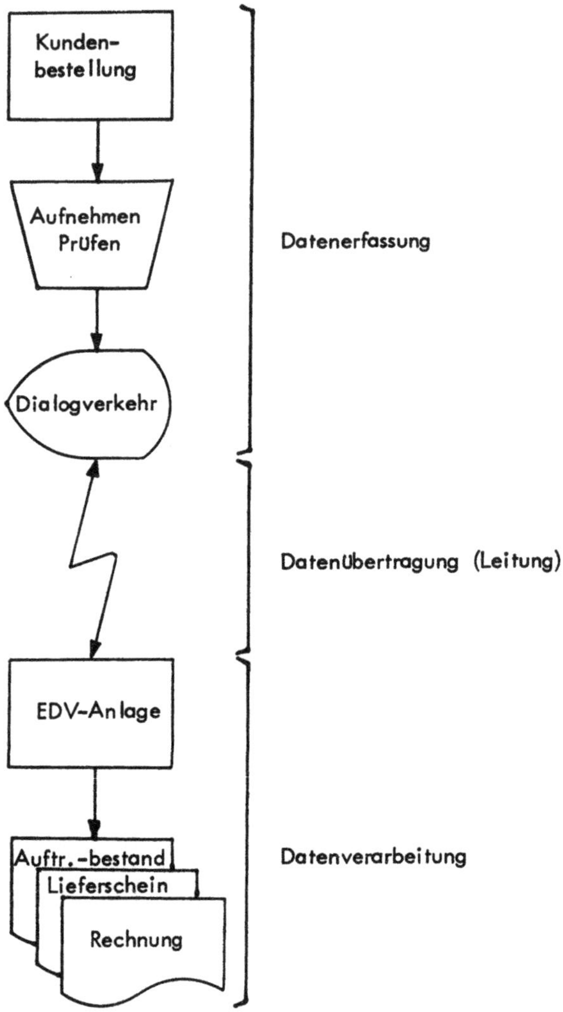


Bild 3: EDV - Prozeß mit Dialogverkehr

- Datenverarbeitung (EDV-Anlagen, MDT-Systeme, Mini- und Mikrocomputer).

Denn, wie schon dargestellt, müssen die Daten auf Datenträgern erfaßt und in die EDV-Anlage übertragen und eingegeben werden, bevor sie von der Anlage verarbeitet und ausgewertet werden können.

Bei der Software unterscheiden wir die System- von der Anwendungssoftware. Während die Systemsoftware diejenigen Programme umfaßt, die ganz allgemein den Betrieb einer EDV-Anlage sicherstellen und anwendungsunabhängige Arbeiten ermöglichen, wie z.B. das Duplizieren von Daten auf Magnetband, versteht man unter der Anwendungssoftware die Programme zur Abwicklung der EDV-Arbeiten eines Unternehmens. Beispiele für Anwendungssoftware sind Programme für die Auftragsbearbeitung, die Fakturierung, die Buchhaltung und die Materialbestandsfortschreibung.

Hardware und Software (dies gilt vornehmlich für die Systemsoftware) bilden eine funktionale Einheit, von deren günstigem Zusammenwirken die Leistungsfähigkeit einer EDV-Anlage entscheidend abhängt. Wenn beispielsweise das sogenannte Betriebssystem (Steuerprogramm, als Hauptbestandteil der Systemsoftware) zu aufwendig oder schlecht gelöst ist, nützt die noch so große Hardware-Leistung verhältnismäßig wenig, weil der Gesamtprozeß in der EDV-Anlage durch das Betriebssystem behindert wird.

Bild 4 zeigt noch einmal eine Übersicht über die Einrichtungen der Hardware und Software.

## Zusammenfassung

- Hardware: Die maschinellen und automatischen Einrichtungen für die Datenerfassung, Datenübertragung und Datenverarbeitung.

- Software: Die Gesamtheit aller Programme, unterteilt in System- und Anwendungssoftware.

| Hardware = maschinelle Einrichtungen für die | | |
|---|---|---|
| Daten-erfassung | Daten-übertragung | Daten-verarbeitung |

| Software = Programme, unterteilt in | |
|---|---|
| System-software | Anwendungs-software |

Bild 4: Übersicht über Hardware und Software

## 2.2 Hardware

### 2.21 Daten, Dateien und Datenbanken

Daten sind ganz allgemein verschlüsselte Nachrichten, die verarbeitet und ausgewertet werden sollen, ganz gleich, ob die Verarbeitung manuell, maschinell oder automatisch mit Hilfe eines Computers erfolgt.

Nach ihrer Art unterscheiden wir

- numerische Daten
  (= Ziffern von 0 bis 9)
- alphabetische Daten
  (= Buchstaben von A bis Z) und
- sonstige Daten
  (= Sonderzeichen wie z.B. Punkt, Strich, Prozentzeichen usw.).

Eine andere Unterteilung ist die nach ihrem Verwendungszweck, im einzelnen

- Bewegungsdaten
  (neue Geschäftsvorfälle wie Kundenbestellungen, Zahlungseingänge, Materialbewegungen usw., die nur vorübergehend, sozusagen als durchlaufende Posten, in der EDV-Anlage zwischengespeichert werden)
- Stamm- oder Bestandsdaten
  (Daten, die dauernd auf Magnetband oder Magnetplatte gespeichert sind und die entweder bei Anfall oder periodisch verändert werden; Beispiele sind Personalstammdaten, Materialbestandsdaten, Buchhaltungskonten u.a.).

Damit die Daten richtig und in richtiger Reihenfolge verarbeitet werden können, müssen sie in einer hierarchischen Datenstruktur angeordnet und nach bestimmten Methoden organisiert und gespeichert werden. Bei der Organisation der Daten unterscheiden wir ganz allgemein die herkömmliche Dateiorganisation von der Datenbanktechnik.

Die herkömmliche Dateiorganisation der Speicherung und Wiedergewinnung von Daten hat folgende Nachteile:

- Es ist eine Vielzahl voneinander unabhängiger Dateien vorhanden.

- Die große Anzahl von Dateien führt zur Datenredundanz, d.h. gleiche Daten sind in verschiedenen Dateien gespeichert, die bei der Änderung eines Datensatzes alle geändert werden müssen.

- Es besteht eine enge Kopplung zwischen Dateien und Programmen, was dazu führt, daß bei einer Dateiänderung nicht nur sämtliche redundante Dateien, sondern auch alle auf die betreffenden Dateien zugreifenden Programme geändert werden müssen.

- Bei jeder Auswertung, die nicht in der Folge des Ordnungsbegriffes (Schlüssel) vorgenommen werden soll, muß die Datei zunächst umsortiert werden.

- Sollen mehrere Dateien, die nach verschiedenen Ordnungsbegriffen gespeichert sind, gemeinsam verarbeitet werden, so ist in der Regel zunächst ein Umsortieren und Zusammenmischen nach einem gemeinsamen Ordnungsbegriff erforderlich.

Datenbanken, als ein neues Organisationsprinzip der Speicherung und Wiedergewinnung von Daten, vermeiden die genannten Nachteile der herkömmlichen Dateiorganisation. Ihre Vorteile bestehen darin, daß

- Programme und Dateien nicht mehr miteinander gekoppelt sind, die benötigten Daten also unabhängig von ihren Programmen aufgebaut und in einer Datenbank gespeichert werden

- gleiche Daten nicht mehr in getrennten Dateien gespeichert sind, wodurch sowohl die Redundanz von Daten als auch die Notwendigkeit zur Kettung von Dateien entfällt

- der Zugriff zu den Daten in der Datenbank nicht mehr durch die Verarbeitungsprogramme selbst, sondern über ein besonderes Datenzugriffssystem erfolgt, was zur Vereinfachung der Programmierung und zur Reduzierung des Änderungsdienstes beiträgt

- mehrere Benutzer gleichzeitig die in der Datenbank gespeicherten Daten ansprechen können, ein Vorteil, der sich vor allem beim Dialogverkehr auswirkt, und

- beliebige Auswertungen aus den in der Datenbank gespeicherten Daten gewonnen werden können, ohne daß es hierzu umfangreicher Sortier- und Mischarbeiten bedarf.

Während eine Datenbank die Sammlung von Daten in externen Speichern ist, wird unter dem Begriff Datenbanksystem die Einheit von Datenbank, Datenzugriffssystem und Datenverwaltungssystem, d.h. das gesamte System zur Speicherung, Wiedergewinnung und Sicherung von Daten in Datenbanken, verstanden.

Die Bilder 5 bis 7 zeigen die Darstellung der Datenstruktur, der herkömmlichen Dateiorganisation und der Datenbanktechnik.

Zusammenfassung

- Die Daten (ihre Erfassung, Speicherung und Auswertung) haben heute eine größere Bedeutung als die Programme selbst.

- Es muß unbedingt sichergestellt sein, daß die Daten des Unternehmens organisatorisch sinnvoll, sicher und wirtschaftlich erfaßt, eingegeben, gespeichert und verwaltet werden.

| technische Bezeichnung | organisatorische Bezeichnung | Beispiele |
|---|---|---|
| Datum | Zeichen, numerisch oder alphabetisch | 1, A, % |
| Datenfeld | Begriff, meist aus mehreren Zeichen bestehend | Name, Menge, Betrag |
| Datengruppe | mehrere zusammengefaßte Begriffe | Adresse |
| Datensatz | alle Begriffe einer Einheit (mit Inhalt einer Karteikarte vergleichbar) | Kundenstammsatz, Personalstammsatz, Debitorenkonto |
| Datei | Summe gleicher Dateieinheiten oder Datensätze (mit dem Inhalt einer ganzen Kartei vergleichbar) | Kundenstammdatei, Personalstammdatei, Debitorendatei |
| Datenbank | alle Daten eines Unternehmensbereiches mit neuartigen Strukturen und gegenseitigen Verknüpfungen | Vertriebsdatenbank, Personaldatenbank, Datenbank Finanzbuchhaltung |

Bild 5: Datenstruktur

- Sofern, vor allem bei kleinen und mittleren EDV-Anlagen und MDT-Systemen, mit herkömmlichen Dateien gearbeitet wird, sollte gewährleistet sein, daß diese Dateien zweckmäßig aufgebaut sind und zumindest teilweise miteinander verknüpft werden können.

- Beim Einsatz von größeren EDV-Anlagen, insbesondere aber beim Dialogverkehr, bei dem mehrere Benutzer gleichzeitig auf die gleichen Datenbestände zugreifen, sollte die Einführung eines Datenbanksystems geprüft werden; Umfang und Schwierigkeitsgrad von Datenbanktechniken erfordern, daß bei der Installation eines Datenbanksystems mit größter Sorgfalt und

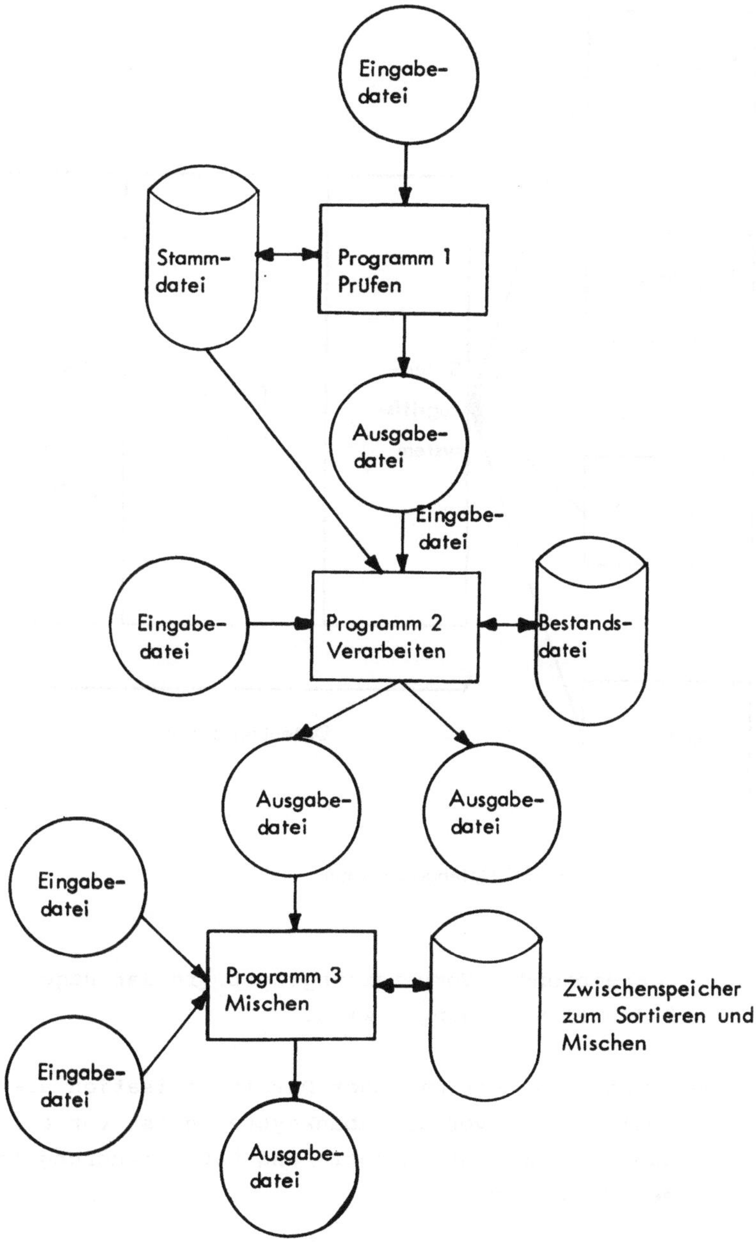


Bild 6: Herkömmliche Dateiorganisation

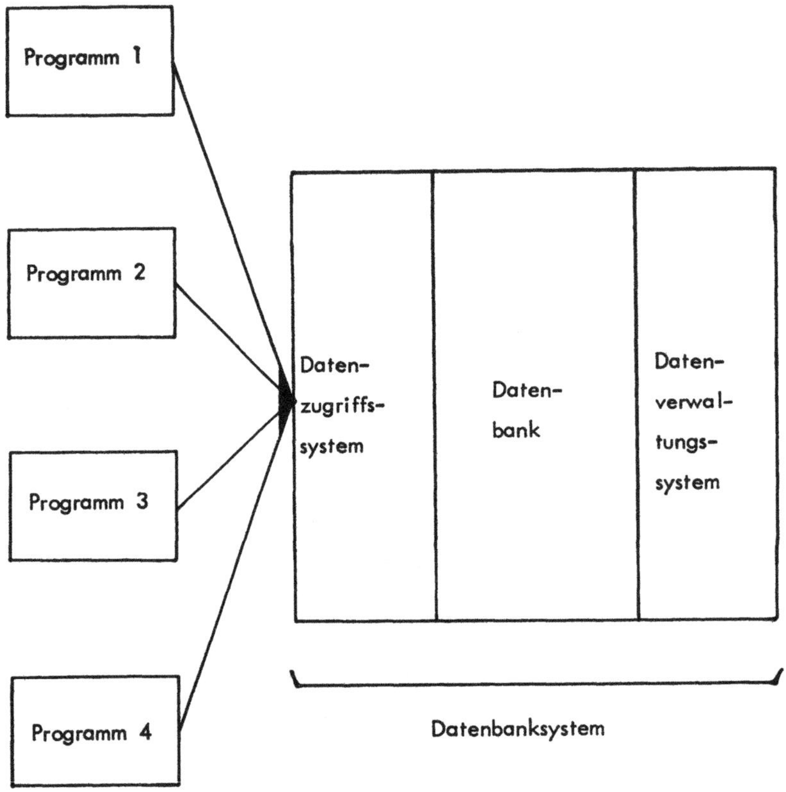


Bild 7: Datenbank und Datenbanksystem

ausreichender Vorbereitungszeit (in der Regel 2 bis 3 Jahre) vorgegangen wird.

- Sowohl bei herkömmlicher Dateiorganisation als auch beim Einsatz von Datenbanksystemen ist vor allem auf ausreichende Datenschutz- und Datensicherungsmaßnahmen zu achten.

## 2.22 Verfahren und Geräte der Datenerfassung

### *2.221 Einleitung und Übersicht*

Daten, die in eine EDV-Anlage eingegeben und dort verarbeitet werden sollen, müssen zunächst in eine Form gebracht werden, in der sie von der Anlage gelesen oder aufgenommen werden können.

Abhängig vom eingesetzten Verfahren umfaßt die Datenerfassung die folgenden Schritte oder einen Teil davon:

- Das gezielte Zusammentragen der Daten, die verarbeitet werden sollen.

- Die Prüfung auf Richtigkeit der Datenaufnahme und die Ergänzung der Daten.

- Die Übertragung der Daten in einen besonderen Datenerfassungsbeleg.

- Die Erfassung der Daten vom Datenerfassungsbeleg auf einen Datenträger (Lochkarte, Lochstreifen oder magnetischer Datenträger).

- Die Prüfung auf richtige Datenerfassung.

- Die Weiterleitung der erfaßten und geprüften Daten an das Rechenzentrum.

- Die alternative Verwendung der Urbelege selbst als Datenträger (lesbarer Beleg).

- Die alternative Direkteingabe der Daten mit Hilfe von Datenstationen.

Wir unterscheiden drei Grundformen der Datenerfassung:

- Die Übertragung der gesammelten Daten vom Urbeleg in einen Datenerfassungsbeleg und von dort auf einen Datenträger (Datenträgerverfahren).

- Die Verwendung des Urbeleges selbst als Datenträger (Beleglesung).

- Die Direkteingabe der Daten ohne Verwendung eines Datenerfassungsbeleges und Datenträgers (Direkteingabe); sofern die direkt eingegebenen Daten von der EDV-Anlage sofort verarbeitet und die Verarbeitungsergebnisse an den Absender oder einen Dritten zurückgegeben werden, erweitert sich die Direkteingabe zum Dialogverkehr.

Die Bilder 8 und 9 zeigen noch einmal eine Übersicht über die Grundformen sowie Verfahren und Geräte der Datenerfassung.

## Zusammenfassung

- Datenträgerverfahren: Übertragung der Daten vom Urbeleg in einen speziellen Datenerfassungsbeleg( bei betriebsinternen Daten sollten Urbeleg und Datenerfassungsbeleg identisch sein!) und von dort auf Datenträger (Lochkarte, Lochstreifen oder magnetischer Datenträger).

- Beleglesung: der Urbeleg selbst wird als Datenträger verwendet (magnetische oder optische Beleglesung, Markierungsverfahren).

- Direkteingabe und Dialogverkehr: Eingabe über dezentral aufgestellte Datenstationen (engl. Terminals) ohne Verwendung von Datenerfassungsbeleg und Datenträger, beim Dialogverkehr mit Abruf und Rückantwort.

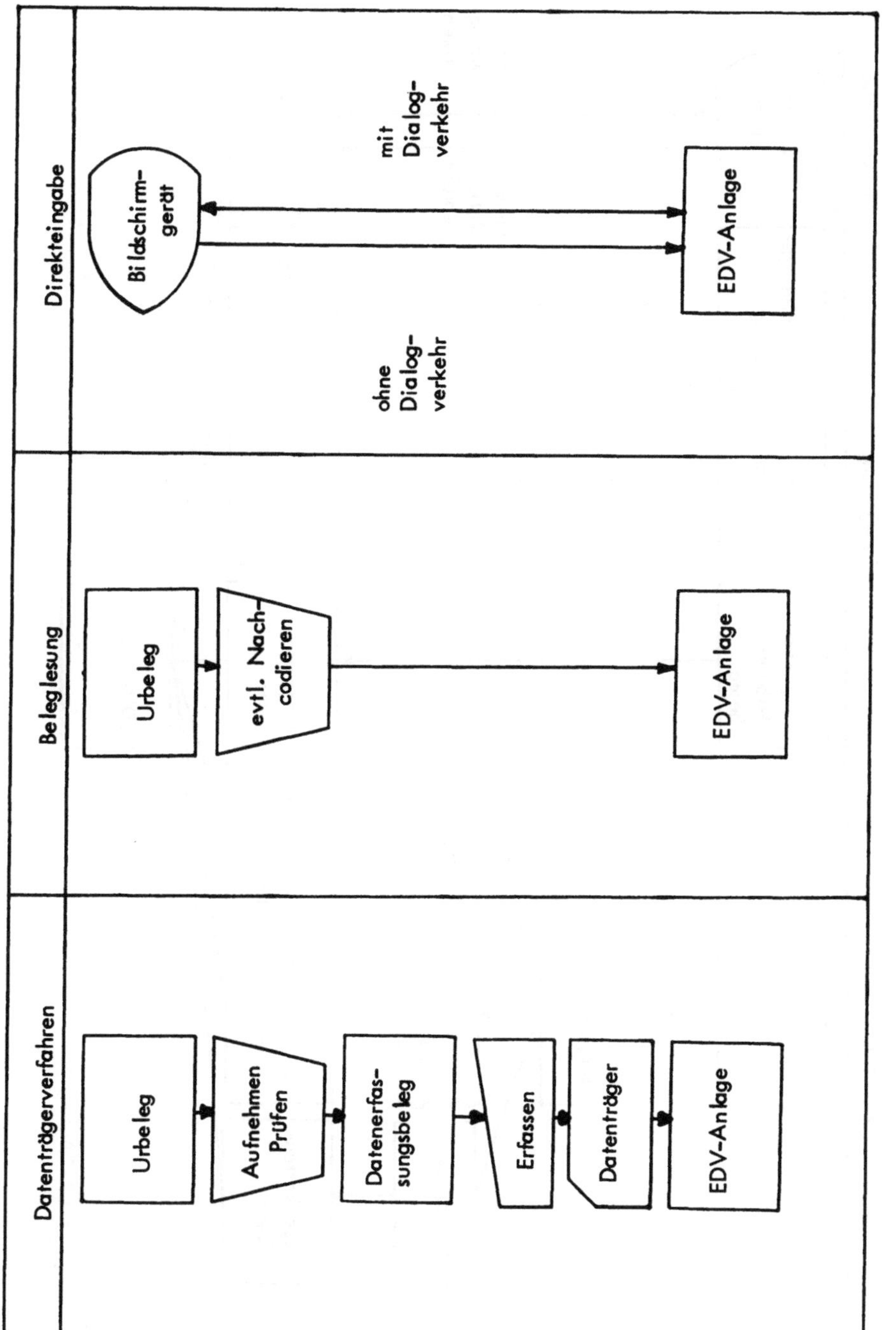


Bild 8: Grundformen der Datenerfassung

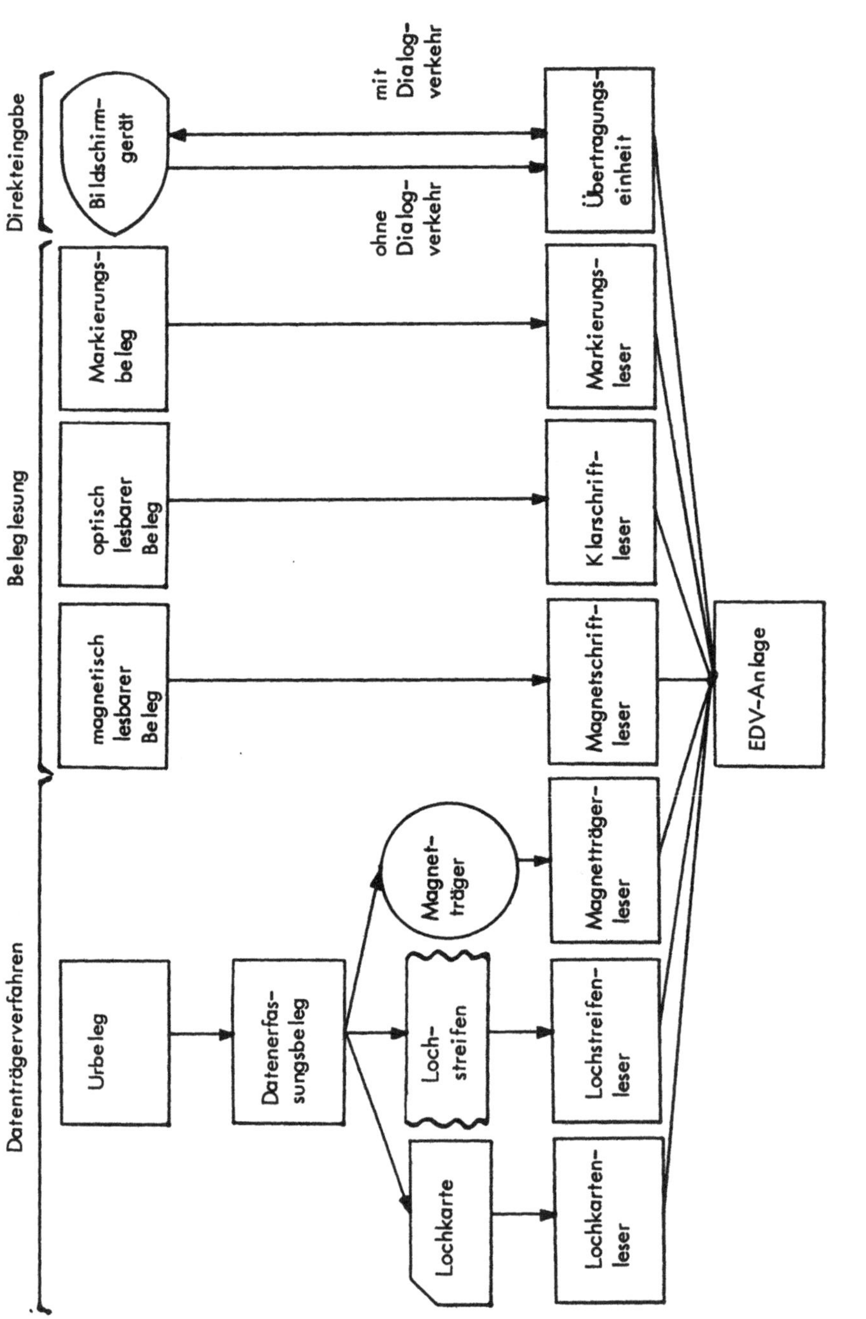


Bild 9: Verfahren und Geräte der Datenerfassung

### 2.222 Datenträgerverfahren

Das Hauptmerkmal dieser Verfahren ist die Trennung von Datenerfassungsbeleg und Datenträger. Sofern die Daten von außerhalb des Unternehmens kommen, müssen sie in der Regel noch zusätzlich vom eingehenden Urbeleg (Kundenauftrag, Zahlungseingang, Lieferantenrechnung usw.) in einen gesonderten Datenerfassungsbeleg übertragen werden, weil der Urbeleg sich selten für eine wirtschaftliche und sichere Datenerfassung eignet. Beim Datenträgerverfahren werden die Daten überwiegend dezentral in Datenerfassungsbelege erfaßt und zentral durch Datatypistinnen auf Datenträger übertragen.

Wie in Bild 9 dargestellt, sind die verwendeten Datenträger

- die Lochkarte
- der Lochstreifen oder
- ein Magnetträger
  (Magnetband, Magnetbandkassette oder Diskette).

Im folgenden seien die drei Datenträgerverfahren mit ihren wichtigsten Einzelheiten dargestellt:

<u>Lochkartenverfahren</u>

1. <u>Datenerfassung</u>

   a) Normalverfahren: Urbeleg - Ergänzen / Übertragen - Datenerfassungsbeleg - Lochen - Prüfen.

   b) Verbundverfahren: Vorgestanzte Normal- oder Zeichenlochkarte - manuelle Ergänzungen - Nachlochen oder Zeichenlochen.

c) Synchronverfahren: Schreiben, Buchen oder Fakturieren mit Lochkarten-Synchrongewinnung.

2. Datenträger Lochkarte

Vorteile: Preisgünstige Datenerfassung,
Daten durch Lochschriftübersetzung lesbar,
als manuelle Kartei verwendbar,
bei Verbundkarten kein weiterer Beleg erforderlich,
sortierfähig,
sichere Datenerfassung durch Lochen und Prüfen.

Nachteile: Nicht wiederverwendungsfähig,
relativ hoher Platzbedarf,
feste, begrenzte Satzlänge (80 Spalten),
niedrige Ein- und Ausgabegeschwindigkeit.

3. Eingabe

Über Lochkartenlesegerät (Ø 24.000 bis 60.000 Karten/Std.), mit oder ohne externe Gruppierung (Sortieren, Mischen).

Lochstreifenverfahren

1. Datenerfassung

Synchrone Gewinnung durch Kopplung eines Lochstreifenlochers mit einer Rechen-, Schreib-, Buchungs- oder Fakturiermaschine.

2. Datenträger Lochstreifen

Vorteile: Preisgünstige Datenerfassung,
variable Feld- und Satzlänge,
leichte Transportierbarkeit,

geringer Platzbedarf,
Übermittlungsmöglichkeit über Fernschreiber (5-Kanal-Streifen).

Nachteile: Nicht wieder wiederverwendungsfähig
nicht sortierfähig,
keine lesbare Darstellung möglich.

3. Eingabe

Über Lochstreifenlesegerät (Ø 250 bis 1.000 Zeichen/Sekunde) oder nach Umwandlung Lochstreifen in Lochkarten über Lochkartenlesegerät.

Datenerfassung auf Magnetband, Magnetbandkassette oder Diskette

1. Datenerfassung

Vergleichbar mit dem normalen Lochkartenverfahren: Übertragen vom Urbeleg bzw. Erfassungsbeleg direkt auf Magnetband; Prüfen wie beim Lochkartenverfahren möglich.

2. Datenträger Magnetband, Magnetbandkassette, Diskette

Vorteile: Schnellere Datenerfassung (30-40% höher als bei Lochkarten),
wiederverwendungsfähig,
Korrekturmöglichkeit,
sichere, geräuschlose Erfassung,
variable Feld- und Satzlänge,
hohe Eingabegeschwindigkeit.

Nachteile: Keine lesbare Darstellung.

3. Eingabe

Über normale Bandeinheit (Ø 30.000 bis 100.000 Zeichen/Sek.) oder über zusätzliches Magnetbandkassetten- oder Disketteneingabegerät.

Die Bilder 10 bis 15 zeigen verschiedene Datenträger und Geräte der Datenerfassung nach dem Datenträgerverfahren.

## Zusammenfassung

- Die Datenträgerverfahren machen heute noch über 50% der gesamten Datenerfassung aus, obwohl ihr Umfang und ihre Bedeutung vor allem gegenüber der Direkteingabe schwinden.

- Datenträgerverfahren setzt man vor allem dort sinnvoll und wirtschaftlich ein, wo keine Beleglesung möglich ist und es sich um einen Massendatenanfall handelt, der zweckmäßigerweise zentral durch Datatypistinnen erfaßt wird.

- Gegenüber der Erfassung auf Magnetträger haben das Lochkarten- und Lochstreifen-Verfahren stark an Boden verloren.

- Welchem Magnetträger (Magnetband, Magnetbandkassette oder Diskette) man den Vorzug gibt, hängt von firmenindividuellen Gegebenheiten ab; von einem bestimmten Umfang der Datenerfassung an ist Sammelsystemen gegenüber Einzelerfassungsplätzen der Vorzug zu geben.

- Da das Gebiet der Datenerfassung häufigen technischen Änderungen unterliegt, sollte alle 2 bis 3 Jahre eine Untersuchung über die günstigsten Datenerfassungsverfahren stattfinden.

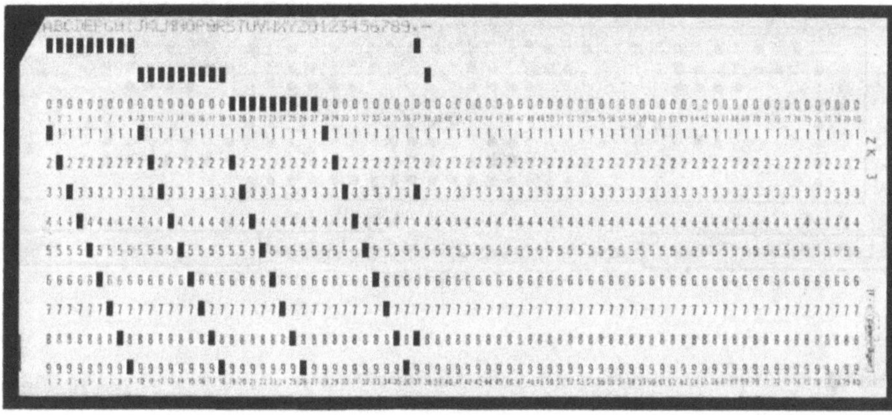

Bild 10: Lochkarte mit Code

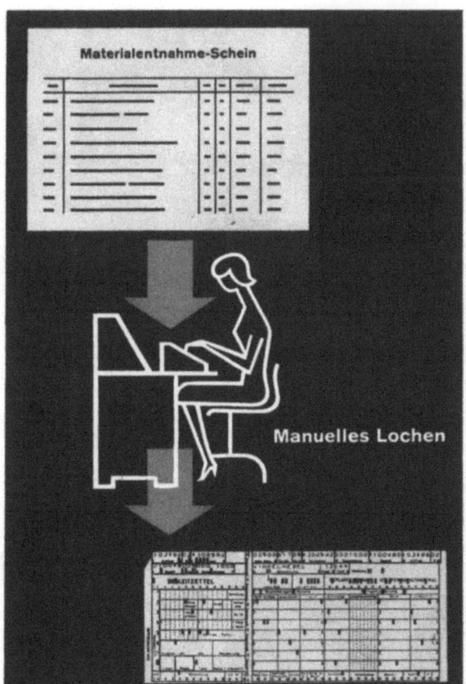


Bild 11: Manuelles Lochen (Werkbild IBM)

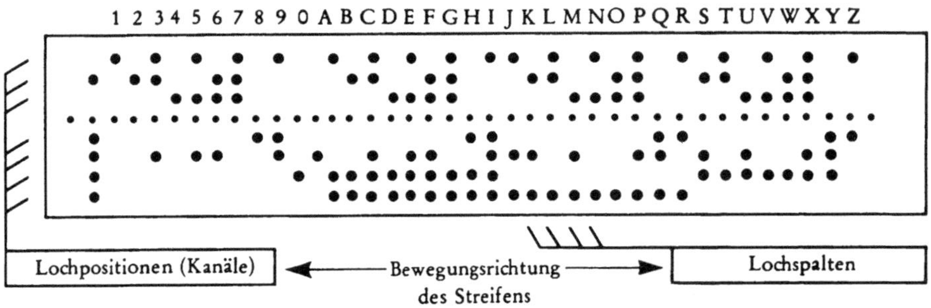


Bild 12: 7-Kanal-Lochstreifen mit Code-Übersetzung

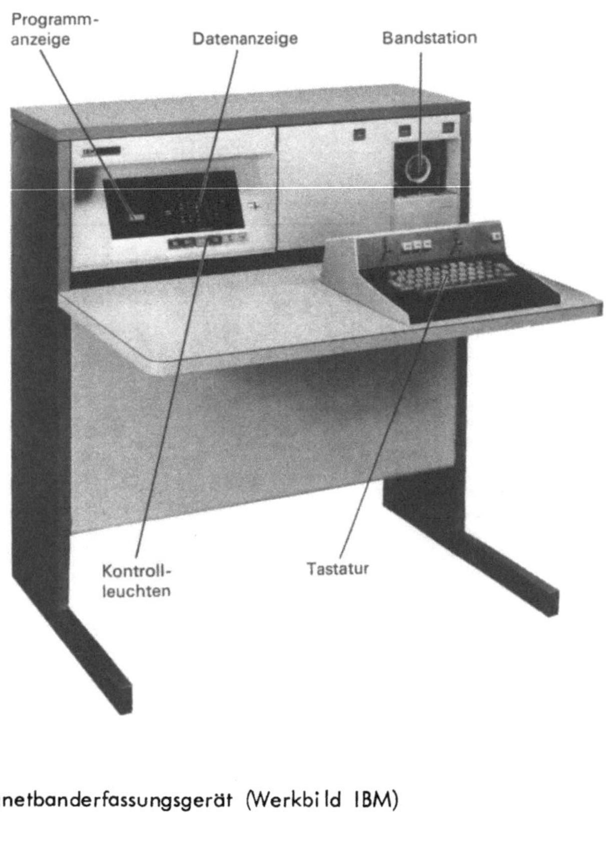


Bild 13: Magnetbanderfassungsgerät (Werkbild IBM)

Bild 14: Magnetbandkassette (Werkbild IBM)

Bild 15: Disketten-Erfassungssystem (Werkbild Siemens)

### 2.223 Beleglesung

Der immer größer werdende Unterschied zwischen dem vorwiegend manuellen Vorgang der Datenerfassung einerseits und der elektronischen Verarbeitung der Daten andererseits hat zu der Forderung geführt, den Weg der Daten von ihrer Entstehung bis zur maschinellen Verarbeitung zu verkürzen. Dies kann entweder durch eine beleglose Erfassung und Eingabe (Direkteingabe) oder aber, wenn das Ausschreiben und Benutzen eines Beleges vorgeschrieben, unumgänglich oder vorteilhaft ist, durch die Möglichkeit der direkten Beleglesung erfolgen. Bei diesem Verfahren werden die Originalbelege selbst, also ohne Übertragung auf einen besonderen Datenträger, als Eingabemittel verwendet. Da die Verfahren der indirekten Datenerfassung, also die herkömmliche Umsetzung der Daten vom Datenerfassungsbeleg auf Datenträger nach dem Datenträgerverfahren, besonders zeit-, kosten- und personalaufwendig sind, kommt dem Verfahren der direkten Beleglesung eine zunehmende Bedeutung zu.

Unter der direkten Beleglesung werden sämtliche Verfahren und Techniken verstanden, die geeignet sind, visuell lesbare Daten vom Urbeleg ohne zusätzliche menschliche Aktivität und mit Hilfe eines Beleglesers sofort in eine EDV-Anlage zu übertragen. Belegleser bieten den Vorteil der schriftlichen Kommunikation zwischen Mensch und Maschine. Die Beleglesung setzt jedoch voraus, daß eine Schrift vorliegt, die gleichermaßen gut von Mensch und Maschine gelesen werden kann und daß Maschinen in der Lage sind, verschiedene Papierstärken und Papiergrößen zu verarbeiten.

Drei unterschiedliche Verfahren und Gerätetypen haben eine, wenn auch bislang noch eingeschränkte technische, organisatorische und wirtschaftliche Lösung des Problems gebracht: das Magnetschriftverfahren, das Klarschriftverfahren (die optische Beleglesung) und das Markierungsverfahren. Magnetschrift-, Klarschrift- und Markierungslesegeräte dienen dann als Eingabegeräte zum Lesen der Belege in die EDV-Anlage.

### Magnetschriftverfahren

#### 1. Datenerfassung

In der Regel werden die festen Angaben (z.B. beim Scheck die Bankleitzahl und die Konto-Nummer) vorgedruckt und die variablen Daten (z.B. beim Scheck der Betrag und das Datum) mit Hilfe einer Spezialschreibmaschine nachcodiert. Von diesem Zeitpunkt an sind die Daten auf dem Beleg lesbar und können automatisch ausgewertet werden.

#### 2. Datenträger Magnetschriftbeleg

Vorteile: Urbeleg-Direktlesung, hohe Sicherheit, keine Falschlesung durch Verschmutzung.

Nachteile: Geringe Zeichendichte je Beleg, feste Lesezeile, hohe Anforderung an die Druckqualität, zusätzliche Aufmagnetisierung erforderlich.

Verfahren: Magnetschriften CMC-7 und E 13-B.

3. Eingabe

Über Magnetschriftlesegerät (Ø 60.000 bis 90.000 Belege je Stunde).

Klarschriftverfahren

1. Datenerfassung

In der Regel werden hier die festen Angaben vom Computer-Schnelldrucker vorgedruckt und die variablen Daten (sofern überhaupt variable Daten anfallen) meist von Hand auf den Beleg geschrieben. Von diesem Zeitpunkt an sind die Daten auf dem Beleg maschinell lesbar und können automatisch verarbeitet werden.

2. Datenträger Klarschriftbeleg

Vorteile: Urbeleg-Direkteingabe, gebräuchliche Zeichen von Schnelldrucker oder Schreibmaschine, handschriftliche Zeichenlesung möglich.

Nachteile: Verschmutzungsgefahr der Belege, hohe Anforderungen an Belege und Erfassung, teures Verfahren.

Verfahren: Schriften OCR-A, OCR-B, CZ-13, Handschriftenlesung.

3. Eingabe

Über Klarschriftlesegerät (Ø 60.000 bis 100.000 Belege je Stunde).

Markierungsverfahren

1. Datenerfassung

Handschriftliche Markierung der variablen Daten auf Markierungsbelegen. Von diesem Zeitpunkt an sind die Daten maschinell lesbar und können automatisch verarbeitet werden.

2. Datenträger Markierungsbeleg

Vorteile: Urbeleg-Direkteingabe, einfache Handhabung, billiges Verfahren.

Nachteile: Begrenzte Anwendungsfähigkeit, aufwendige manuelle Erfassung (Strichmarkierung).

Verfahren: Keine Normung.

3. Eingabe

Über Markierungslesegerät On-Line (direkt an die EDV-Anlage angeschlossen) oder Off-Line (getrenntes Markierungslesegerät mit Zwischenspeicherung in Lochkarten oder auf Magnetband).

Die Bilder 16 bis 20 zeigen Beispiele und Einrichtungen der Beleglesung.

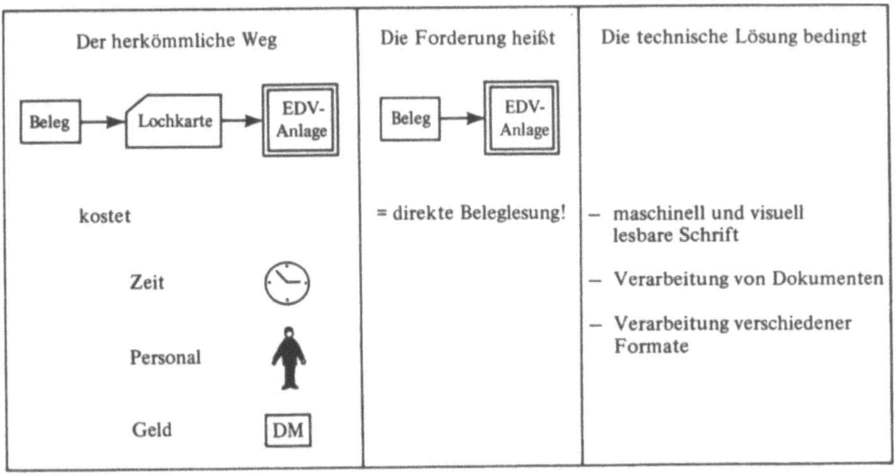


Bild 16: Herkömmliche Datenerfassung und direkte Beleglesung

Ziffern

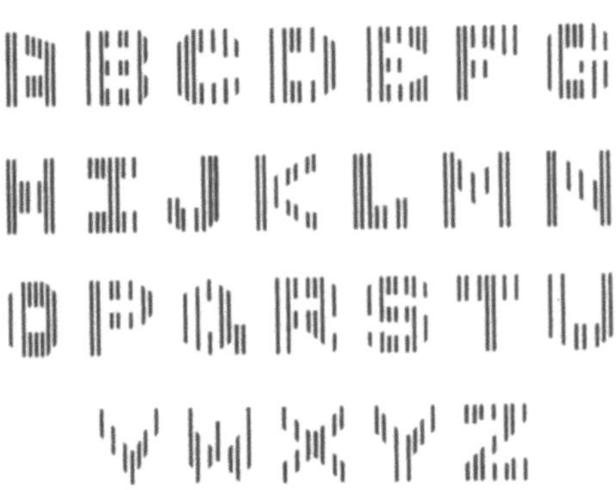

Alphabet

Bild 17: Magnetschrift CMC - 7

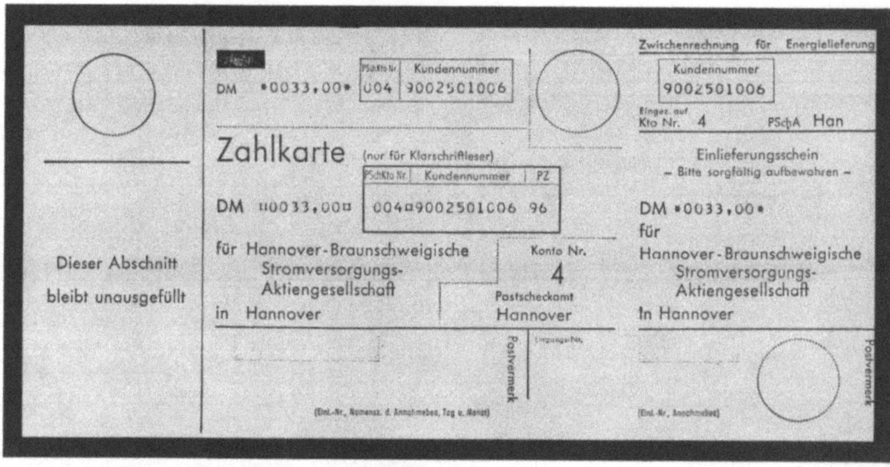


Bild 18: Beispiel eines Klarschriftbeleges

Die handschriftlichen Ziffern sind durch entsprechenden Formularentwurf voneinander getrennt

Klarschrift wird durch Strichanalyse, Handschrift durch Konturenverfolgungstechnik erkannt

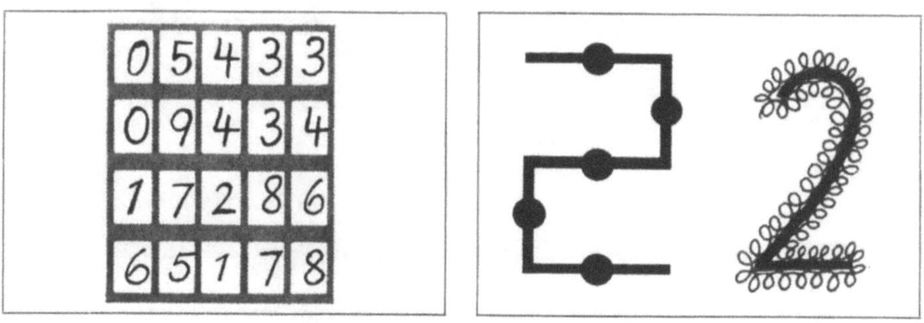


Bild 19: Handschriftliche Ziffern (links) und Abtastsystem (rechts) beim Belegleser IBM 1287 (Werkbild IBM)

## Zusammenfassung

- Magnetschriftverfahren wurden für den Einsatz in Banken und Kreditinstituten entwickelt und werden fast nur in diesen Unternehmen verwendet.

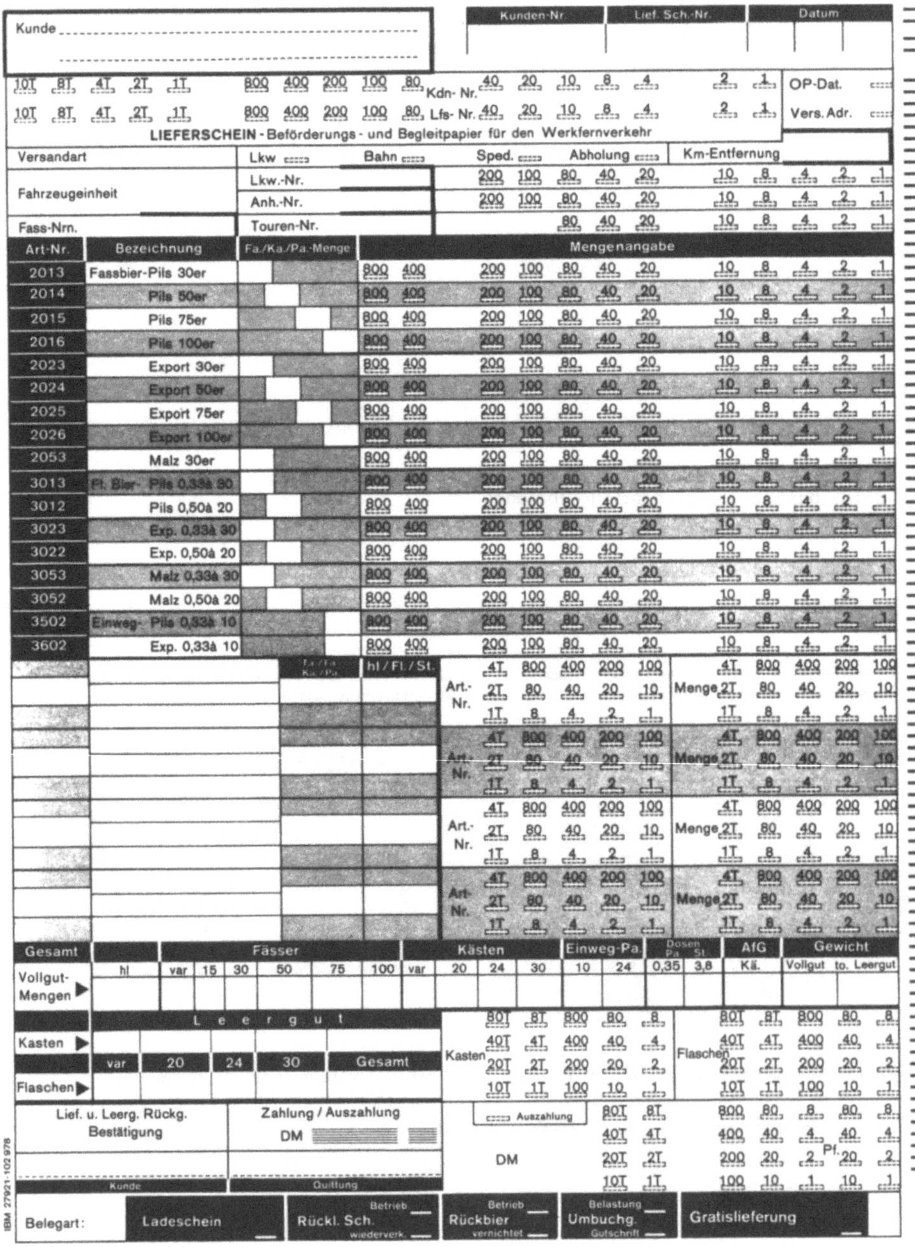


Bild 20: Beispiel eines Markierungsbeleges

- Klarschriftverfahren lassen sich wegen der verhältnismäßig hohen Kosten für Belege und Klarschriftlesegeräte im allgemeinen nur dort wirtschaftlich einsetzen, wo ein permanent hoher Beleganfall vorhanden ist (Banken, Versicherungen, Dienstleistungsunternehmen) und die Daten über Schnelldrucker in die Klarschriftbelege gedruckt werden können (z.B. Zahlkarten mit festen Beträgen).

- Markierungsverfahren können dort sinnvoll und wirtschaftlich eingesetzt werden, wo verhältnismäßig wenige Daten je Geschäftsvorfall von Hand am Ort des Datenanfalls zu erfassen sind (z.B. bei Brauereien, Filialunternehmen mit geringem Artikelsortiment, Inventurdatenerfassung).

### *2.224 Direkteingabe und Dialogverkehr*

Während beim Datenträgerverfahren Urbelege, Datenerfassungsbelege und Datenträger vorhanden sind und bei der Beleglesung ein maschinell lesbarer Beleg für die Erfassung und Eingabe verwendet wird, verzichtet die Direkteingabe auf Datenerfassungsbeleg und Datenträger. Statt dessen werden die Daten in der Regel sofort bei Anfall und am Ort ihrer Entstehung oder ihres Eintreffens mit Hilfe einer Datenstation (engl. Terminal) in die EDV-Anlage eingegeben.

Hierbei ist es im Prinzip gleich, ob die Daten mit Hilfe einer lokalen Übertragungsleitung innerhalb des Unternehmens oder aber mit Hilfe einer DFÜ-Leitung (DFÜ=Datenfernübertragung) von außerhalb des Unternehmens in die EDV-Anlage übertragen werden. Die in der Praxis am meisten verwendete Art einer Datenstation ist das Bildschirmgerät (Bildschirmarbeitsplatz).

Werden die Daten, wie schon an anderer Stelle beschrieben, nicht nur über Bildschirmgerät eingegeben und in die EDV-

Anlage übertragen, sondern dort auch sofort verarbeitet und als Ergebnis zu einer Datenstation zurückgesandt, so spricht man von Dialogverkehr, On-Line-Datenverarbeitung oder Auskunftssystemen.

## Verfahren der Direkteingabe und des Dialogverkehrs

1. Direkteingabe ohne sofortige Prüfung

   Vorteile: Sehr schnelle Eingabe, kein Stop bei Eingabefehlern.

   Nachteile: Eingabefehler werden erst später geprüft, ausgedruckt und korrigiert.

2. Direkteingabe mit sofortiger Prüfung

   Vorteile: Daten werden sofort per Prüfprogramm geprüft und am Bildschirm korrigiert; Eingabe durch fachkundigen Sachbearbeiter.

   Nachteile: Eingabe wird durch Prüfung und Korrektur erheblich langsamer.

3. Begrenzter Dialogverkehr

   Vorteile: Sachbearbeiter gibt nicht nur Daten ein, sondern kann zusätzlich im begrenzten Umfang Daten abrufen und Auskunft vom System einholen.

   Nachteile: Aufwand bei Hardware und Software erheblich größer, da während des Dialogs die entsprechenden Programme und Dateien im Einsatz sein müssen.

4. Voller Dialogverkehr

   Vorteile: Komplette Kommunikation zwischen Mensch und Maschine ohne Einschränkungen.

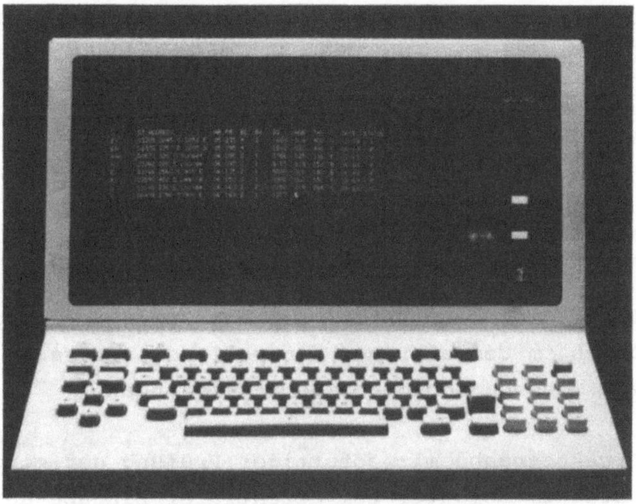

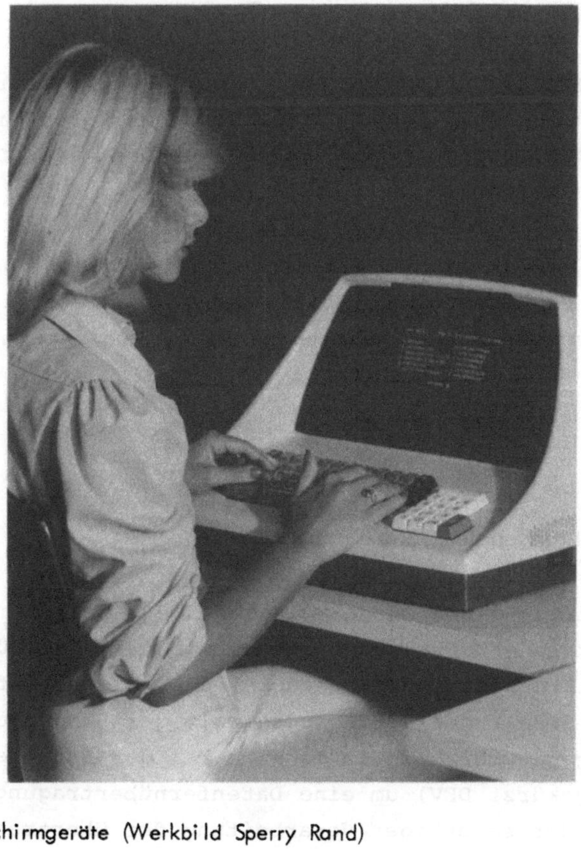

Bild 21: Bildschirmgeräte (Werkbild Sperry Rand)

Nachteile: Hoher Aufwand an Hardware, Software und Sicherung; Probleme bei Systemausfall.

Bild 21 zeigt Darstellungen von Bildschirmgeräten.

Zusammenfassung

- Direkteingabe ohne sofortige Prüfung der eingegebenen Daten im Computer nur sinnvoll bei zentraler Eingabe von Massendaten durch Datatypistinnen.

- Direkteingabe mit sofortiger Prüfung der eingegebenen Daten im Computer bei dezentraler Eingabe durch Sachbearbeiter in den Fachabteilungen, ohne Auskunftserteilung.

- Begrenzter Dialogverkehr sinnvoll für Mitarbeiter in den Fachabteilungen, die nicht nur Daten direkt eingeben, sondern wobei es auf Auskünfte für Disposition, Kundenservice usw. ankommt.

- Voller Dialogverkehr in der Regel heute aus Kostengründen nur für Spezialanwendungen (Flugplatzbuchungssysteme, Schalterservice, Produktionssteuerung usw.) wirtschaftlich.

## 2.23 Einrichtungen der Datenübertragung

Die Übertragung von Daten zwischen zwei Stellen mit Hilfe einer lokalen Übertragungsleitung wird als Datenübertragung (innerhalb des Firmengrundstücks) oder als Datenfernübertragung (innerhalb der Verfügungsgewalt der Bundespost) bezeichnet. Demgegenüber handelt es sich bei der Datenfernverarbeitung (abgekürzt DFV) um eine Datenfernübertragung mit anschließender sofortiger Verarbeitung der übertragenden Daten und Rückübertragung der EDV-Ergebnisse an den Absender oder einen anderen Empfänger.

Bild 22 zeigt die schematische Darstellung eines kompletten DFÜ-Systems. Wie ersichtlich, besteht jedes DFÜ-System aus der Datenübertragungseinrichtung, den beiden Datenendeinrichtungen und den Ein-/Ausgabegeräten. Und in Bild 23 ist eine unabhängige (Off-Line) und eine abhängige (On-Line) Datenfernübertragung dargestellt.

Erläuterungen zu Bild 22

Die Ein-/Ausgabegeräte haben den Zweck, Daten in das Übertragungssystem einzugeben bzw. vom System aufzunehmen. Für die Datenfernübertragung wurden eine Vielzahl verschiedener Ein- und Ausgabegeräte entwickelt. Sie lassen sich zu drei Gruppen zusammenfassen:

- Automatische Ein- und Ausgabe (die Daten werden direkt von einer EDV-Anlage oder Meßgeräten in das Datenfernübertragungssystem eingegeben bzw. aus dem System aufgenommen).

- Ein- und Ausgabe über Datenträger.

- Manuelle Eingabe über Tastatur, visuelle Ausgabe mit Hilfe eines Bildschirms und Sprachausgabe mit Hilfe eines Telefons.

Datenendeinrichtungen dienen dazu, die Daten aus den Eingabegeräten in den Übertragungscode zu verschlüsseln und die zu übertragenden Daten zu sichern bzw., auf der Ausgabeseite, die Daten aus dem Übertragungscode zurückzuschlüsseln und sie auf richtige Übertragung zu kontrollieren. Ihren Funktionen entsprechend unterscheidet man

- Codier- bzw. Decodiergeräte (B1 und B2) und

- Datensicherungsgeräte (C1 und C2).

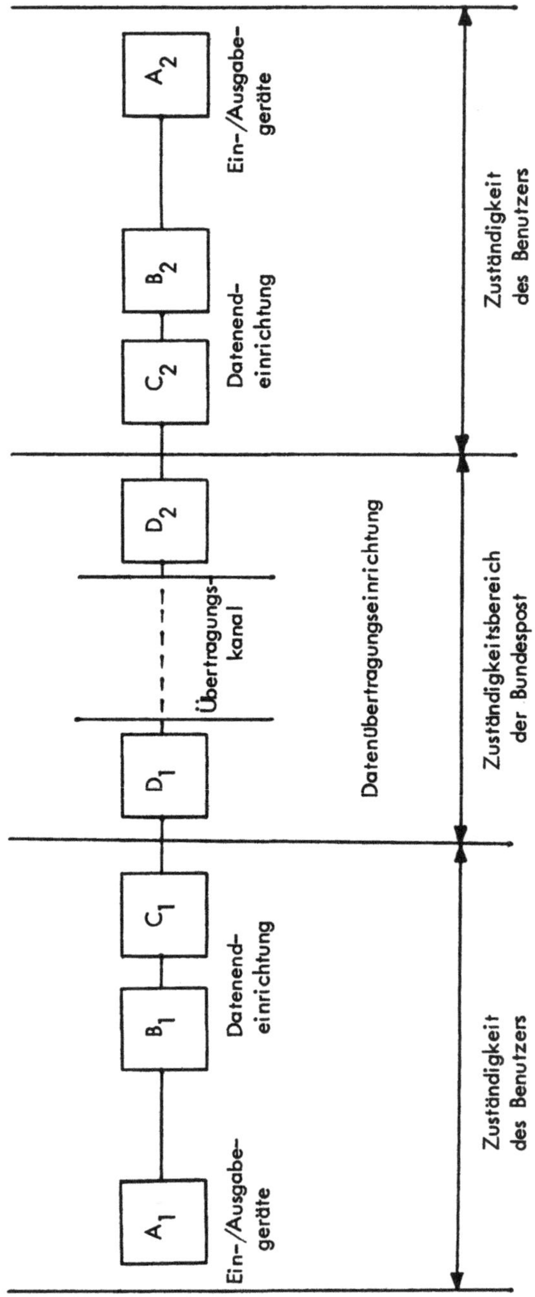


Bild 22: Schematische Darstellung eines Datenfernübertragungssystems

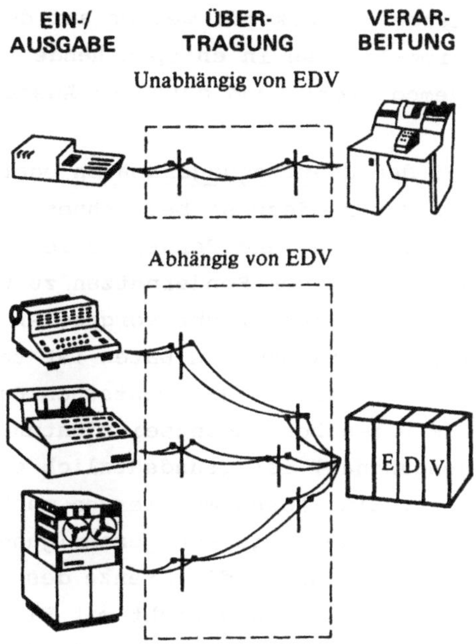


Bild 23: Unabhängige und abhängige Arbeitsweise der Datenfernübertragung (nach einer Vorlage der IBM)

Zur <u>Datenübertragungseinrichtung</u> schließlich gehören

- die Modems (D1 und D2) und

- der Übertragungskanal.

<u>Modem</u> ist ein zusammengesetzter Fachausdruck und steht für Modulator und Demodulator. Modems sind von der Bundespost zu mieten und werden beim Benutzer aufgestellt. Die Modulation bzw. Demodulation sei am Beispiel der Fernübertragung über Fernsprechleitung beschrieben: um die von der Datenendeinrichtung in Impulse aufgelösten Zeichen über Fernsprechleitung übertragen zu können, ist es erforderlich, die Gleichstrom-Impulse der Eingabegeräte in Wechselstrom-Impulse für die Übertragungsleitung zu verändern (zu modu-

lieren). Umgekehrt werden auf der Empfangsseite die Wechselstrom-Impulse in entsprechende Gleichstrom-Impulse umgesetzt (demoduliert) und dann zum Ausgabegerät weitergegeben.

Bei den Übertragungskanälen oder Übertragungswegen (wie sie von der Bundespost bezeichnet werden) sind festgeschaltete Telegraphie- und Fernsprechleitungen von öffentlichen Wählnetzen und von Sondernetzen zu unterscheiden, die speziell für den Datenverkehr vorgesehen sind. Auch die drahtlose Fernübertragung von Daten ist technisch möglich, bisher jedoch im Bereich der Deutschen Bundespost nicht zugelassen. Die Datenübertragungseinrichtung (mit Modem und Übertragungskanal) ist grundsätzlich eine Angelegenheit der Bundespost. Eine Ausnahme hiervon machen nur Privatleitungen, also Übertragungswege von genehmigungsfreien Privatfernmeldeanlagen. Sie dürfen die Grenze des eigenen Grundstücks nicht überschreiten und nicht mit Einrichtungen des öffentlichen Fernsprechnetzes zusammengeschaltet werden. Für alle anderen Fälle ist die Bundespost einzuschalten, die die Modems zur Verfügung stellt und die gewünschten Leitungen schaltet und einrichtet.

Ausführliche Merkblätter, die die verschiedenen Benutzungsformen der Datenfernübertragung eingehend behandeln, können unter dem Bezug "Datenübertragung" angefordert werden von:

Fernmeldetechnisches Zentralamt
Abteilung Fernmeldeeinrichtungen
Am Kavalleriesand 3
6100 Darmstadt
Telefon: 06151 / 83-2826.

## Zusammenfassung

- Datenübertragung (DÜ), Datenfernübertragung (DFÜ) und Datenfernverarbeitung (DFV) dienen der schnellen Überbrückung von Zeit und Raum und damit der beschleunigten Verarbeitung und Auswertung der anfallenden Daten.

- Bei Einrichtung einer Datenübertragung müssen sehr sorgfältig die Art (Datenübertragung, Datenfernübertragung oder Datenfernverarbeitung) sowie die Kosten für das gesamte System geprüft werden. In der Regel sind die vergleichsweise hohen Kosten für die Datenfernübertragung und Datenfernverarbeitung nur gerechtfertigt, wenn eine wesentliche Zeitersparnis (DFÜ) oder eine organisatorische Notwendigkeit (DFV) besteht und nicht andere Übertragungsarten (Postversand, Bote) den gleichen oder einen ähnlichen Zweck erfüllen.

## 2.24 Aufbau und Arbeitsweise einer EDV-Anlage

### *2.241 Einleitung und Übersicht*

Unter einer EDV-Anlage (abgekürzt EDVA, engl. Computer) versteht man eine elektronisch arbeitende, programmgesteuerte Rechenanlage zur Verarbeitung von Daten im administrativen und technischen Bereich. Sie ist, für die genannten Zwecke, eine digitale Rechenanlage, d.h. ein Rechner, der mit numerischen Werten (Ziffern) rechnet - im Unterschied zum Analogrechner, der physikalische Maßeinheiten (z.B. Drücke, Temperaturen usw.) als Basiswerte benutzt und dessen bekanntester (nichtelektronischer) Vertreter der Rechenschieber ist. Auch eine Maschine der mittleren Datentechnik (MDT-System genannt) ist ein Elektronenrechner, unterscheidet sich aber von einer größeren EDV-Anlage (auch als Universalrechner bezeichnet) dadurch, daß seine Leistungen und seine Kapazität, vornehmlich bei der Eingabe, Ausgabe und Speicherung, begrenzt sind und das System deshalb nur für Anwendungen mit begrenzten Datenmengen eingesetzt werden kann. Minicomputer sind im Gegensatz zu den Systemen der MDT spezialisierte Kleincomputer, die ursprünglich für die Überwachung technischer Prozesse entwickelt wurden (Prozeßrechner), heute aber auch für kommerziell-administrative Aufgaben verwendet werden.

Bei Mikrocomputern (Mikroprozessoren) handelt es sich dagegen um Kleinstrechner mit neuartigen Schalttechniken (Tausende von Befehlen und Daten sind auf einige Quadratmillimeter große Kristallflächen untergebracht). Mikrocomputer werden im nächsten Jahrzehnt zu neuen Formen der Datenverarbeitung führen (Computer-Verbundnetze mit dezentralem Einsatz von Mikrocomputern bei zentraler Steuerung durch einen Universalrechner).

Bei den Grundbegriffen der Computertechnik darf die historische Entwicklung der Computer nicht unerwähnt bleiben, die wir im Bild 24 dargestellt haben.

Wie aus Bild 25 hervorgeht, besteht eine EDV-Anlage aus der Zentraleinheit (engl. CPU = Central Processing Unit) mit Steuerwerk, Recheneinheit und Arbeitsspeicher sowie den peripheren Geräten (Randgeräten), im einzelnen

- <u>Eingabegeräte</u>

  (Geräte, die nur zur Eingabe von Daten und Programmen dienen)

- <u>Ausgabegeräte</u>

  (Geräte, die nur zur Ausgabe von Verarbeitungsergebnissen dienen)

- <u>Dialoggeräte</u>

  (Geräte, die sowohl zur direkten Eingabe als auch zur Ausgabe von Daten dienen, also zum Zwecke des Dialogverkehrs zwischen Mensch und Maschine bzw. Maschinen untereinander) und

| ab | Schaltelemente | Operationszeit | Klassifizierung |
|---|---|---|---|
| 1946 | Elektronenröhren | einige Millisekunden | EDV-Anlagen der I. Generation |
| 1957 | Transistoren | einige 100 Mikrosekunden | EDV-Anlagen der II. Generation |
| 1964 | Integrierte Schaltkreise (Monolithtechnik) | einige 100 Nanosekunden | EDV-Anlagen der III. Generation, MDT-Systeme, Minicomputer |
| ca. 1975 | Integrierte Großschaltungen (LSI-Technik) | einige Nanosekunden | EDV-Anlagen der IV. Generation, MDT-Systeme, Minicomputer, Mikrocomputer |

Erläuterungen

1 ms = 1 Millisekunde = 1/1.000 Sekunde
1 µs = 1 Mikrosekunde = 1/1.000.000 Sekunde
1 ns = 1 Nanosekunde = 1/1.000.000.000 Sekunde

LSI = Large Scale Integration = mehrere Hundert Schaltungen je Quadratmillimeter Siliziumplättchen

Bild 24: Historische Entwicklung der Computer

- Externe Speicher

  (Geräte, die zur zusätzlichen und permanenten Speicherung größerer Datenmengen und Programmbibliotheken dienen).

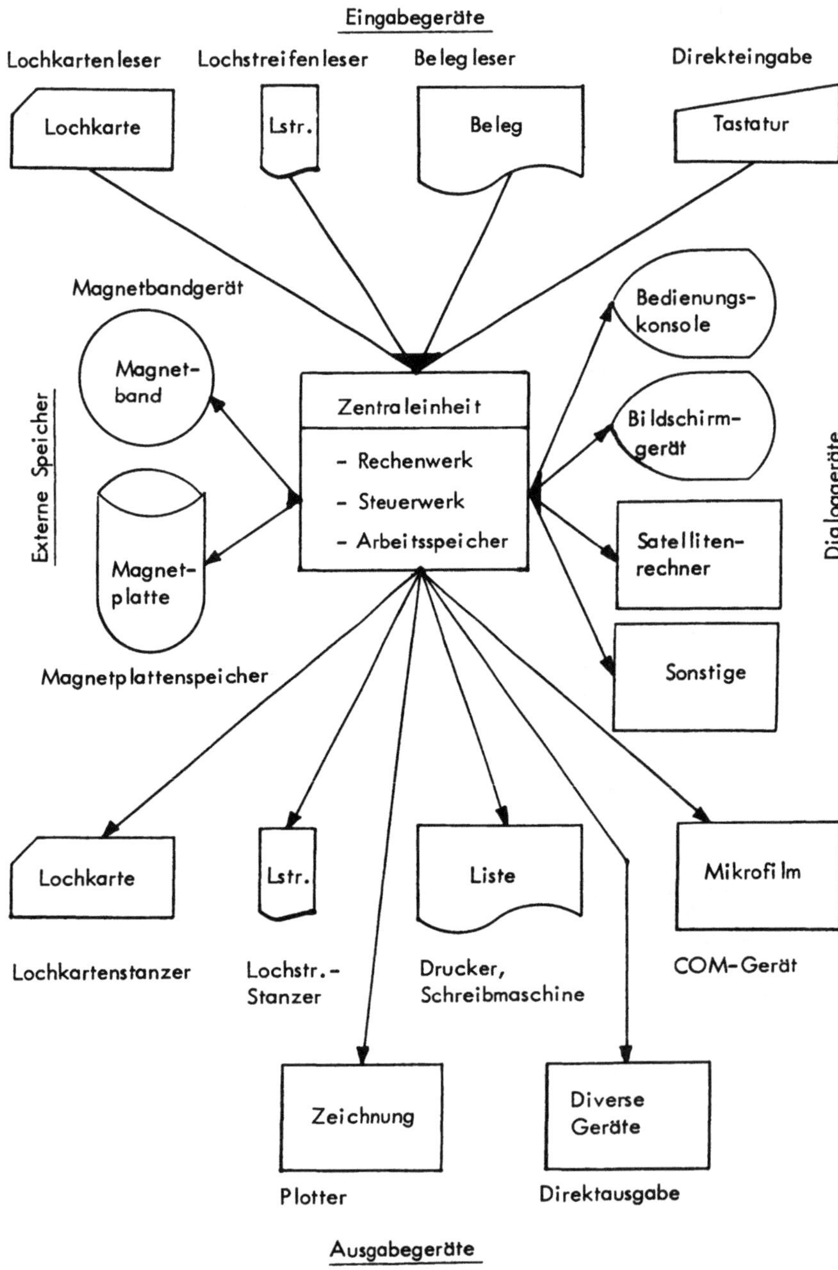


Bild 25: Aufbau einer EDV-Anlage

Zusammenfassung

- Elektronische Rechen- oder Datenverarbeitungsanlagen werden von ihrem physikalischen Aufbau her in Digital- und Analogrechner, die Dialogrechner wiederum (nach ihrer Technik und ihrem Verwendungszweck) in Universalrechner, MDT-Systeme sowie Mini- und Mikro-Computer unterteilt.

- Eine EDV-Anlage (das gleiche gilt auch für MDT-Systeme und Minicomputer, nicht dagegen für Mikrocomputer, die reine Rechner sind) umfaßt die Zentraleinheit und die peripheren Geräte, im einzelnen Eingabegeräte, Ausgabegeräte, Dialoggeräte und externe Speicher.

### *2.242 Die Zentraleinheit*

Alle Geräte und Einrichtungen einer EDV-Anlage (die Hardware) sind zu einem geschlossenen System zusammengefaßt, in dessen Mittelpunkt die Zentraleinheit steht. Mit dem Steuerwerk, der Recheneinheit und dem Arbeits- oder Hauptspeicher bildet die Zentraleinheit den hardwaretechnischen Mittelpunkt des EDV-Systems, von dem aus alle Arbeiten in der EDV-Anlage gesteuert und überwacht werden.

Steuerwerk

Das elektronische Steuerwerk einer EDV-Anlage ist die wichtigste und zugleich komplizierteste Einheit. Es hat die Aufgabe, den Ablauf der EDV-Anlage aufgrund fest eingebauter Einrichtungen sowie nach Maßgabe der geladenen Programme zu steuern, zu überwachen und zu kontrollieren. EDV-Anlagen werden auch als programmgesteuerte Maschinen bezeichnet, weil sie - im Prinzip vergleichbar mit dem Jacquard-Webstuhl und dem elektrischen Klavier - in der Lage sind, umfangreiche Aufgaben nach vorgegebenen Programmen automatisch abzuwickeln.

Bei den Steuerungsfunktionen einer EDV-Anlage muß zwischen der Hardware- und der Software-Steuerung unterschieden werden. Die Hardware-Steuerung ist vom Hersteller fest in die Anlage eingebaut. Sie dient dazu, eine störungsfreie Arbeit der Anlage zu gewährleisten, die einzelnen Geräte der Anlage aufeinander abzustimmen und den Bediener auf bestimmte Vorgänge hinzuweisen. Die Hauptbedeutung kommt jedoch der Software-Steuerung mit Hilfe von Programmen zu. Ein Programm besteht aus einer Folge von Einzelschritten. Es wird für jede Aufgabe getrennt angefertigt und jeweils vor Ablauf in den Arbeitsspeicher der Anlage übertragen (das Programm wird geladen). Nach dem Start des Programms durch den Operator überträgt die Anlage die erste Programminstruktion aus dem Arbeitsspeicher in das Steuerwerk, das dann, abhängig von der Art dieser Instruktion, den Ablauf steuert: das Steuerwerk stellt fest, um was für einen Befehl (eine Operation) es sich handelt und wo die Daten im Arbeitsspeicher gespeichert sind, die mit Hilfe dieses Befehls verarbeitet werden sollen. Erst nach Ausführung eines Befehls wird die nächste Instruktion ins Steuerwerk geladen, interpretiert und ausgeführt - ein Vorgang der sich so oft wiederholt, bis der letzte Datensatz einer Datei verarbeitet ist.

Zur Durchführung der Steuerungsaufgaben besitzt das Steuerwerk eine große Anzahl verschiedenartiger elektronischer Elemente, mit deren Hilfe sowohl die Hardware-Funktionen (Ablaufsteuerung, Kontrolloperationen) als auch die Programmfunktionen (der Programmablauf) gesteuert werden. Die Bilder 26 und 27 zeigen den Aufbau einer Programminstruktion (Instruktionsaufbau) und den Steuerungsablauf zwischen Arbeitsspeicher, Steuerwerk und Recheneinheit.

| Operationscode | 1. Operandenadresse | 2. Operandenadresse |
|---|---|---|

Beispiel:

ADD A,B

ADD = Operation oder Befehl (Addiere)

A = 1. Operandenadresse (Wo steht der 1. Operand im Arbeitsspeicher?)

B = 2. Operandenadresse (Wo steht der 2. Operand im Arbeitsspeicher?)

Bild 26: Aufbau einer Programminstruktion

## Recheneinheit

In der Recheneinheit, als zweiten Teil der Zentraleinheit, werden die arithmetischen und logischen Operationen durchgeführt. Arithmetische Operationen sind die Addition, die Subtraktion, die Multiplikation und die Division. EDV-Anlagen beherrschen im Grunde nur die Addition, alle anderen Rechenoperationen werden auf die Addition zurückgeführt, wie beispielsweise die Subtraktion durch Addition der Komplementwerte. Demgegenüber dienen die logischen Operationen dem Größenvergleich zweier Werte. Solche Vergleichsentscheidungen (A gleich B, A größer B, A kleiner oder gleich B) werden benötigt, um unterschiedliche Programmzweige, in Abhängigkeit von bestimmten Bedingungen, durchlaufen zu können. Die Fähigkeit, logische Vergleiche und damit verbunden Programmverzweigungen durchführen zu können, muß als eine der wesentlichsten Eigenschaften für die Flexibilität einer EDV-Anlage angesehen werden.

Die Hauptbestandteile einer Recheneinheit sind elektronische Addierwerke (Akkumulatoren), Register und Einrichtungen für die Operationssteuerungen in der Recheneinheit.

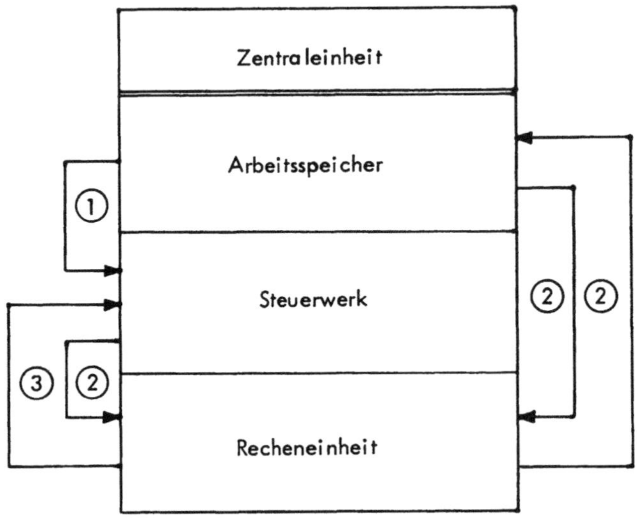


(1) Das Steuerwerk liest eine Instruktion aus dem Arbeitsspeicher und interpretiert sie (Welcher Befehl?, Wo stehen die zu verarbeitenden Daten?).

(2) Das Steuerwerk veranlaßt die Recheneinheit, sich die zu bearbeitenden Daten aus dem Arbeitsspeicher zu holen, sie entsprechend zu verarbeiten und das Ergebnis in den Arbeitsspeicher zurückzuübertragen.

(3) Die Recheneinheit meldet an das Steuerwerk die Ausführung der Operation; das Steuerwerk beginnt mit der nächsten Instruktion entsprechend (1).

Bild 27: Steuerungsablauf in der Zentraleinheit

Von der Art und Anzahl der elektronischen Addierwerke hängt die Geschwindigkeit einer Recheneinheit und damit die Leistungsfähigkeit einer EDV-Anlage in erheblichem Maße ab. Deshalb ist es wichtig, daß eine EDV-Anlage nicht nur mit einfachen Addierwerken in Serienschaltung, sondern mit Parallel-Addierwerken ausgerüstet ist.

Mechanische Rechenmaschinen verwenden das dem Menschen vertraute Dezimal- oder Zehnersystem. Für jede Dezimalstelle ist ein Zählrad vorhanden, dessen Einteilung den zehn Ziffern von 0 bis 9 entspricht, weswegen das Zählrad auch als zehnwertiges Element bezeichnet wird. Bei der Addition wird das Zählrad in jeder Stelle um die entsprechende Anzahl von Einheiten nach vorn bewegt; ein auftretender Übertrag dreht das Zählrad der nächst höheren Dezimalstelle um eine Einheit weiter. Elektronische Elemente, wie sie Computer benutzen, sind dagegen immer "zweiwertig". Man kann sie mit einem Schalter vergleichen, der nur die beiden Stellungen EIN (Strom) und AUS (kein Strom) besitzt. Durch eine Elektronenröhre fließt entweder Strom oder kein Strom, und die Magnetisierung eines Magnetkerns erfolgt entweder links oder rechts herum. Eine dritte Möglichkeit gibt es nicht. Zweiwertige Bauelemente erschweren die Verwendung des uns bekannten Dezimalsystems, eignen sich jedoch ideal für die Benutzung des Zweiersystems, Binär- oder Dualsystem genannt, das dementsprechend nur die beiden Binärziffern 0 und 1 kennt. Auf einen elektronischen Leiter bezogen bedeutet dies, daß der Ziffer 0 die eine und der Ziffer 1 die andere Stromrichtung entspricht.

Jede Dezimalzahl (auf der Basis 10) läßt sich nun durch eine Binärzahl (auf der Basis 2) ausdrücken und umgekehrt. Allerdings werden beim binären Zahlensystem für die Darstellung einer Ziffer mehr elektronische Elemente benötigt als beim Dezimalsystem. Üblicherweise wird heute bei EDV-Anlagen eine binäre Darstellungsart benutzt, bei der jede Ziffer einer Dezimalzahl einzeln binär verschlüsselt wird. Mit Hilfe einer einfachen Tabelle, die innerhalb des Steuerwerks gespeichert ist, läßt sich jede beliebige Dezimalzahl in Binärzahlen und umgekehrt ausdrücken. Bild 28 zeigt die Darstellung der zehn Dezimalziffern von 0 bis 9 durch entsprechende Viererblocks (griechisch Tetraden genannt) im Binärzahlensystem. Die Stelle einer solchen Tetrade nennt man, nach dem englischen Wort Binary Digit, abgekürzt Bit. Wie dargestellt, läßt sich auch die Addition binärer Zahlen ohne Schwierigkeiten durchführen.

## Arbeits- oder Hauptspeicher

Der interne Arbeits- oder Hauptspeicher einer Zentraleinheit dient dazu,

Binäre Verschlüsselung der Dezimalziffern

| binärer Wert | | | | Dezimalziffer |
|---|---|---|---|---|
| 8 | 4 | 2 | 1 | |
| 0 | 0 | 0 | 0 | 0 |
| 0 | 0 | 0 | 1 | 1 |
| 0 | 0 | 1 | 0 | 2 |
| 0 | 0 | 1 | 1 | 3 (1 + 2) |
| 0 | 1 | 0 | 0 | 4 |
| 0 | 1 | 0 | 1 | 5 (1 + 4) |
| 0 | 1 | 1 | 0 | 6 (2 + 4) |
| 0 | 1 | 1 | 1 | 7 (1 + 2 + 4) |
| 1 | 0 | 0 | 0 | 8 |
| 1 | 0 | 0 | 1 | 9 (1 + 8) |

Binäre Darstellung der Dezimalzahl 4711:

| 0100 | 0111 | 0001 | 0001 |
|---|---|---|---|
| 4 | 7 | 1 | 1 |

Jede Dezimalziffer besteht aus 4 Bits (= 1 Tetrade)

Addition im Binärsystem

Additionsregel

0 + 0 ➔ 0 (Null plus Null ergibt Null)
0 + 1 ➔ 1 (Null plus Eins ergibt Eins)
1 + 0 ➔ 1 (Eins plus Null ergibt Eins)
1 + 1 ➔ 10 (Eins plus Eins ergibt Null und eine Eins als Übertrag)

Beispiel binäre Addition: Addiere 26 + 31 = 57

```
 0010  0110
+0011  0001
=0101  0111

   5     7
```

Bild 28: Binärzahlen und binäres Rechnen

- Daten und Programme von den Eingabegeräten und externen Speichern aufzunehmen

- Daten an die Ausgabegeräte und externen Speicher abzugeben

- Daten für die Verarbeitung bereitzustellen und Ergebnisse zwischenzuspeichern und

- Programme für die jeweils ablaufenden Verarbeitungen zwischenzeitlich aufzunehmen.

Unter der Kapazität eines Arbeitsspeichers versteht man seine höchstmögliche Aufnahmefähigkeit. Sie wird heute überwiegend in Kilo-Byte angegeben, wobei 1 KB = 1000 Bytes umfaßt. Es sei hinzugefügt, daß in einem Byte entweder ein Buchstabe oder ein Sonderzeichen oder zwei Ziffern gespeichert werden können. Weitere Merkmale eines Arbeitsspeichers sind seine Zyklus- und Zugriffszeit. Unter der Zykluszeit wird diejenige Zeit verstanden, die der Speicher für einen kompletten Schreib- oder Lesevorgang benötigt. Demgegenüber bezeichnet die Zugriffszeit diejenige Zeitspanne, die die Anlage braucht, um einen binären Wert vom Arbeitsspeicher zum Schreib-/ Leseregister zu übertragen. Sie liegt bei modernen EDV-Anlagen im Bereich einiger Nanosekunden. Die Übertragung von Daten in den Arbeitsspeicher wird als Speichern oder Schreiben bezeichnet, das Abrufen vom Speicher als Lesen. Hierbei ist zu beachten, daß Daten, die aus dem Speicher abgerufen werden, dort unverändert erhalten bleiben. Nur der Inhalt des aufnehmenden Speicherplatzes wird gelöscht und durch die neuen Daten ersetzt. Dies gilt grundsätzlich für alle heutigen Speichereinrichtungen genauso wie die Tatsache, daß ein Speicher seinen Inhalt bei Stromausfall oder -unterbrechung nicht verliert.

Um ein Zeichen (Ziffer, Buchstabe oder Sonderzeichen) zu einem bestimmten Platz im Arbeitsspeicher zu übertragen und dort abrufen zu können, müssen die Speicherplätze Nummern (in der Fachsprache Adressen genannt) tragen. Üblicherweise werden die Speicherplätze durch fortlaufende numerische Adressen gekennzeichnet, die das Steuerwerk natürlich genau kennt (die Adressen sind fest verdrahtet). Die Adressen eines Speichers dürfen jedoch nicht mit ihrem Inhalt verwechselt werden. Man kann einen Speicher mit den Schließfächern eines Postamtes vergleichen: jedes Fach ist durch eine fortlaufende Nummer (Adresse) gekennzeichnet, die jedoch nichts über seinen jeweiligen Inhalt aussagt; das Fach kann leer sein oder Briefe, Zeitungen, Drucksachen oder Päckchen enthalten. Der Inhalt einer Speicheradresse kann ebenfalls leer oder mit einem Zeichen belegt sein. Üblicherweise besitzt jede Speicherstelle für die Aufnahme eines Bytes (= 1 Buchstabe, 1 Sonderzeichen oder 2 Ziffern) eine eigene Adresse.

Für den Arbeitsspeicher wurden verschiedene technische Lösungen entwickelt, von denen die bekannteste der Magnetkernspeicher ist. Der Magnetkernspeicher, kurz Kernspeicher genannt, gehört wegen seiner günstigen Eigenschaften gegenwärtig zu den am meisten verwendeten Arbeitsspeichern. Von allen anderen magnetischen Speichereinrichtungen (wie beispielsweise das Magnetband oder die Magnetplatte) unterscheidet er sich dadurch, daß die Zeichen nicht auf einer magnetisierbaren Oberfläche, sondern in kleinen Eisen- (Ferrit-) Ringen gespeichert werden, die gänzlich aus magnetisierbarem Material (eine Mischung aus Eisenoxydpulver und anderen Materialien) bestehen. Der geringe Platzbedarf sowie die schnelle Magnetisierung sind neben seiner Wirtschaftlichkeit die wesentlichen Vorzüge des Magnetkernspeichers. Andere Speichertechniken für den Arbeitsspeicher sind der Magnetdraht- und der Halbleiterspeicher. Während der Magnetdrahtspeicher dem Magnetkernspeicher ähnelt (die Daten werden nur statt in Magnetkernen auf dünnen Drahtstäbchen gespeichert), arbeiten Halbleiterspeicher nach dem elektronischen Prinzip: Halbleiterspeicher sind sehr kleine Speicherelemente, die - genauso wie bei elektronischen Steuerungs- und Recheneinrichtungen - aus integrierten elektronischen Schaltungen bestehen.

Zusammenfassung

- Das Steuerwerk steuert die EDV-Anlage aufgrund der fest eingebauten Steuerungseinrichtungen und nach Maßgabe der geladenen (Software-) Programme.

- In der Recheneinheit werden, mit Hilfe elektronischer Schaltungen, die arithmetischen Rechen- und die logischen Vergleichs- und Entscheidungsoperationen durchgeführt.

- Der interne Arbeits- oder Hauptspeicher dient dazu, Daten und Programme von den Eingabegeräten und externen Speichern aufzunehmen, Daten an die Ausgabegeräte und externen Speicher abzugeben, Daten für die Verarbeitung in der Recheneinheit bereitzustellen, Ergebnisse zwischenzuspeichern und zwischenzeitlich Programme für die jeweils laufenden Verarbeitungen aufzubewahren.

### *2.243 Die peripheren Geräte*

Die peripheren Geräte einer EDV-Anlage (siehe hierzu Bild 25) dienen zur

- Eingabe von Daten und Programmen (Eingabegeräte)

- Ausgabe von Daten (Ausgabegeräte)

- Kommunikation zwischen Benutzer und EDV-Anlage (Dialoggeräte) und

- Speicherung von Daten und Programmen (externe Speicher).

## Steuereinheiten und Datenkanäle

Wie aus Bild 29 ersichtlich, sind alle peripheren Geräte an gesonderten Steuereinheiten (Gerätesteuerung) angeschlossen, die die Verbindung zwischen den peripheren Geräten und den Datenkanälen bilden, die direkt in die Zentraleinheit münden. An eine Steuereinheit sind in der Regel immer mehrere gleichartige periphere Geräte angeschlossen. Die Verbindung zwischen einem Datenkanal und einer Steuereinheit erfolgt über eine standardisierte Schnittstelle (engl. Interface), die bei allen Kanälen gleich ist und damit den Austausch vielfältiger peripherer Geräte, auch von fremden Herstellern, gestattet.

Die Steuereinheiten sind entweder selbständige Geräte oder Bestandteile der peripheren Geräte. Ihre Aufgaben sind

- die Kommunikation mit dem Steuerwerk der Zentraleinheit

- die Steuerung der angesprochenen peripheren Geräte

- das Empfangen von Daten der Zentraleinheit

- das Weiterleiten von Daten an die Zentraleinheit und

- bestimmte Fehlerprüfungen.

Datenkanäle, kurz Kanäle genannt, verbinden die Steuereinheiten der peripheren Geräte mit der Zentraleinheit. Sie dienen nicht nur dazu, die Daten zwischen den peripheren Geräten und der Zentraleinheit zu übertragen, sondern leiten auch Befehle und Steuersignale weiter. Darüber hinaus obliegt ihnen die Steuerung der Ein-/Ausgabeoperationen, weswegen Kanäle auch als Untersteuerwerke für die Durchführung von Ein-/Ausgabeoperationen bezeichnet werden können. Zur Steuerung der Ein-/Ausgabeoperationen dient das sogenannte Kanalprogramm, das sich ebenfalls wie die gerade ablaufen-

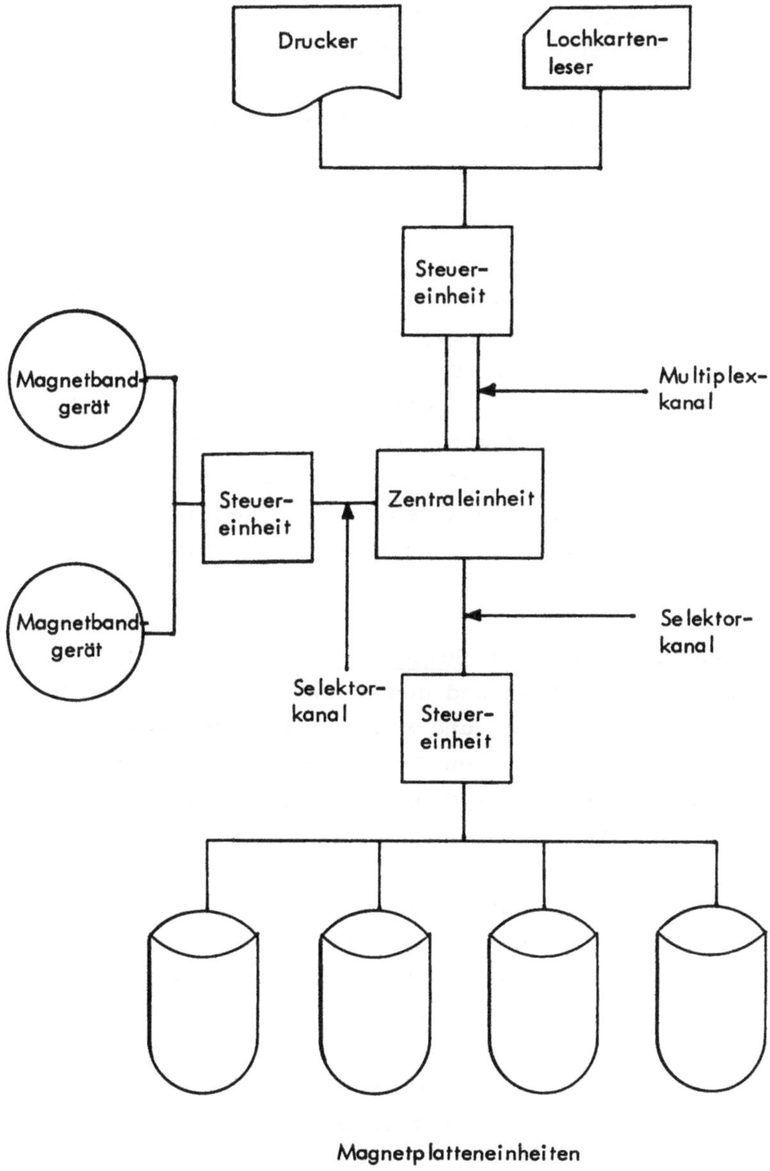


Bild 29: Steuerung der peripheren Geräte und Datenkanäle

den Maschinenprogramme während der Verarbeitung im Arbeitsspeicher befindet. Den unterschiedlichen Geschwindigkeiten der peripheren Geräte entsprechend sind die meisten EDV-Anlagen mit zwei verschiedenen Arten von Kanälen ausgestattet, dem Multiplexkanal und den Selektorkanälen.

Der Multiplexkanal (Mehrfachkanal) wird zur Übertragung zwischen Zentraleinheit und den langsamen Ein-/Ausgabegeräten wie Lochkartenleser und Drucker verwendet. Diese langsamen Geräte haben eine Übertragungsgeschwindigkeit in der Größenordnung von 1.000 bis 100.000 Bytes je Sekunde. Der Multiplexkanal ist in mehrere Unterkanäle aufgeteilt, die die gleichzeitige Übertragung in beiden Richtungen gestatten; bildlich gesehen kann er mit einem Paternosteraufzug verglichen werden, der in allen Stockwerken (also für alle angeschlossenen Ein-/Ausgabegeräte) das gleichzeitige Ein- und Aussteigen gestattet.

Demgegenüber wird der Selektorkanal zur Übertragung zwischen Zentraleinheit und den schnellen peripheren Geräten wie Magnetbandgeräten und Magnetplattenspeichereinheiten benutzt. Diese schnellen Geräte erfordern Übertragungsgeschwindigkeiten in der Größenordnung bis zu 1.000.000 Bytes je Sekunde. Da die Daten über den Selektorkanal nicht zeichen-, sondern satzweise übertragen werden, bleibt die Verbindung zwischen Zentraleinheit, Steuereinheit und externem Speicher während der gesamten Übertragungsdauer bestehen, weswegen ein Selektorkanal zur gleichen Zeit nur ein einziges externes Gerät bedienen kann. Im bildlichen Vergleich zum Paternosteraufzug beim Multiplexkanal kann der Selektorkanal mit der Arbeitsweise eines Expreßfahrstuhls verglichen werden, der mit großer Geschwindigkeit ohne Zwischenhalt über mehrere Stockwerke hinweg eine Vielzahl von Personen gleichzeitig transportiert. Ein solcher Fahrstuhl verkehrt nur zwischen zwei Stockwerken und fährt wechselweise auf- oder abwärts.

## Eingabegeräte

Welche und wie viele Eingabegeräte an eine EDV-Anlage angeschlossen sind, hängt vom gewählten Datenerfassungsverfahren und von der Menge der pro Zeiteinheit einzugebenden Daten ab. Die am meisten verbreiteten Eingabegeräte sind

- Lochkartenlesegeräte (Lochkartenleser)

- Lochstreifenlesegeräte (Lochstreifenleser)

- Beleglesegeräte (Belegleser) und

- Geräte für die Direkteingabe (Datenstationen).

Wie aus Bild 30 ersichtlich, besteht ein Lochkartenleser aus dem Magazin für die Kartenzuführung, zwei Abfühlstationen und einem oder mehreren Ablagefächern. Die Karten werden einzeln zur Abfühlvorrichtung transportiert, elektrisch oder fotoelektrisch abgefühlt und in eines der meist drei Ablagefächer abgelegt. Die Lesegeschwindigkeit der Geräte beträgt je nach Typ zwischen 300 und 2.000 Karten in der Minute. Bei der elektrischen Abfühlung führt die Maschine die Lochkarten zwischen einer unter elektrischer Spannung stehenden Metallwalze und den Abfühlbürsten hindurch. Jedes Loch in der Karte gibt einen Kontakt zwischen der betreffenden Bürste und der Walze. Durch den Abfühlvorgang werden die Löcher in der Karte in elektrische Impulse umgewandelt,

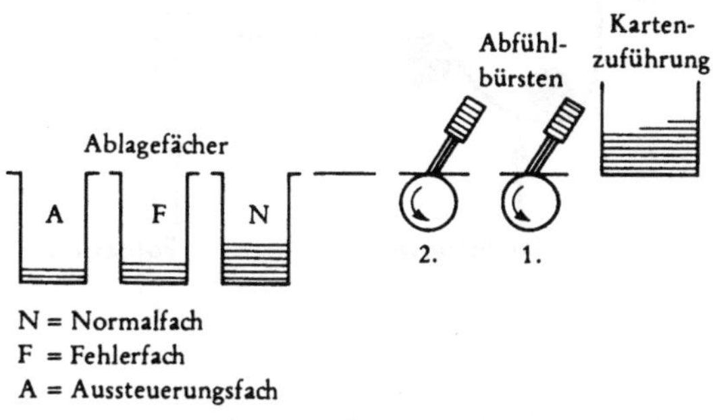


Bild 30: Schema des Kartendurchlaufs bei der elektrischen Abfühlung

weitergeleitet, vom Lochkarten- in den Maschinencode übersetzt und in den Arbeitsspeicher der Zentraleinheit übertragen. Aus Sicherheitsgründen ist eine zweite Abfühlstation vorhanden, die den Abfühlvorgang wiederholt und das Ergebnis auf Übereinstimmung mit der ersten Abfühlung prüft.

Der Lochstreifenleser liest die in Lochstreifen gelochten Daten auf elektrischem, meist jedoch fotoelektrischem Wege. Nachdem die gelesenen Zeichen in elektrische Impulse umgewandelt und vom Lochstreifen- in den Maschinencode verschlüsselt sind, stehen die Daten nach der Übertragung im Arbeitsspeicher für die Verarbeitung bereit. Eine Lesekontrolle ist mit Hilfe zusätzlicher Prüflochungen im Lochstreifen gewährleistet. Die Lesegeschwindigkeit der Lochstreifenlesegeräte beträgt je nach Typ 250 bis 2.000 Zeichen in der Sekunde. Bild 31 zeigt das Arbeitsprinzip eines Lochstreifenlesegerätes.

Im Gegensatz zu Lochkarten- und Lochstreifen - Lesegeräten verwenden Belegleser keine besonderen Datenträger für die Eingabe, sondern die Urbelege selbst. Belegleser oder Lesegerä-

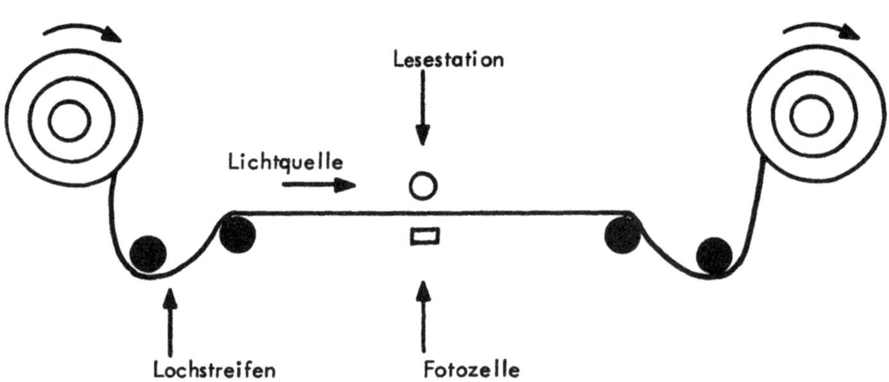


Bild 31: Prinzip eines Lochstreifenlesegerätes

te für maschinell lesbare Schriften, wie man sie auch nennt, werden unterteilt in

- Magnetschriftleser

- optische Belegleser, weitergegliedert in Klarschriftleser, Handschriftleser und kombinierte Klarschrift-/Handschriftleser und

- Markierungsleser.

Jünger und bedeutender als das Magnetschriftverfahren ist die optische Zeichenlesung durch Klarschriftlesegeräte. Dieses Verfahren, meist als Klarschriftverfahren oder optische Beleglesung bezeichnet, hat den Vorzug, daß gebräuchliche und dem Menschen gut vertraute Zeichen von einer Schreibmaschine oder einem Schnelldrucker mit gewöhnlichem Farbband geschrieben werden können. Obwohl sich die Klarschriftlesung in Zukunft ohne Zweifel noch stärker durchsetzen wird, schränken bislang die hohen Anforderungen an Papierqualität und Beschriftung sowie die ausserordentlich hohen Kosten der Lesegeräte die Anwendung dieses Verfahrens noch stark ein.

Kombinationsleser, auch Mehrfunktionsleser genannt, lesen Ziffern und gewisse Sonderzeichen in Handschrift sowie Maschinenschrift, im einzelnen auch handschriftliche Strichmarkierungen. Verschiedene Arten und Größen von Schriftzeichen können auf einem einzigen Beleg untergebracht sein. Die Größe der Belege kann zwischen DIN A 5 und DIN A 8 schwanken. Neben Einzelbelegen mit frei wählbarer Zeilenanordnung können auch Endlosstreifen gelesen werden, wie sie beispielsweise bei Registrierkassen üblich sind. Der Belegaufbau selbst kann den unterschiedlichen Aufgaben angepaßt werden, weil ein Kombinationsleser im allgemeinen in zwei Richtungen liest oder auf einem Beleg zugleich Klarschrift, Handschrift und Strichmarkierungen angebracht sein können. Die Lesetechnik eines Kombinationslesers arbeitet nach dem elektronischen Lichtpunktabtastsystem. Sie ist für Klarschrift und Handschrift unterschiedlich. Die Klarschrift wird durch eine Strichanalyse gelesen und erkannt. Dabei untersucht ein elektronischer Lichtpunktabtaster, welche Zeichenteile vorhanden sind; aus dem Untersuchungsergebnis wird dann das Zeichen erkannt. Beim Lesen der Handschrift verfolgt der Abtaster das Zeichen durch einen sich spiralförmig bewegenden Lesestrahl (Kathodenstrahl) und erkennt aus dem Ablauf der Verfolgungsbewegung das Zeichen. Bild 32 zeigt das technische Prinzip eines Klarschriftlesers.

Bei den Geräten der Direkteingabe handelt es sich um Einrichtungen, die zur direkten Eingabe von Daten, d.h. ohne Verwendung eines Datenträgers oder Beleges, über Datenkanal bzw. Telefon- oder Fernschreibleitung dienen. Die Bedeutung der Geräte für die Nur-Direkteingabe liegt, sofern sie also nicht gleichzeitig als Dialoggeräte für die Ein- und Ausgabe verwendet werden, vorwiegend im technischen Bereich. Beispiele sind die Übertragung von Daten aus Produktionsmaschinen in eine EDV-Anlage, Meßgeräte, die gleichzeitig zur di-

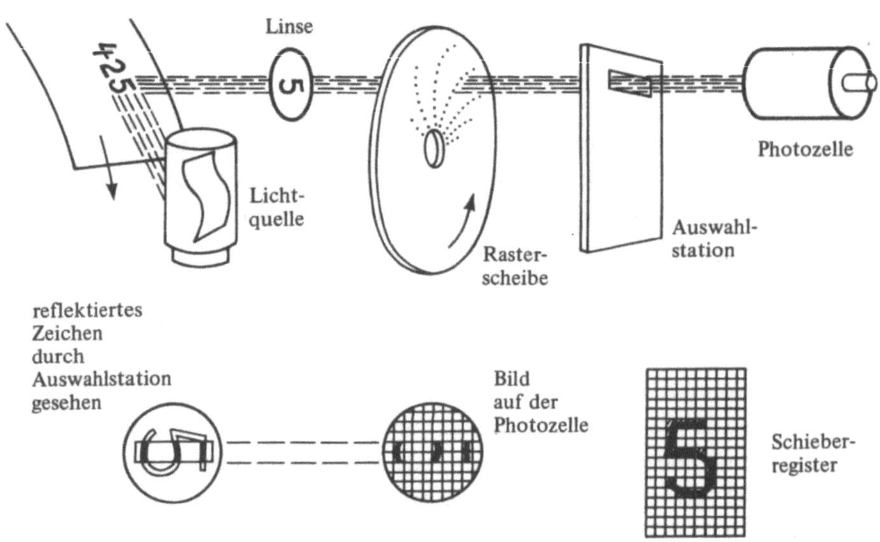


Bild 32: Technisches Prinzip eines Klarschriftlesers (nach einer Vorlage der IBM)

rekten Dateneingabe dienen, Ausweisleser, die mit einer EDV-Anlage gekoppelt sind, Arbeitszeituhren, die die Daten ohne Einschaltung eines Datenträgers direkt übertragen, und Tastaturgeräte, die nur zur Eingabe von Daten dienen. Wie schon angedeutet, kommt heute nicht den Geräten für die Direkteingabe die Hauptbedeutung zu, sondern den Dialoggeräten, die sowohl für die Eingabe von Daten und Maschinenbefehlen als auch zur Ausgabe und Auskunftserteilung verwendet werden können.

### Ausgabegeräte

Die Ausgabegeräte dienen, wie es ihr Name sagt, zur Ausgabe der ermittelten Datenverarbeitungsergebnisse. Je nach weiterem Verwendungszweck erfolgt die Ausgabe

- auf Datenträger für eine maschinelle Weiterverarbeitung: Lochkarten- und Lochstreifenstanzer

- auf Papier: Schnelldrucker und Plotter

- auf Mikrofilm: COM-Geräte und

- optisch bzw. akustisch: Bildschirmanzeige und Sprachausgabe.

Da Lochkarten- und Lochstreifenstanzer heute nur noch bei einigen kleinen EDV-Anlagen bzw. für Spezialzwecke zu finden sind, kann die Beschreibung dieser Geräte hier vernachlässigt werden.

Schnelldrucker, auch als Zeilendrucker bezeichnet, dienen dazu, die Ergebnisse der elektronischen Datenverarbeitung in Formulare oder Listen zu drucken, deren Ausgabe in Klarschrift gesetzlich vorgeschrieben oder aus betrieblichen Gründen erforderlich ist. Zeilendrucker unterscheiden sich von Zeichendruckern wie die Schreibmaschine dadurch, daß sie nicht nur ein einziges Zeichen, sondern eine ganze Zeile auf einmal drucken und damit eine wesentlich höhere Druckleistung erzielen. Die gebräuchlichsten Schnelldruckerarten sind Walzendrucker, Kettendrucker, Stabdrucker und "Laserdrucker", die anstelle mechanisch arbeitender Druckwerke die Laserstrahltechnik verwenden. Je Zeile können in der Regel zwischen 80 und 132 Zeichen gedruckt werden, und die Druckleistungen mechanischer Schnelldrucker liegen zwischen 15.000 und 120.000 Zeilen je Stunde (die Höchstleistungen der Laserdrucker bei etwa 0,5 Millionen Zeilen je Stunde).

Der bislang am meisten verwendete Walzendrucker besitzt einen Typenzylinder, der mit einer gleichbleibenden Geschwindigkeit von je nach Typ 300 bis 800 Umdrehungen je Minute rotiert. Die vor der Papierbahn liegenden kleinen Hämmer schlagen, durch eine Synchronisierung gesteuert, in dem Augenblick an, in dem das gewünschte Zeichen an der Anschlagstelle vorbeikommt. Wie bei der Schreibmaschine läuft zwischen Typenträger und Papier ein automatisch umschaltbares Farbtuch. Andere Schnelldrucker verwenden statt des Typenzylinders eine umlaufende Druckkette.Wieder andere Drucker, vor allem solche für nicht zu hohe Druckleistung, benutzen als Druckelement einen sich horizontal hin und her bewegenden Druckstab. Alle Drucker verwenden als Druckpapier zickzackgefaltete Endlosformulare, die, mit einer beidseitigen Filmbandlochung versehen, über Zahnkettenräder transportiert werden. Der Papiervorschub wird in der Regel über das Programm, meist in Verbindung mit einem auswechselbaren Vorschublochstreifen, gesteuert. Einige Hersteller rüsten ihre Schnelldrucker mit einer zweiten parallelen Papierbahn aus, mit deren Hilfe ein weiteres Formular gleichzeitig beschriftet werden kann (sogenannter doppelter Vorschub). Bild 33 zeigt den Typenzylinder des mechanischen Siemens-Schnelldruckers.

Die Arbeitsergebnisse der Datenverarbeitung können nicht nur in gedruckter Schriftform, sondern auch in grafischer Darstellung ausgegeben werden. Neben der grafischen Ausgabe auf Bildschirmgeräten sind hier insbesondere Zeichengeräte (so-

Bild 33: Typenzylinder eines Walzendruckers (Werkbild Siemens)

genannte Plotter) zu nennen. Beim mechanischen Plotter wird ein Zeichenstift über das Papier geführt. Handelt es sich um einen Flachzeichner, so wird der Zeichenstift durch zwei getrennt arbeitende Motore horizontal und/oder vertikal über das Papier bewegt. Durch geeignete Kombinationen der Bewegungen aus beiden Motoren lassen sich außer senkrechten und waagerechten Strichen auch schräge Linien und Kurven zeichnen. Ein weiterer Mechanismus sorgt für das Heben und Senken des Zeichenstiftes. Trommelzeichner führen das Papier dagegen über eine Trommel. Während der Zeichenstift nur horizontal bewegt wird, erfolgt die vertikale Bewegung durch Trommeldrehung. Der Zeichenbogen wird hierzu auf die Trommel gespannt. Trommelzeichner haben den Vorzug, daß eine größere Anzahl von Zeichnungen ohne Wechsel des Zeichenbogens, also ohne manuellen Eingriff, ausgeführt werden kann.

COM steht für den englischen Begriff "Computer Output on Microfilm" und bezeichnet eine Technik, die On-Line oder

Off-Line Daten von der EDV-Anlage auf Mikrofilm ausgibt. Beim Off-Line-Verfahren werden die Daten nicht direkt vom Arbeitsspeicher zum Mikrofilm übertragen, sondern auf ein zwischengeschaltetes Magnetband. Steigende Papierkosten, ein wachsender Informationsbedarf und die Notwendigkeit zur Reduzierung der Verwaltungskosten haben zur Entwicklung und Anwendung von COM-Systemen geführt. Sofern ein COM-System für einen einzelnen Anwender nicht wirtschaftlich ist, kann er auf eines der zahlreichen COM-Serviceunternehmen zurückgreifen. COM-Systeme reduzieren die Materialkosten (ein Mikrofilmbild kostet nur etwa 10 bis 30 % der Papierkosten), verringern den Platzbedarf erheblich (gegenüber Papier werden meist mehr als 90 % des Platzes eingespart) und bieten die Möglichkeit einer billigeren Verwendung und eines schnelleren Zugriffs beim Empfänger. Nachteilig können die vergleichweisen hohen Kosten der Mikroverfilmung sein, die insbesondere bei eigenen On-Line-Systemen entstehen.

Geräte, die ausschließlich zur direkten Ausgabe von Daten ohne Datenträger oder Beleg dienen (Geräte für die Direktausgabe), sind noch seltener anzutreffen als Geräte für die ausschließliche Direkteingabe. Statt dessen werden heute vornehmlich und in steigendem Umfange Geräte angeboten und eingesetzt, die sich sowohl für die direkte Eingabe von Daten als auch für die direkte Ausgabe eignen (Dialoggeräte). Sieht man von den wenigen Fällen ab, wo Bildschirmgeräte nur für die Datenausgabe und nicht auch für die Eingabe verwendet werden, so läßt sich als Beispiel für die Direktausgabe von Daten die akustische Ausgabe (Sprachausgabe) nennen. Das Datenendgerät eines Teilnehmers an einem Sprachausgabesystem ist ein normaler Telefonapparat mit angeschlossener Zusatzeinrichtung. Die Verbindung zur EDV-Anlage wird über das öffentliche Telefonnetz oder über eine Telefonmietleitung bzw. über einen normalen Datenkanal bei lokalen Anschlüssen hergestellt. Bei der Sprachausgabe wählt der Teilnehmer die Nummer der Anlage und übermittelt seine Anweisungen und Daten durch die Wahl bestimmter Ziffernfolgen. Die Anlage führt die Befehle aus und meldet die Ergebnisse akustisch in gesprochener Form an den Empfänger. Dieser kann die Abfrage fortsetzen oder aber durch Auflegen des Hörers beenden. Vorteilhaft ist, daß praktisch jeder Telefonbesitzer an einer solchen Sprachausgabe teilnehmen kann. Nachteilig wirkt sich dagegen aus, daß die Ausgabe nur akustisch und nicht visuell erfolgt und der Empfänger kein geschriebenes Dokument besitzt.

### Dialoggeräte

Dialoggeräte (zusammen mit den Geräten für die Direkteingabe und Direktausgabe auch als Datenstationen bezeichnet) dienen dem direkten Austausch von Daten und Informationen und gewährleisten damit einen echten Dialog zwischen Mensch und Computer. Der Dialogverkehr gehört zu den Merkmalen moderner EDV-Anlagen und wird im Hinblick auf die Anwendungen der EDV eine neue Ära einleiten.

Die am meisten verbreiteten Dialoggeräte sind

- Bedienungskonsolen
- Bildschirmgeräte
- Satellitenrechner und
- Sonstige Dialoggeräte.

Alle Geräte sind über lokale Datenkanäle bzw., bei der Datenfernübertragung, über Fernsprech-, Fernschreib- oder Sonderleitungen direkt mit der EDV-Anlage verbunden.

Bedienungskonsolen (Blattschreiber, Konsolschreibmaschinen oder Bildschirmgeräte) sind direkt an die Zentraleinheit angeschlossen und dienen zur unmittelbaren Kommunikation zwischen Operator und EDV-Anlage. Unter Satellitenrechner verstehen wir kleine EDV-Systeme (MDT-Systeme, Minicomputer und Mikrocomputer), die innerhalb eines Rechnerverbundnetzes mit einer größeren Universalanlage gekoppelt sind und von ihr gesteuert werden. Zu den sonstigen Dialoggeräten zählen alle anderen gegenseitigen Verbindungen zwischen EDV-Anlagen und dezentral eingesetzten Geräten, wie beispielsweise die Kopplung einer EDV-Anlage mit Produktionsmaschinen.

Bildschirmgeräte sind die vielseitigsten und gebräuchlichsten Datenstationen für den Dialogverkehr. Sie dienen, meist über lokale Datenkanäle mit der EDV-Anlage gekoppelt, sowohl zur Eingabe von Steuerungsanweisungen und Daten als auch für die Auskunft von Informationen direkt aus dem Arbeitsspeicher der Zentraleinheit. Neue Geschäftsvorfälle können sofort und am Ort ihrer Entstehung in die EDV-Anlage eingegeben, dort nach Maßgabe der Programme verarbeitet und als Ergebnisse dem Empfänger mitgeteilt werden. Die Anwendungsbereiche der Bildschirmgeräte reichen von der Dateneingabe über Buchungsstationen für Verkehrsgesellschaften bis hin zu computergestützten Planungs- und Informationssystemen. Bildschirmgeräte bestehen aus einer Schreib- und Bedienungstastatur und einem Bildschirm für die Daten- und Informationsausgabe. Sie sind an einer Steuereinheit angeschlossen, die mehrere Bildschirmgeräte versorgen kann und die einen Eingabepuffer, einen Codeumwandler und einen Ausgabepuffer besitzt. Bildschirmgeräte gestatten je nach Typ die gleichzeitige Darstellung von etwa 100 bis 2.000 gut lesbaren und blendfreien Zeichen. Alle eingegebenen Daten und Anweisungen erscheinen sofort auf dem Bildschirm und werden erst zur Übertragung in die Zentraleinheit freigegeben, wenn der Bediener die entsprechende Funktionstaste drückt. Die von der EDV-Anlage übertragenen Antworten und Auskünfte können beliebig lang auf dem Bildschirm festgehalten werden. Daneben dienen manche Bildschirmgeräte auch zur Darstellung von Kurven und technischen Zeichnungen. Eine Einrichtung bei speziellen Bildschirmgeräten gestattet die Korrektur von Daten oder Zeichnungen mit Hilfe besonderer Tasten oder eines Lichtgriffes, wodurch einzelne Zeichen, Worte oder ganze Zeilen gelöscht und korrigiert werden können. In denjenigen Fällen, in denen keine Belege benötigt werden, sind Bildschirmgeräte preiswerte und vielseitig verwendbare Dialoggeräte. Aber selbst dort, wo in Einzelfällen auf einen Beleg nicht verzichtet werden kann, lassen sich Bildschirmgeräte mit angeschlossenen Schreibmaschinen oder Druckern ausstatten bzw. kann die Belegausgabe nach der Eingabe über den Schnelldrucker der EDV-Anlage selbst erfolgen.

## Externe Speicher

Jedes Mittel, das dazu dient, Daten in einer für EDV-Anlagen lesbaren Form aufzunehmen, zu speichern und wiederzugeben, kann als Datenspeicher bezeichnet werden. Während jedoch Lochkarten und Lochstreifen vorwiegend Datenträger zur Erfassung und Eingabe von Daten sind, werden Magnetplatten-, Magnettrommel- und Magnetstreifenspeicher ausschließlich zur Speicherung von Daten verwendet. Eine Ausnahme macht nur das Magnetband, das heute sowohl für die Datenerfassung und -eingabe als auch für die Datenspeicherung benutzt wird. Magnetband, Magnetplatte, Magnettrommel und Magnetstreifen werden als externe Speichermittel, Magnetbandgeräte, Magnetplatteneinheiten, Magnettrommelspeicher sowie Magnetstreifenspeicher als externe Speichereinheiten bezeichnet.

Im Gegensatz zum internen Arbeitsspeicher der Zentraleinheit dienen die externen Speicher einer EDV-Anlage zur Aufbewahrung großer Datenmengen und Programme, die nicht eines superschnellen Zugriffs bedürfen, wie die jeweilig im Arbeitsspeicher zwischengespeicherten Daten und Programminstruktionen, und die bei Abruf an den Arbeitsspeicher zur weiteren Verarbeitung abgegeben werden. Selten besteht die Notwendigkeit, alle aufgeführten externen Speicher an eine EDV-Anlage anzuschließen. Auch sind die Anschlußmöglichkeiten vom Typ der EDV-Anlage und vom Angebot des betreffenden Herstellers abhängig. Die heute am meisten verwendeten externen Speicher sind das Magnetband und der Magnetplattenspeicher mit auswechselbaren Magnetplatten. EDV-Anlagen sind deshalb häufig mit Magnetbandgeräten, Magnetplatteneinheiten oder, was die Mehrzahl ist, einer Kombination beider Speichertypen ausgerüstet. Für alle externen Speicher gilt, daß die

Daten vor ihrer Verarbeitung vom externen Speicher in den internen Speicher der Zentraleinheit übertragen und nach der Verarbeitung im internen Arbeitsspeicher für die Ausgabe auf einen externen Speicher oder Ausgabegerät bereitgestellt werden müssen.

## Magnetbandgerät

Seitdem die Leistungsfähigkeit und Zuverlässigkeit von Magnetbändern erheblich zugenommen haben, besitzen diese Speicher auch heute noch eine große Bedeutung. Das Magnetband wird vor allem dort vorteilhaft eingesetzt, wo eine große Menge vorsortierter Daten schnell zu verarbeiten ist und es auf einen direkten, wahlfreien Zugriff zu den gespeicherten Daten nicht ankommt. Durch den Anschluß mehrerer Magnetbandgeräte, was die Regel ist, können verschiedene Dateien mit derselben Sortierordnung gemeinsam in einem Durchlauf verarbeitet werden. Das Magnetband ähnelt dem bekannten Tonband. Es besteht aus einem unelastischen Material (Polyesterharz), dessen Zerreißbarkeit nur gering ist, und ist einseitig mit einer dünnen, magnetisierbaren Eisenoxydschicht bedeckt. Magnetbänder, die heute am häufigsten Verwendung finden, haben eine Breite von 1/2 Zoll, eine Länge von üblicherweise 732 Meter und sind auf Kunststoffspulen aufgewickelt. Vergleichbar mit den Lochungen im Lochstreifen werden die Daten auf dem Magnetband in Form kleiner unsichtbarer Magnetpunkte quer zur Längsrichtung aufgezeichnet. Hierbei bedeutet ein Magnetpunkt eine binäre 1, ein fehlender Magnetpunkt eine binäre 0. Ein Zeichen auf dem Magnetband besteht, entsprechend dem Byte-Aufbau im Arbeitsspeicher, aus 8 Datenbits (für die Aufnahme eines Buchstabens, eines Sonderzeichens oder von zwei Ziffern) und 1 Prüfbit. Die Zeichen sind üblicherweise mit einer Dichte von 800, 1.600 oder 6.500 Bytes je Zoll gespeichert. Das Bandlaufschema eines Magnetbandgerätes ist in Bild 34 dargestellt.

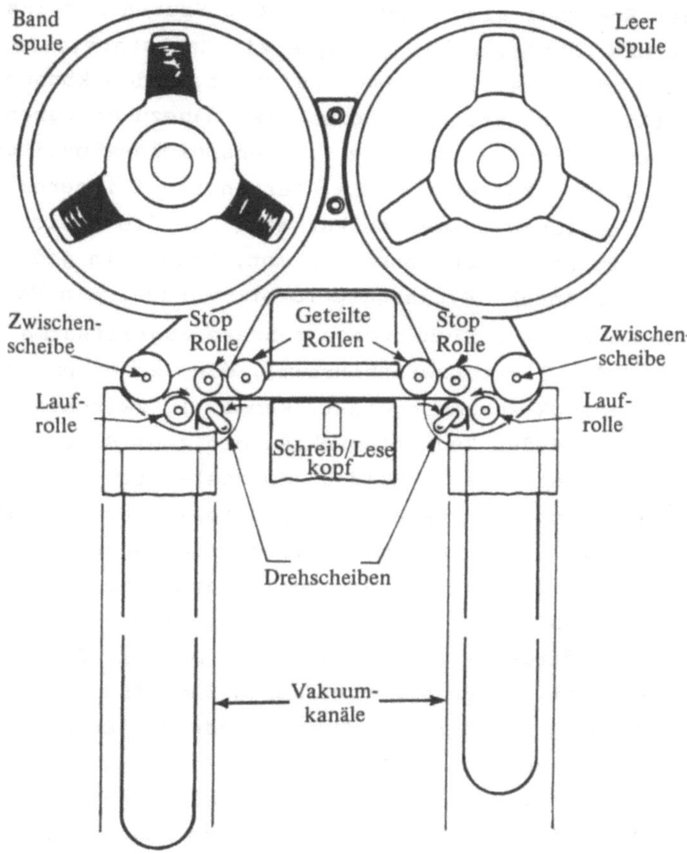


Bild 34: Bandlaufschema (Werkbild IBM)

## Magnetplatteneinheit

Der (überwiegend verwendete) wechselbare Magnetplattenspeicher besitzt, vergleichbar mit einem Mehrfachplattenspieler, eine Reihe von übereinandergestapelten Platten. Ein Magnetplattenstapel hat beispielsweise 6 Platten, deren 10 Plattenflächen für die Speicherung benutzt werden, während die oberste und unterste Plattenseite an die Schutzplatte grenzen und deshalb keine Daten aufnehmen können. Jede Plattenfläche besitzt (bei dem angenommenen Typ) 200 konzentrische Spuren, der Speicher also insgesamt 2.000 Spuren mit insgesamt 28 Mio. Bytes, wobei je Byte ein Buchstabe, ein Sonderzeichen oder zwei Ziffern gespeichert werden können. Die Kapazität der Plattenspeicherung ist nahezu unbegrenzt, weil an einer EDV-Anlage mehrere Plattenspeichereinheiten angeschlossen werden können und die Plattenstapel innerhalb einer Einheit beliebig auswechselbar sind. Da die Speicherdichte von Spur zu Spur nach innen zunimmt, können in jeder Spur die gleiche Anzahl Bytes gespeichert werden. Ein Magnetplattenspeicher hat üblicherweise mehrere Zugriffsarme (je einen für jeden Plattenzwischenraum), die, zu einem festen Zugriffsblock zusammengefaßt, kammartig zwischen die Platten greifen. Jeder Zugriffsarm ist mit zwei Schreib-/Leseköpfen ausgerüstet, wie in Bild 35 dargestellt. Der Zugriffsmechanismus kann nur insgesamt eingestellt werden: Alle Arme bewegen sich wie ein Kamm gleichzeitig, so daß sich mit einer einzigen Einstellung des Zugriffsarms die jeweils übereinanderliegenden Spuren aller Plattenseiten gleichzeitig im Zugriff befinden - ein Vorgang, den man als Zylinderzugriff bezeichnet. Durch den vielfachen Zugriffsmechanismus in Verbindung mit der zylinderförmigen Speicherung und der Adressierung der Daten (je Spur, je Zylinder und je Plattenspeicher) ergeben sich verhältnismäßig kurze Zugriffszeiten zu den gewünschten Datensätzen. Das Schreiben und Lesen

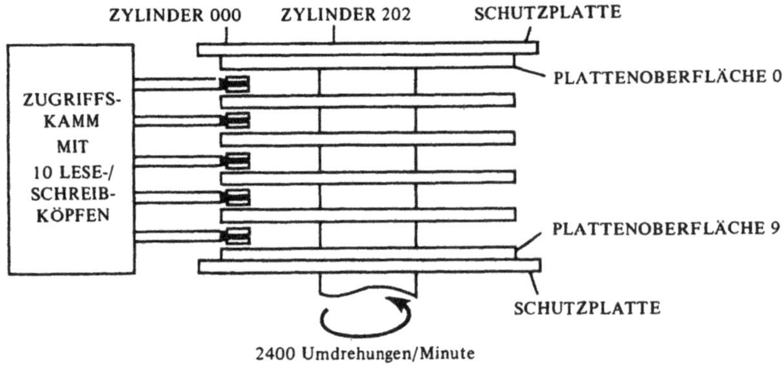


Bild 35: Zugriffsarm mit Schreib- / Leseköpfen (Werkbild IBM)

selbst erfolgt wie beim Magnetband mit Hilfe einer kleinen Schreib-/Lesespule. Der Plattenstapel rotiert mit einer gleichbleibenden Geschwindigkeit von beispielsweise 2.400 Umdrehungen je Minute. Die Zugriffszeit hängt von der jeweiligen Stellung des Zugriffskamms zur gewünschten Spur ab und liegt etwa zwischen 10 und 100 Millisekunden.

Zusammenfassung

- Die peripheren Geräte einer EDV-Anlage dienen zur Eingabe von Daten und Programmen (Eingabegeräte), zur Ausgabe von Arbeitsergebnissen (Ausgabegeräte), zur Kommunikation zwischen Benutzer und EDV-Anlage (Dialoggeräte) und zur zusätzlichen Speicherung von großen Datenmengen und Programmen (externe Speicher).

- Gesonderte Steuereinheiten (Gerätesteuerung) und Datenkanäle verbinden die peripheren Geräte mit der Zentraleinheit.

- Die am meisten verbreiteten Eingabegeräte sind Lochkartenleser, Lochstreifenleser, Belegleser und Geräte für die Direkteingabe.

- Als Ausgabegeräte fungieren Lochkarten- und Lochstreifenstanzer, Schnelldrucker und Plotter, Mikrofilm-Ausgabegeräte sowie optische Bildschirmanzeigen und akustische Sprachausgabegeräte.

- Unter Dialoggeräten werden Bedienungskonsolen, Bildschirmgeräte, Satellitenrechner und sonstige Dialoggeräte zusammengefaßt.

- Die bekanntesten externen Speicher sind das Magnetband (Magnetbandgerät) und der Magnetplattenspeicher (Magnetplatteneinheit). Während Magnetbandgeräte nur einen sequentiellen Zugriff (Reihenfolgezugriff) zu den gespeicherten Daten gestatten, ermöglichen Magnetplatteneinheiten einen beliebigen, wahlfreien Sofortzugriff.

### 2.244 Arbeitsweise und Leistung einer EDV-Anlage

Die Arbeitsweise einer EDV-Anlage läßt sich im Prinzip durchaus mit der Arbeitsdurchführung eines Angestellten vergleichen: Der Angestellte entnimmt bestimmte Angaben einem Beleg (z.B. einem Kundenauftrag), ergänzt diese Daten aus seiner Kartei (z.B. der Kundenkartei), verarbeitet sie nach festgesetzten Regeln (Arbeitsanweisungen) und schreibt das Ergebnis seiner Verarbeitung als Ausgabe (z.B. als Auftragsbestätigung) nieder. Nach dem gleichen Prinzip läuft die Arbeit auf einer EDV-Anlage ab: Neue Geschäftsvorfälle werden in die Anlage eingegeben, durch extern gespeicherte Stamm- und Bestandsdaten ergänzt, nach Maßgabe des vor Beginn der Arbeit gespeicherten Programms verarbeitet und als Arbeitsergebnis (in Form eines Formulars oder einer Liste) ausgegeben. Gleichzeitig schreibt die EDV-Anlage die neuen Kontenbestände auf einen externen Speicher zurück. Entsprechend diesem Vorgang unterscheidet man Eingabeoperationen (Einlesen der Daten), Verarbeitungsoperationen (Rechenvorgänge und logische Entscheidungen), Ausgabeoperationen (Ausgabe von Daten auf Formularen, Listen oder Mikrofilm) und Speicheroperationen (Speichern oder Abrufen von Daten bei externen Speichern). Bei Einsatz von Bildschirmgeräten ist außerdem die Möglichkeit gegeben, Daten und Informationen direkt aus der EDV-Anlage abzurufen (Dialogverkehr). Bild 36 zeigt das Prinzip der manuellen und maschinellen (automatischen) Arbeitsweise.

Eine EDV-Anlage muß die anstehenden Aufgaben quantitativ und qualitativ erfüllen können. Diese Forderung bedingt, daß ihre Größe, Leistungsfähigkeit und Kapazität die richtige Dimension haben müssen, um die Aufgaben von ihren Da-

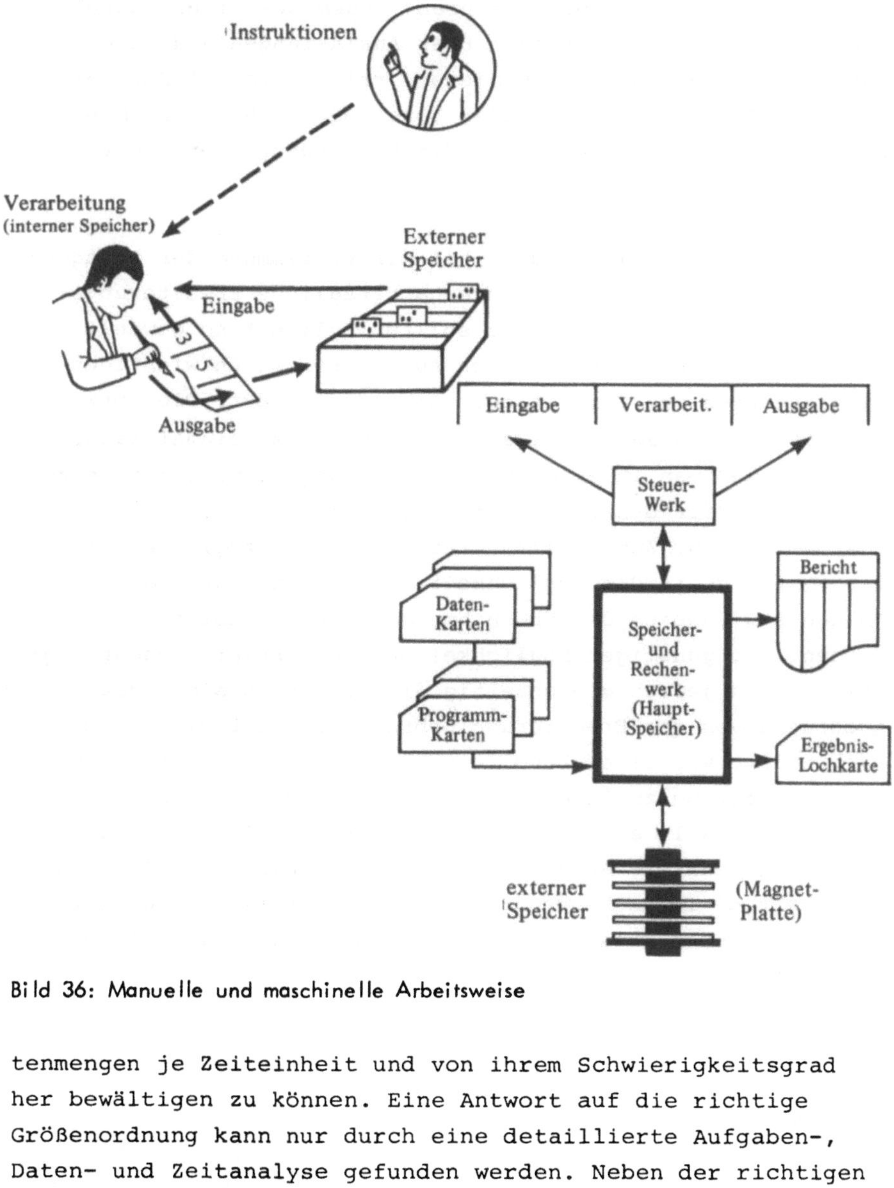


Bild 36: Manuelle und maschinelle Arbeitsweise

tenmengen je Zeiteinheit und von ihrem Schwierigkeitsgrad her bewältigen zu können. Eine Antwort auf die richtige Größenordnung kann nur durch eine detaillierte Aufgaben-, Daten- und Zeitanalyse gefunden werden. Neben der richtigen Dimensionierung kommt es auf ein ausgewogenes Verhältnis zwischen Zentraleinheit, Datenkanälen, Steuereinheiten und peripheren Geräten an: Ein zu klein gewählter Arbeitsspeicher kann genauso ein Engpaß sein wie zu wenige Datenkanäle oder zu viele periphere Geräte. Jeder Fachmann kann grob beurteilen, ob eine Anlage richtig konfiguriert ist. Eine

Feinanalyse ist nur durchzuführen, indem bei einer installierten EDV-Anlage Messungen über Auslastungen und Engpäße vorgenommen werden. Hierzu dienen (relativ teure) Hardware-Monitore (Diagnosegeräte) oder (preiswerte) Software-Monitore, d.h. Programmpakete für die Überprüfung der richtigen Anlagenkonfiguration.

Ein weiterer wichtiger Punkt bei der Bestimmung der Anlagengröße und -ausrüstung ist ihre nachträgliche Erweiterungsmöglichkeit. Eine EDV-Anlage sollte möglichst so gewählt werden, daß sie einen weiteren Ausbau bei allen wichtigen Einrichtungen und Geräten beim Anwender zuläßt. Die Notwendigkeit,eine Anlage erweitern zu müssen, ist einmal dadurch gegeben, daß man in einer Voruntersuchung niemals mit letzter Genauigkeit Größe und Konfiguration einer EDV-Anlage bestimmen kann. Zum zweiten bietet eine großzügige Erweiterungsfähigkeit die Möglichkeit, Größe und Kosten der EDV-Anlage stufenweise der Übernahme der Arbeitsgebiete anzupassen. Die günstigen Möglichkeiten einer Erweiterungsfähigkeit bergen jedoch gleichzeitig die Gefahr in sich, daß zu großzügig von der Erweiterung Gebrauch gemacht wird. Deshalb sollte vor einer Erweiterung immer geprüft werden, ob die Erweiterung zugleich mit einer Ausdehnung der Aufgaben erfolgt und alle anderen Rationalisierungsmaßnahmen (vor allem eine bessere Anlagenkonfiguration, eine gute Arbeitsvorbereitung im Rechenzentrum und eine günstigere Auslastung der vorhandenen Anlage durch Programmoptimierung) voll ausgeschöpft sind.

## Zusammenfassung

- Entsprechend ihrer Logik und Ausrüstung unterscheidet man bei einer EDV-Anlage Eingabe-, Verarbeitungs-, Ausgabe-, Speicher- und Dialogoperationen.

- Größe, Leistungsfähigkeit, Kapazität und Ausrüstung einer EDV-Anlage müssen so gewählt sein, daß sie die anstehenden und geplanten Aufgaben quantitativ, qualitativ und zeitlich erfüllen kann.

- Neben der richtigen Dimensionierung kommt es auf ein ausgewogenes Verhältnis zwischen Zentraleinheit, Datenkanälen, Steuereinheiten (Gerätesteuerung) und peripheren Geräten an; zur Überprüfung der Ausgewogenheit dienen Hardware- oder Softwaremonitore.

- Da die abzuwickelnden EDV-Aufgaben nach und nach anfallen, muß die eingesetzte oder geplante EDV-Anlage beim Anwender erweiterungs- und ausbaufähig sein.

## 2.3 Software

### 2.31 Einleitung und Übersicht

Bekanntlich und wie aus Bild 37 noch einmal hervorgeht, wird die Software, als Gesamtheit aller Programme, in Systemsoftware und Anwendungssoftware unterteilt. Während das Betriebssystem, als Hauptbestandteil der Systemsoftware, zur Steuerung des gesamten Betriebsablaufs einer EDV-Anlage dient, gehören zu den Arbeitsprogrammen alle Programme, die man zur Durchführung anwendungsunabhängiger Standardarbeiten einsetzt: Dienstprogramme sind Steuerprogramme für die Übertragung von Daten vom Magnetband zum Drucker, für die Duplizierung von Daten auf Magnetbändern, zum Sortieren von Datensätzen auf Magnetbändern oder Magnetplatten und Programme, die dem Programmierer als Hilfsprogramme zum Testen dienen. Übersetzungsprogramme haben die Aufgabe, die vom Programmierer in symbolischer Schreibweise erstellten Programme in die Maschinensprache umzuwandeln. Die Anwendungssoftware, als zweiter Teil der Software, dient schließlich dazu, bestimmte EDV-Aufgaben eines Unternehmens auf der EDV-Anlage abzuwickeln. Sie wird in der Regel von den Programmierern der Firma individuell gefertigt. Nur in Einzelfällen werden heute auch Standardprogramme, vom Hersteller der eingesetzten EDV-Anlage oder von selbständigen Softwarehäusern erstellt, eingesetzt.

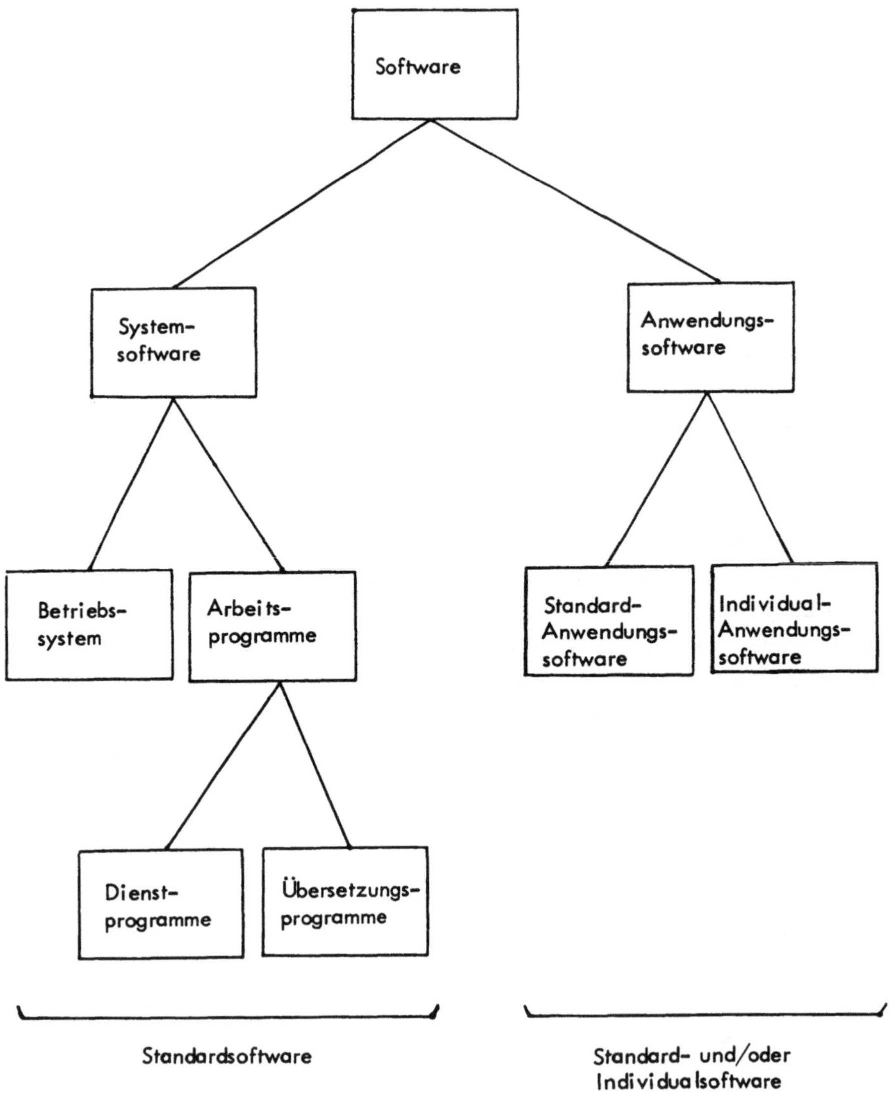


Bild 37: Software - Übersicht

Zusammenfassung

- Die Software, als Gesamtheit aller Programme für eine EDV-Anlage, umfaßt sowohl die Systemsoftware (unterteilt in Betriebssystem und Arbeitsprogramme) als auch die Anwendungssoftware (unterteilt in Standard-Anwendungssoftware und Individual-Anwendungssoftware).

- Standardsoftware ist beim betreffenden Hersteller der EDV-Anlage oder auf dem Softwaremarkt erworbene, Individual-Software von den eigenen Programmierern gefertigte Software.

## 2.32 Systemsoftware

### *2.321 Betriebssystem*

Als Betriebssystem (engl. Operating System) wird derjenige Teil der Systemsoftware bezeichnet, der den Betrieb einer EDV-Anlage steuert und ihre Bedienung durch den Operator unterstützt. Das Betriebssystem oder Steuerprogramm bildet mit der Hardware eine strukturelle Einheit und wird vom Hersteller der EDV-Anlage dem Benutzer zur Verfügung gestellt.

Ein Betriebssystem, dessen Hauptteile während der Arbeit der Anlage ständig im Arbeitsspeicher sind, besteht (siehe hierzu auch Bild 38) aus

- dem Programm für die Ablaufsteuerung (engl. Supervisor)

- dem Programm für die Jobsteuerung (engl. Jobscheduler)

- dem Programm für die Ein-/Ausgabesteuerung (engl. I/O Routines) und

- dem Programm für die Kommunikation mit dem Operator (engl. Masterscheduler).

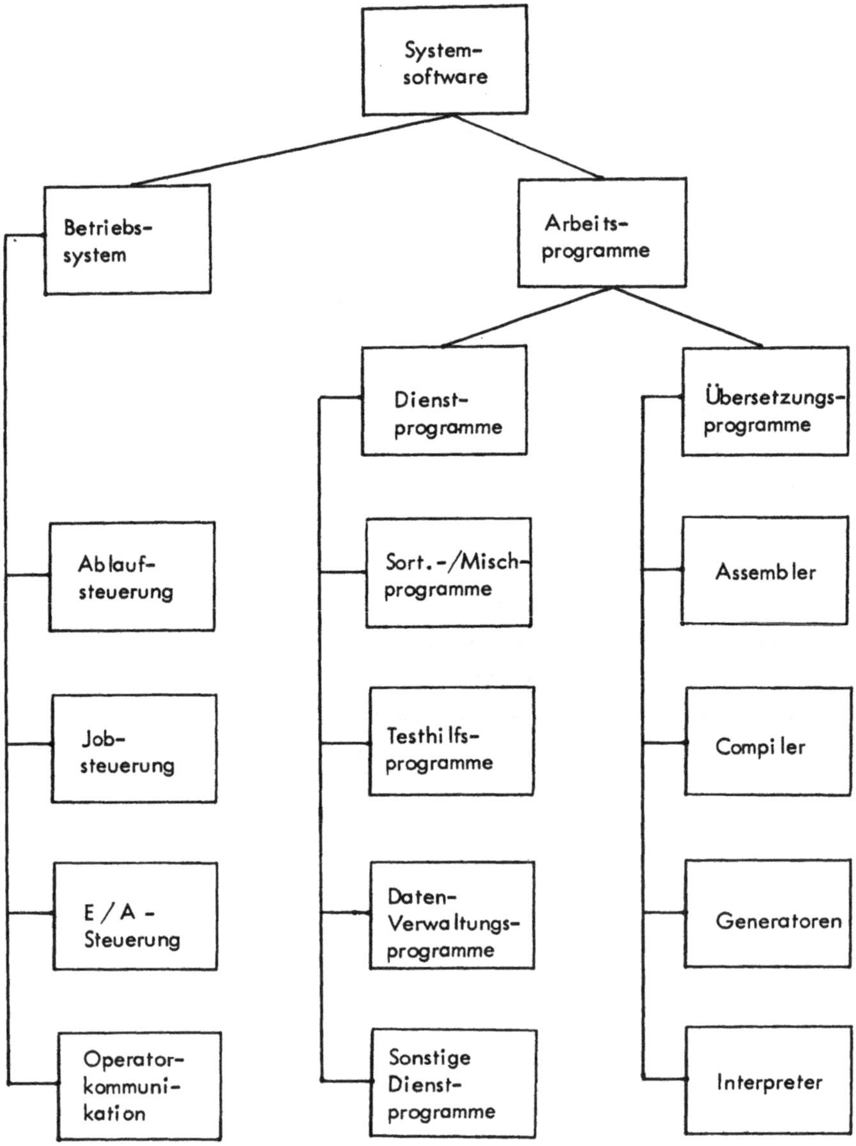


Bild 38: Übersicht Systemsoftware

Der Supervisor steuert und kontrolliert den Arbeitsablauf der einzelnen Aufgaben in der EDV-Anlage. Er ist, als Hauptbestandteil des Betriebssystems, ständig im Arbeitsspeicher der Zentraleinheit untergebracht. Im einzelnen erfüllt er folgende Funktionen:

- Erkennen und Bearbeiten von Programmunterbrechungen, Operatorunterbrechungen, Hardwarestörungen und Multiprogramming.

- Steuerung der Ein- und Ausgabevorgänge.

- Zuordnung der benötigten Systemkomponenten (Recheneinheit, Arbeitsspeicher, Datenkanäle, periphere Geräte, Programme, Dateien).

- Ladefunktionen, d.h. Einlesen des für die Durchführung einer Aufgabe benötigten Arbeitsprogramms.

- Startfunktion, d.h. Starten eines Arbeitsprogramms.

Der Jobscheduler bereitet die Jobsteueranweisungen für das System vor, d.h. er steuert das Laden und Starten eines sogenannten Jobs, unterteilt in

- Lesen der Job-Steuerkarten

- Speichern der Job-Steueranweisungen in Tabellen

- Initialisieren der einzelnen Jobsteps, d.h. Übergabe eines Jobsteps an den Supervisor, und

- Beenden eines Jobs aufgrund von Steuerzeichen aus dem Supervisor.

Ein Job ist eine in sich geschlossene Aufgabe, die auf der EDV-Anlage abgewickelt werden soll. In der Regel besteht ein Job aus mehreren Jobsteps, d.h. aus verschiedenen Programmen, die zu einer Aufgabe gehören. Um den Jobscheduler über

Einzelheiten der Jobsteuerung informieren zu können, werden vor Beginn des Jobablaufs bestimmte Steueranweisungen mit Hilfe von Job-Steuerkarten in den Arbeitsspeicher geladen.

Das Programm für die Ein-/Ausgabesteuerung verwaltet die Datenbestände auf den externen Speichern und übernimmt die Steuerung des Datenverkehrs zwischen Zentraleinheit und den peripheren Geräten. Im einzelnen gehören folgende Aufgaben zur Ein- und Ausgabesteuerung:

- Verwaltung der auf externen Speichern aufbewahrten Datenbestände und Programme.

- Übertragung der Daten zwischen dem Arbeitsspeicher der Zentraleinheit und den peripheren Geräten.

- Behandlung von Fehlern und Unterbrechungen, die aufgrund der Datenübertragung anfallen.

Der Masterscheduler schließlich steuert die Kommunikation zwischen Operator und EDV-Anlage. Mit Hilfe des Masterschedulers kann der Operator Anweisungen an das Betriebssystem geben, und umgekehrt erhält er über den Masterscheduler Informationen für manuelle Steuerungsanweisungen.

## Zusammenfassung

- Das Betriebssystem (engl. Operating System) ist das Steuerprogramm, das den Gesamtablauf einer EDV-Anlage steuert und die Kommunikation zwischen Operator und EDV-Anlage ermöglicht.

- Das Betriebssystem setzt sich aus den Programmen für die Ablaufsteuerung, die Jobsteuerung, die Ein-/Ausgabesteuerung (E/A-Steuerung) und die Kommunikation mit dem Operator zusammen.

### *2.322 Arbeitsprogramme*

Dienstprogramme

Zu den Dienstprogrammen, als der ersten Gruppe der Arbeitsprogramme, gehören alle diejenigen Programme, die nahezu jeder Anwender in gleicher Weise verwenden kann, die jedoch nicht für bestimmte anwendungsbezogene Arbeiten dienen. Beispiele für Dienstprogramme sind (vergleiche hierzu auch Bild 38)

- Sortier- und Mischprogramme
- Testhilfsprogramme
- Daten-Verwaltungsprogramme und
- Sonstige Dienstprogramme wie z.B. Programme für die Übernahme von Daten von einem auf einen anderen Magnetträger (z.B. Magnetplatte auf Magnetband oder Magnetband auf Magnetband).

Übersetzungsprogramme und Programmiersprachen

Übersetzungsprogramme haben die Aufgabe, die vom Programmierer in symbolischer Schreibweise erstellten Programme in die echte Maschinensprache zu übersetzen, d.h. die Quellen- in die Objektprogramme umzuwandeln. Die Übersetzungsprogramme sind innerhalb der Bibliothek für die Systemsoftware gespeichert und können mit Hilfe von Steuerkarten in den Arbeitsspeicher geladen und dort gestartet werden.
Üblicherweise bietet die Systemsoftware eines Herstellers Übersetzungsprogramme als Assembler , Compiler, Generatoren und Interpreter.

Eine EDV-Anlage kann naturgemäß eine Aufgabe erst durchführen, nachdem ihr das Programm für diese Aufgabe mitgeteilt wurde, d.h. in den internen Arbeitsspeicher der Zentraleinheit geladen ist. Eine zweite Voraussetzung ist, daß das Programm in der für die eingesetzte Anlage typischen Form vorliegt.

Die Maschinensprache einer EDV-Anlage lehnt sich, wie schon aus dem Namen hervorgeht, eng an den Aufbau und die Arbeitsweise einer bestimmten EDV-Anlage an, die nur "ihre Maschinensprache" versteht. In der Maschinensprache wird mit Ziffern- und Buchstabencodes gearbeitet, und alle Adressen des Arbeitsspeichers müssen mit ihrer genauen Numerierung benannt werden. Damit wird die Maschinensprache als direkte Methode der Programmierung für den Programmierer sehr schwierig, zeitaufwendig und fehleranfällig.

Um den Programmierern nun die Arbeit zu erleichtern, hat man schon seit langem spezielle symbolische Programmiersprachen geschaffen, die der menschlichen Denk- und Arbeitsweise weitaus besser angepaßt sind als eine Maschinensprache. Die Programmiersprachen werden deshalb als symbolische Sprachen bezeichnet, weil sie anstelle der echten Maschinenbefehle und Speicheradressen mit symbolischen Befehlsschlüsseln und Adressnamen arbeiten. Es sei nochmals hervorgehoben, daß ein in einer symbolischen Programmiersprache geschriebenes Programm als Quellenprogramm, das übersetzte oder umgewandelte Maschinenprogramm als Objektprogramm bezeichnet wird. Bild 39 zeigt eine Übersicht über die verschiedenen Programmiersprachen sowie eine Gegenüberstellung der einzelnen Sprachen im Hinblick auf ihre Auswirkungen in der Programmierzeit sowie in der Laufzeit und dem Speicherbedarf der EDV-Anlage.

## Zusammenfassung

- Dienstprogramme sind Arbeitsprogramme, die nahezu jeder Anwender in gleicher Weise verwenden kann und die generellen (nicht betriebsindividuellen) Anwendungen dienen.

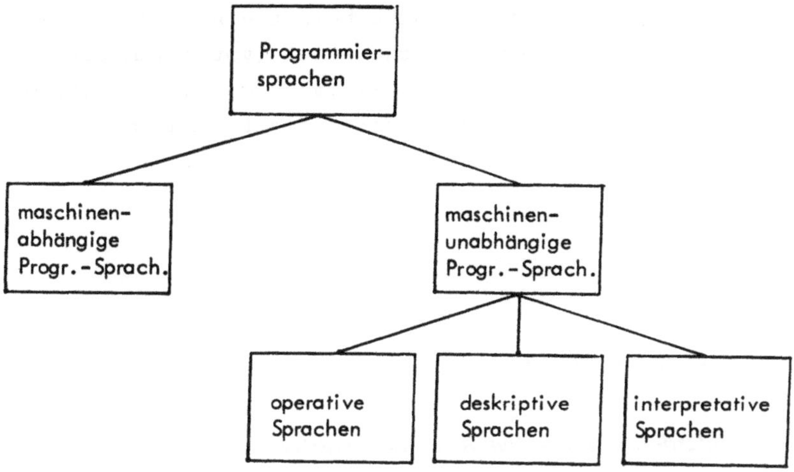


| Assembler | Compiler | Generator | Interpreter |
|---|---|---|---|
| Assembler | ALGOL | RPG | BASIC |
| Easy Coder | FORTRAN | LPG | |
| Autocoder | COBOL | | |
| | PL1 | | |

| Progr.-Sprachen / Auswirkung | Assembler | RPG | COBOL | PL1 |
|---|---|---|---|---|
| 1. Programmierzeit | 100 % | 99 % | 44 % | 24 % |
| 2. Laufzeit EDVA | 100 % | 379 % | 154 % | 250 % |
| 3. Speicherbedarf EDVA | 100 % | 107 % | 152 % | 181 % |

Untersuchung des BIFOA, Betriebswirtschaftliches Institut für Organisation und Automation an der Universität zu Köln.

Bild 39: Übersicht Programmiersprachen

- Übersetzungsprogramme dienen zur Übersetzung der von den Programmierern gefertigten symbolischen Programme (Quellenprogramme) in die Maschinensprache (Objektprogramme). Von der Größe der eingesetzten EDV-Anlage und der Art der Anwendungen hängt es ab, ob man als Programmiersprache besser eine maschinenabhängige Programmiersprache wählt (vor allem für kleinere und mittlere EDV-Anlagen geeignet) oder ob man sich für eine problemorientierte, maschinenunabhängige Programmiersprache entscheidet.

## 2.33 Anwendungssoftware

### *2.331 Standard- und Individual-Anwendungssoftware*

Während Systemsoftware in der Regel Standardsoftware ist, die vom Hersteller der EDV-Anlage geliefert oder auf dem freien Softwaremarkt beschafft wird, wurde die Anwendungssoftware bisher überwiegend durch firmeneigene Programmierer ausgearbeitet. Seit Jahren werden nun auf dem Softwaremarkt und von den Herstellern der EDV-Anlagen Programmpakete für Standardanwendungen wie Finanzbuchhaltung, Lohn- und Gehaltsabrechnung, Anlagenbuchhaltung, Kostenrechnung, Materialabrechnung und viele andere mehr angeboten, zweimal jährlich veröffentlicht im ISIS-Katalog der Firma Infratest, München.

Noch vor zehn Jahren stellte sich kaum die Frage, ob die Anwendungsprogramme im Unternehmen individuell gefertigt oder aber als Standard-Programmpakete auf dem Softwaremarkt erworben werden sollten. Inzwischen weiß man, daß der "Programmanzug von der Stange", also die vorgefertigte Standard-Anwendungssoftware, bei vielen standardisierten Arbeitsgebieten, wie vor allem die Lohn- und Gehaltsabrechnung, die Finanzbuchhaltung und andere, vorteilhaft sein kann. Standard-Anwendungsprogramme haben den Vorzug, daß

- sie erheblich billiger sind (sie kosten in der Regel nur ein Fünftel bis ein Zehntel des Preises für individuell gefertigte Programmpakete)

- sie schnell verfügbar sind, weil die angebotenen Programmpakete in der Regel bereits in der Praxis laufen

- das Fertigungsrisiko geringer ist, weil die Programmpakete schon vorhanden sind, und

- sie meist von höherer Qualität sind, weil die Softwarehäuser im allgemeinen über bessere Fachkräfte als die einzelnen Anwender verfügen.

Natürlich sind die aufgeführten Vorteile kein Naturgesetz, sondern gelten nur als grundsätzliche Vorzüge, die im Einzelfalle nicht zutreffen müssen. Außerdem kommt es entscheidend darauf an, daß die erforderlichen Voraussetzungen im Unternehmen für den Einsatz von Standard-Anwendungssoftware vorhanden sind oder sich schaffen lassen. Der erfolgreiche Einsatz von Standard-Anwendungssoftware hängt in erheblichem Maße von der richtigen Vorgehensweise bei der Analyse (ist Standard-Anwendungssoftware überhaupt einsetzbar?) und der Auswahl (entsprechen die angebotenen Programmpakete den betrieblichen Anforderungen?) ab.

## Zusammenfassung

- Systemsoftware ist in der Regel immer Standardsoftware und wird von den Herstellern der EDV-Anlagen und von freien Softwarehäusern angeboten.

- Anwendungssoftware kann entweder von dem Hersteller der eingesetzten EDV-Anlage oder auf dem freien Softwaremarkt (Standard-Anwendungssoftware) erworben oder von eigenen Programmierern (Individual-Anwendungssoftware) gefertigt werden.

- Bei der Auswahl von Standard-Anwendungssoftware ist sehr sorgfältig zu prüfen, ob das anstehende Problem überhaupt mit Hilfe von Standard-Anwendungssoftware gelöst und das Standard-Programmpaket in den Gesamtablauf integriert werden kann und ob das Produkt den Anforderungen an qualitative Anwendungssoftware entspricht.

### *2.332 Wie entsteht ein Programm?*

#### Programmsteuerung

Das Programm einer EDV-Anlage wird nicht, wie bei herkömmlichen Lochkartenmaschinen, auf einer Schalttafel gesteckt, sondern statt dessen von Magnetplatte oder Magnetband (heute seltener von Lochkarten) jeweils vor Beginn einer Arbeit in den internen Arbeitsspeicher der Anlage übertragen (das Programm wird geladen). Das Steuerwerk der Zentraleinheit übernimmt dann die Aufgabe, die Arbeit nach Maßgabe des geladenen Programms zu steuern und den ordnungsgemäßen Ablauf der Datenverarbeitung sicherzustellen. EDV-Anlagen werden auch als programmgesteuerte Maschinen bezeichnet, weil sie in der Lage sind, umfangreiche Aufgaben nach einem vorgegebenen Programm selbsttätig und selbstkontrollierend durchzuführen. Sieht man einmal von den wenigen Eingriffsmöglichkeiten durch den Operator ab, so handelt es sich bei EDV-Anlagen um Maschinen mit rein interner, automatischer Steuerung und Kontrolle.

#### Aufbau eines Programms

Ein Programm ist eine genau definierte Arbeitsanweisung an eine EDV-Anlage zur Lösung einer bestimmten Aufgabe. Es legt die Art und Reihenfolge der von der Anlage auszuführenden Operationen fest. Jedes Programm wird in einzelne Arbeitsschritte gegliedert, Instruktionen oder Arbeitsanweisungen genannt. Der einzelne Arbeitsschritt eines

Programms heißt also Instruktion. Die Instruktionen lösen dann die (fest eingebauten) Elementaroperationen im Steuerwerk aus, wie beispielsweise das Einlesen eines Datensatzes in den Arbeitsspeicher, Addieren einer Zahl im Rechenwerk, Vergleichen zweier Speicherplatzinhalte oder Sprung in einen anderen Programmteil bei Vorhandensein einer bestimmten Bedingung. Eine Instruktion selbst besteht immer aus dem Operationsteil (welche Operation oder welcher Befehl ist auszuführen?) und dem Adressteil (wo stehen die Operanden, die zu verarbeiten sind?), wie in Bild 40 dargestellt.

| Operationsteil | Adreßteil | |
|---|---|---|
| Operations - oder Befehlscode | 1. Operanden-adresse | 2. Operanden-adresse |
| Was ? | Woher ? | Wohin ? |

<u>Beispiel:</u> ADD 4711 5813

Addiere (Op. ADD) den <u>Inhalt</u> des Speicherplatzes 4711 (1. Operandenadresse) zum <u>Inhalt</u> des Speicherplatzes 5813 (2. Operandenadresse).

Die Nummern (= Adressen) der Speicherplätze beziehen sich auf den Arbeitsspeicher der Zentraleinheit, in dem die eingelesenen Datensätze kurzzeitig gespeichert sind.

Bild 40: Aufbau einer Instruktion (Arbeitsanweisung)

## Die einzelnen Schritte der Programmerstellung

### Analyse der Programmvorgabe

Der erste Schritt bei der Ausarbeitung eines Programms besteht darin, den Inhalt der vom EDV-Organisator oder Systemanalytiker ausgearbeiteten Programmvorgabe zu analysieren, d.h.

- die Programmvorgabe auf ihre formelle Vollständigkeit zu prüfen und den Inhalt der Programmvorgabe zu verstehen und ihre Zusammenhänge zu erfassen

- die Programmvorgabe auf ihren sachlich-logisch richtigen Inhalt und ihre programmtechnische Durchführbarkeit zu überprüfen und

- durch Rückfragen Unklarheiten, Widersprüche und Informationslücken zu beseitigen.

Im Vordergrund der Analyse steht die Prüfung der Programmvorgabe auf ihren sachlich-logischen Inhalt, im einzelnen bezogen auf die

- Eingabe

  (Welche Daten sind in das Programm einzugeben, auf welchen Datenträgern sind diese Daten untergebracht und wie sind die Datensätze im einzelnen aufgebaut?)

- Verarbeitung

  (Welche Verarbeitungsregeln sind im einzelnen festgelegt?)

- Speicherung

  (Welche Daten müssen von externen Speichern in die Verarbeitungsprogramme übertragen werden, welche Daten sind auf externen Speichern nach der Verarbeitung abzulegen und welche Speicherungs- und Verarbeitungsformen müssen vorgesehen werden?) und

- Ausgabe

  (Welche Ergebnisse sollen geliefert werden, auf welchen Datenträgern sind die Ergebnisse auszugeben und wie sind die auszugebenden Datensätze aufgebaut?).

Erst wenn der Programmierer den Inhalt der Programmvorgabe vollständig erfaßt hat, kann er mit der eigentlichen Programmausarbeitung beginnen.

## Entwurf des Programmablaufs

Ziel und Aufgabe dieses Programmierungsschrittes ist es, die Logik eines Programmablaufs klar zu erfassen und darzustellen, um ein Hilfsmittel für die nachfolgende Verschlüsselung (Codierung) zu schaffen. Von kleinen Programmen und Programmen mit einfacher Programmlogik abgesehen, ist es immer ratsam, den Programmablauf in schaubildlicher Weise darzustellen. In einzelnen Fällen wird es aber genügen, wenn nur die Programmlogik (Übersicht über den Programmablauf in einem Grob-Programmablaufplan) dargestellt wird. In anderen Fällen wird neben dem Grob-Programmablaufplan auch ein Fein-Programmablaufplan dargestellt, in dem alle Einzelschritte bzw. alle Gruppen von Einzelschritten des Programmablaufs aufgeführt sind. Die Bilder 41 und 42 zeigen Beispiele eines Grob- und eines Fein-Programmablaufplans.

Um ein Programm möglichst übersichtlich zu gliedern, empfiehlt sich die Unterteilung in ein Hauptprogramm und mehrere Unterprogramme. Während das Hauptprogramm die für die Steuerung des Programmablaufs benötigten Programmteile einschließlich der Verweise auf die einzelnen Unterprogramme enthält, befassen sich die Unterprogramme selbst jeweils mit einem in sich geschlossenen Teilkomplex der Verarbeitung. Diese sogenannte Unterprogrammtechnik oder modulare Programmierweise erhöht nicht nur die Übersichtlichkeit und Transparenz des Programmablaufs, sondern erleichtert auch die nachfolgenden Programmierschritte. Zur Darstellung von Programmablaufplänen benutzt der Programmierer im allgemeinen ein Formular (Programmablaufplan) sowie eine Schablone mit genormten Symbolen nach DIN-Norm 66001. Grundlage und Arbeitsunterlage für die Ausarbeitung

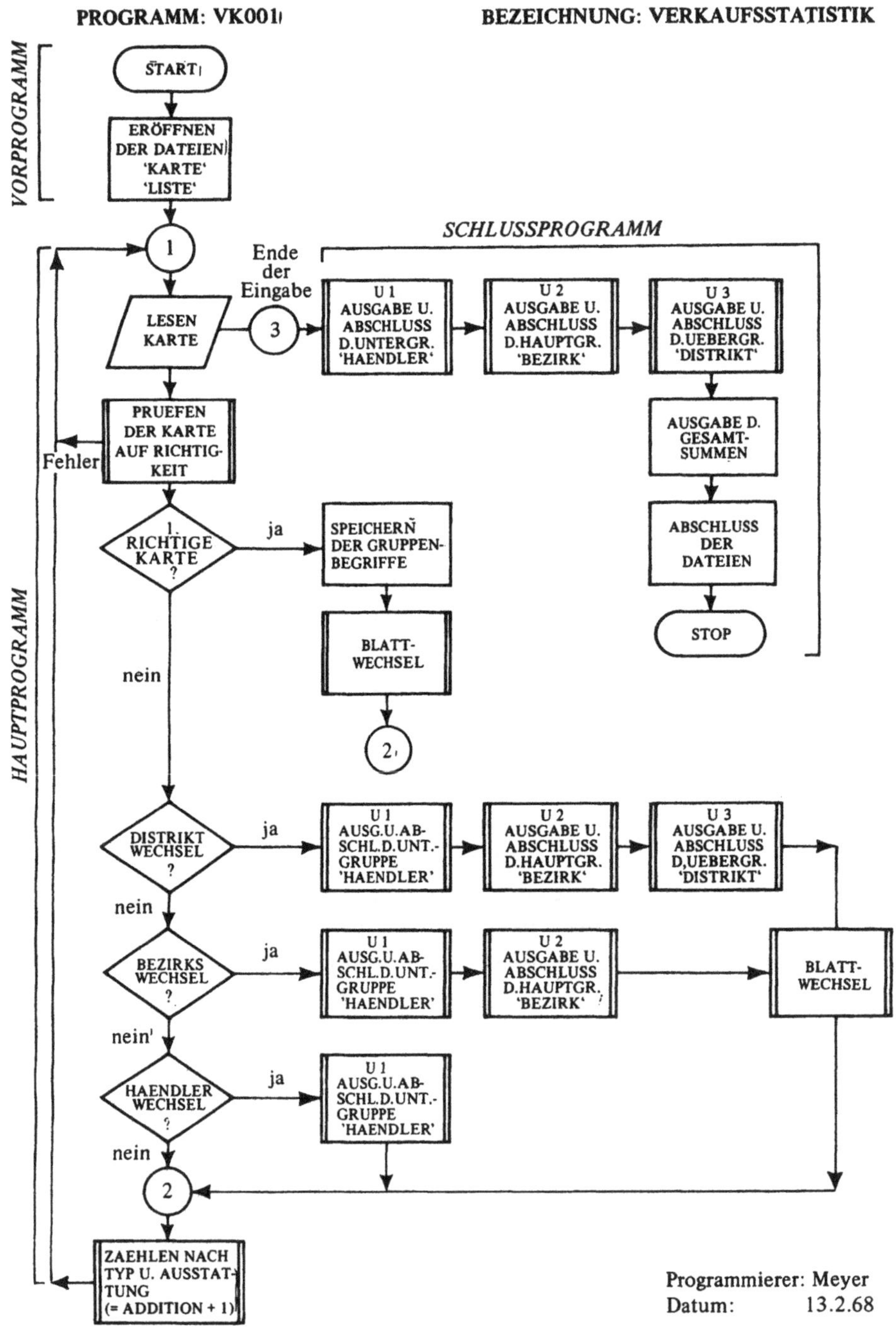


Bild 41: Grob-Programmablaufplan (Beispiel)

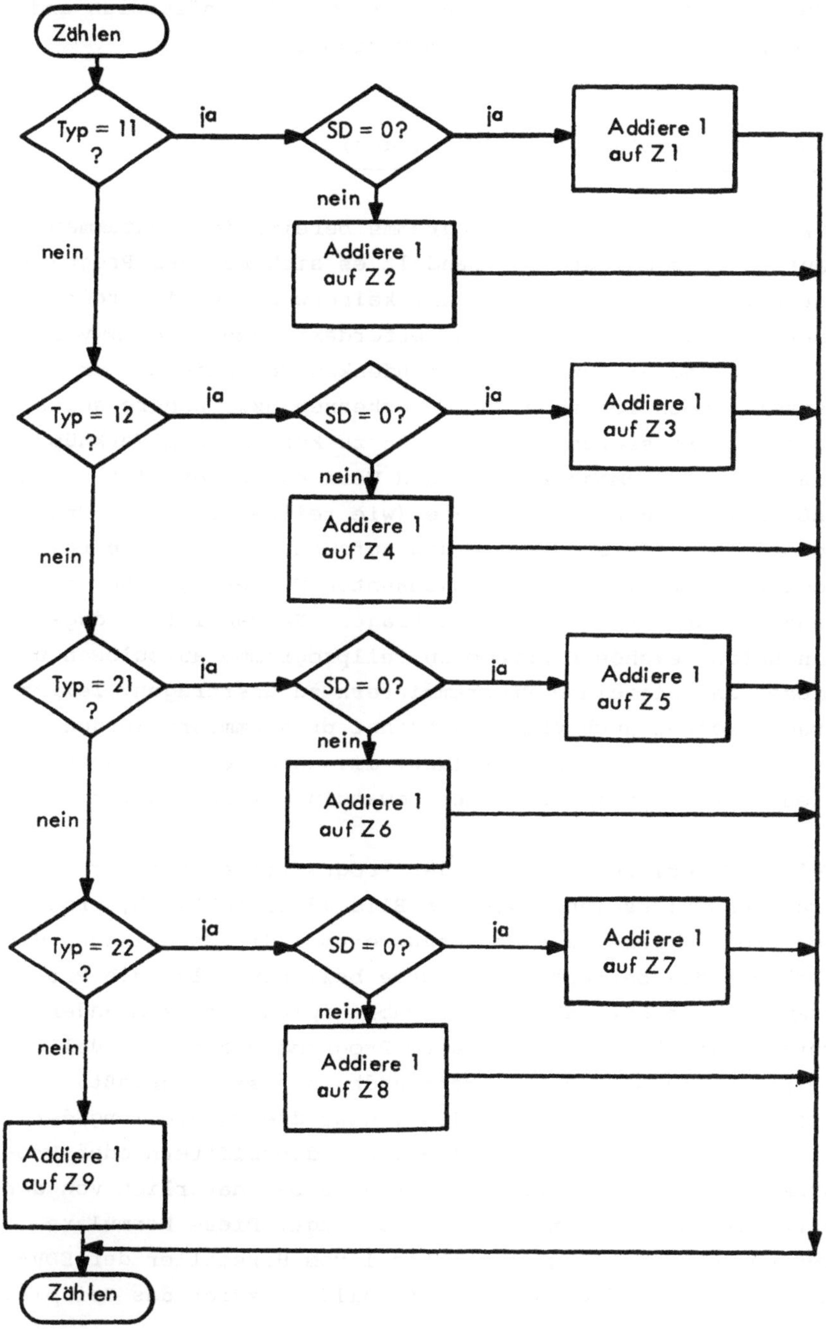


Bild 42: Fein-Programmablaufplan (Auszug)

von Programmablaufplänen sind der Fein-Datenflußplan und alle Einzelheiten der Programmvorgabe.

## Programmverschlüsselung (Codierung)

Obwohl der Ablauf eines Programms bereits im Programmablaufplan festgelegt ist, handelt es sich bei der Programmverschlüsselung oder Codierung keineswegs um eine reine Übertragungsarbeit. Vielmehr erfordert jede Programmverschlüsselung ein erneutes Durchdenken der Aufgabe, um einerseits noch logische Fehler erkennen bzw. andererseits weitere Verbesserungen anbringen zu können. Die Verknüpfung von Programmablaufplan und Verschlüsselung ist so eng, daß es auch unzweckmäßig wäre (wie teilweise in der Praxis gefordert), die Programmierung aufzuspalten und die reinen Codierungsarbeiten einem sogenannten Codierer, einer zweitrangigen Arbeitskraft,zu übertragen. Ratsam ist es dagegen, ein umfangreiches Programm in Teilprogramme aufzulösen und diese dann einzelnen Programmierern zu übertragen. Teilprogramme können auch völlig getrennt programmiert werden, wobei die EDV-Anlage selbst (bzw. die entsprechende Software) diese Teilprogramme nach der Umwandlung zusammenfügt.

Welche Unterlagen benötigt der Programmierer nun zur Programmverschlüsselung? Wie aus Bild 43 ersichtlich, braucht der Programmierer zur Codierung einmal die Unterlagen, die sich auf die betreffende Aufgabe beziehen (also die Programmvorgabe bzw. den Programmablaufplan) und zum anderen Unterlagen über die verwendete Programmiersprache, üblicherweise in einem Programmierer-Handbuch zusammengefaßt. Die Programmverschlüsselung selbst, also die Darstellung der Instruktionen, wird mit Hilfe von Codierblättern oder Programmschemata durchgeführt, deren Aufbau natürlich von der verwendeten Programmiersprache abhängt. Diese Formulare werden den Benutzern in der Regel vom Hersteller der EDV-Anlagen zur Verfügung gestellt. Bild 44 zeigt das Beispiel eines Programmschemas mit Verschlüsselung in der Assemblersprache (Auszug).

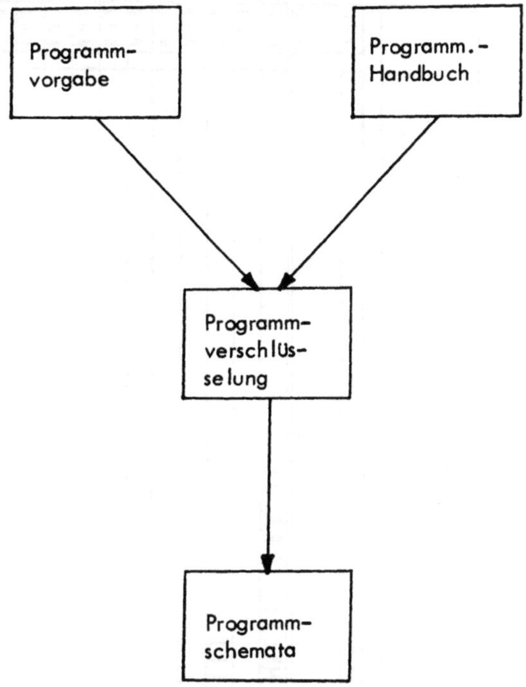


Bild 43: Programmverschlüsselung

Sobald die Codierung beendet und der Programmierer davon überzeugt ist, daß das verschlüsselte Programm seinen Vorstellungen entspricht, werden die ausgefüllten Codierblätter zum Ablochen gegeben. Beim Lochen entsteht aus jeder Zeile eines Codierblattes eine Lochkarte, Programmkarte genannt. Alle Programmkarten eines Programms werden zusammen als Quellenprogramm bezeichnet.

## Programmumwandlung

Das gelochte und geprüfte Quellenprogramm ist jetzt bereit zur Umwandlung in das Maschinenprogramm, für die der Programmierer zusätzlich einige Steuerkarten anzulegen hat.

**System / 360 Assembler**
**Programmschema**

| Programm VERKAUFSSTATISTIK | Lochhinweise | Problem VK1 (73–75) |
|---|---|---|
| | Zeichen | |
| Programmierer MEYER — Datum 13.3.68 | Lochung | Seite Ø1 (76–77) von ___ |

| Anweisung: Name (1–8) | Operation (10–14) | Operand und Bemerkungen (16–71) | Karte Nr. (78–80) |
|---|---|---|---|
| * BEISPIEL EINER CODIERUNG IN ASSEMBLER-SPRACHE | | | Ø1Ø |
| VKØØ1 | START | | Ø2Ø |
| | : | ASSEMBLER ABHAENGIGE ANGABEN | Ø3Ø |
| | OPEN | (KARTE,INPUT) | Ø4Ø |
| | OPEN | (LISTE,OUTPUT) | Ø5Ø |
| EINS | GET | KARTE,KARTBER | Ø6Ø |
| | BAL | 5,PRUEFEN | Ø7Ø |
| WEICHE | NOP | A1 KARTE FEHLERFREI | Ø8Ø |
| | OI | WEICHE+1,X'FØ' | Ø9Ø |
| | MVC | ZDISTR,DISTR SPEICHER | 1ØØ |
| | MVC | ZBEZIRK,BEZIRK GRUPPENBEGRIFFE | 11Ø |
| | MVC | ZHAENDLR,HAENDLR | 12Ø |
| | BAL | 5,BLAWE | 13Ø |
| | B | ZWEI | 14Ø |
| A1 | CLC | DISTR,ZDISTR | 15Ø |
| | BNE | DWECHSEL | 16Ø |
| | CLC | BEZIRK,ZBEZIRK | 17Ø |
| | BNE | BWECHSEL | 18Ø |
| | CLC | HAENDLR,ZHAENDLR | 19Ø |
| | BE | ZWEI | 2ØØ |

Bild 44: Programmschema (Beispiel)

Anschließend geht das gesamte Kartenpaket zur Umwandlung ins Rechenzentrum.

Durch das Umwandlungsprogramm (Übersetzungsprogramm) werden nun die symbolischen Programmkarten des Quellenprogramms nacheinander eingelesen und in das entsprechende Maschinenprogramm übersetzt. Gleichzeitig druckt die Maschine eine Umwandlungsliste, die sowohl das symbolische Programm als auch das umgewandelte Maschinenprogramm, nebeneinandergedruckt, enthält. Während der Umwandlung wird das Umwandlungs- oder Übersetzungsprogramm eine Vielzahl von Fehlerprüfungen durchführen und druckt die entsprechenden Fehlerbemerkungen mit auf die Umwandlungsliste. Bei der Fehlerprüfung kann es sich natürlich nur um eine Kontrolle formaler Programmierungsfehler handeln. Die Bilder 45 und 46 zeigen den Ablauf einer Programmumwandlung und den Ausschnitt aus einer Umwandlungsliste.

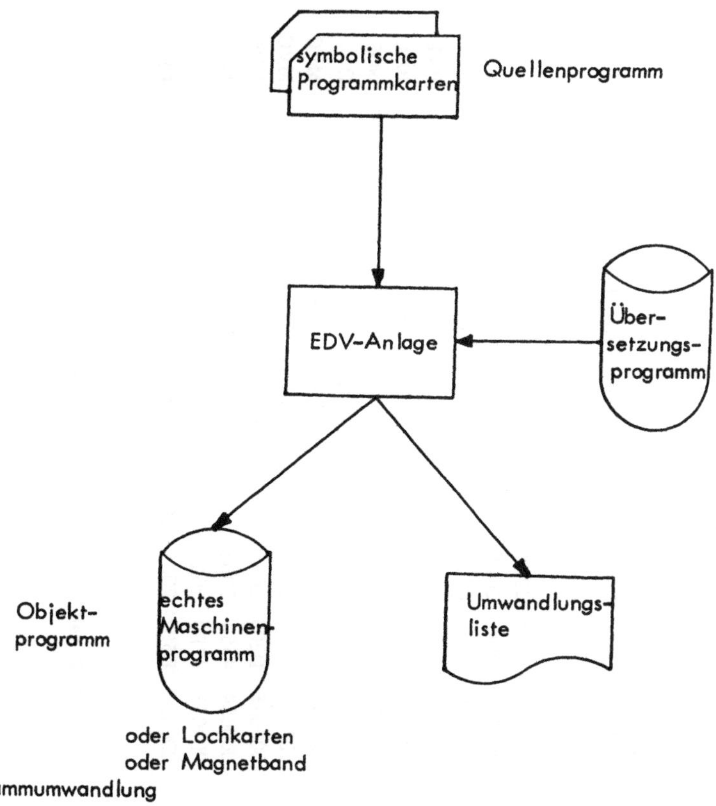


Bild 45: Programmumwandlung

PAGE 2
30/04/68

| LOC | OBJECT CODE | | | ADDR 1 | ADDR 2 | STMT | | SOURCE | STATEMENT | |
|---|---|---|---|---|---|---|---|---|---|---|
| | | | | | | 25 | EINS | GET | KARTE, KARBER | VK101060 |
| 000026 | 5810 | 20CA | | | 000D0 | 26 + | EINS | L | 1, = A (KARTE) GET DTF TABLE ADDRESS | |
| 00002A | 5800 | 20CE | | | 000D4 | 27 + | | L | 0, = A (KARTBER) GET WORK AREA ADDRESS | |
| 00002E | 58F1 | 0010 | | | 00010 | 28 + | | L | 15, 16 (1) GET LOGIC MODULE ADDRESS | |
| 000032 | 45EF | 0008 | | | 00008 | 29 + | | BAL | 14,8 (15) BRANCH TO GET ROUTINE | |
| 000036 | 4550 | 20AC | | | 000B2 | 30 | | BAL | 5, PRUEFEN | VK101070 |
| 00003A | 4700 | 2056 | | | 0005C | 31 | WEICHE | NOP | A1 KARTE FEHLERFREI | VK101080 |
| 00003E | 96FO | 2035 | | 0003B | | 32 | | OI | WEICHE + 1 'FO' | VK101090 |
| 000042 | D202 | 20B2 | 20B3 | 000B8 | 000B9 | 33 | | MVC | ZDISTR, DISTR SPEICHERN | VK101100 |
| 000048 | D202 | 20B4 | 20B5 | 000BA | 000BB | 34 | | MVC | ZBEZIRK, BEZIRK GRUPPENBEGRIFFE | VK101110 |
| 00004E | D203 | 20B6 | 20B7 | 000BC | 000BD | 35 | | MVC | ZHAENDLR, HAENDLER | VK101120 |
| 000054 | 4550 | 20B8 | | | 000BE | 36 | | BAL | 5, BLAWE | VK101130 |
| 000058 | 47F0 | 20BC | | | 000C2 | 37 | | B | ZWEI | VK101140 |
| 00005C | D502 | 20B3 | 20B2 | 000B9 | 000B8 | 38 | A 1 | CLC | DISTR, ZDISTR | VK101150 |

umgewandeltes Maschinenprogramm — symbolisches Programm

Bild 46: Umwandlungsliste (Ausschnitt)

## Programmtests

Selbst bei sorgfältigster Programmverschlüsselung und trotz gewissenhafter Überprüfung der Umwandlungsliste ist es der Regelfall, daß ein Programm nicht frei von Fehlern ist. Durch die Programmtests sollen deshalb alle Fehler in einem Programm ermittelt werden. Da die formalen Fehler bereits auf der Umwandlungsliste gekennzeichnet und vom Programmierer bereinigt wurden, kann es sich bei den hier genannten Programmfehlern nur um sachliche Fehler handeln, die die Eingabe, die Verarbeitung und Ausgabe der Daten betreffen. Eine Reihe verschiedener Testhilfsprogramme, vom Hersteller der EDV-Anlage zur Verfügung gestellt oder auf dem Softwaremarkt erworben, erleichtern dem Programmierer die Testarbeit und damit die Suche nach Programmfehlern. Wichtig ist vor allem, daß der Programmierer den Programmtest durch Erstellung von Test- oder Prüfdaten sorgfältig vorbereitet und seine Testunterlagen vor dem Test zusammenstellt.

Meist wählt der Programmierer die Testbeispiele aus den Daten vorhandener Originalunterlagen aus. Hierbei hat er jedoch darauf zu achten, daß nicht nur normale Geschäftsvorfälle, sondern auch alle Ausnahmefälle und mögliche Fehlerfälle als Testbeispiele gewählt werden. Es sei noch angemerkt, daß die Programmierer in der Regel nicht selbst ihre Programme auf der EDV-Anlage testen, sondern daß die Programmtests im sogenannten Closed-Shop-Betrieb durch den Operator durchgeführt werden. Sind die Testergebnisse dann überprüft und die symbolischen Programmkarten der aufgefundenen Fehler korrigiert, stellt der Programmierer die Unterlagen erneut für einen Programmtest zusammen. Jeder weitere Test verläuft dann in der beschriebenen Weise. Hat der Programmierer das Programm so oft getestet, daß es keine erkennbaren Fehler mehr enthält, so folgt der Abschlußtest. Hierzu werden die Testbeispiele nicht vom Programmierer selbst ausgearbeitet und zusammengestellt, sondern von der betreffenden Fachabteilung geliefert. Der Abschlußtest dient ausserdem dazu, den Operator mit dem Einsatz des neuen Programmkomplexes vertraut zu machen. Er wird so oft wiederholt, bis ein hohes Maß an Sicherheit besteht, daß das Programmpaket unter allen Bedingungen fehlerfrei arbeitet.

## Programmdokumentation

Die Programmierungsarbeiten enden mit der Ausarbeitung und Zusammenstellung der Programmdokumentation. Sie soll sicherstellen, daß bei Programmänderungen und Programmüberprüfungen aktuelle Unterlagen über den Programmablauf sowie über Einzelheiten des Programmpaketes zur Verfügung stehen. Eine ordnungsmäßige Programmdokumentation bedingt ferner, daß die Unterlagen nach der Programmänderung umgehend berichtigt werden.

Folgende Unterlagen gehören im allgemeinen zur Programmdokumentation:

- Programmvorgabe mit Datenflußplan und Beschreibung der Eingabe-, Ausgabe- und Speicherdaten sowie der Verarbeitungsregeln.
- Programmablaufplan grob und fein, soweit erforderlich.
- Verbale Programmbeschreibung.
- Verzeichnis aller verwendeten Standard-Unterprogramme.
- Verzeichnis aller Programmtabellen.
- Symbolisches Quellenprogramm.
- Umwandlungsliste.
- Objektprogramm (Maschinenprogramm).
- Auflistung der Testdaten und Testauswertungen.

- Auflistung der Steuerkarten.

- Bedienungsanweisungen.

Zusammenfassung

- Bei der Programmierung sollte stets systematisch und in Stufen (Analyse der Programmvorgabe, Entwurf des Programmablaufs, Programmverschlüsselung, Programmumwandlung, Programmtests, Programmdokumentation) vorgegangen werden.

- Für die Ausarbeitung eines Programms benötigt der Programmierer einmal ein Programmierer-Handbuch für die betreffende Programmiersprache und zum zweiten für jedes auszuarbeitende Programm eine klare, umfassende und schriftlich niedergelegte Programmvorgabe.

- Um die aufwendigen Programmtests effizienter zu gestalten und die Sicherheit im Rechenzentrum zu erhöhen,sollte ausschließlich im Closed-Shop-Testbetrieb durch die Operatoren getestet werden.

- Es sollte, vor allem bei mittleren und größeren EDV-Anlagen, geprüft werden, ob die Anwendung der sogenannten interaktiven Programmierung (d.h. die Verwendung von Bildschirmgeräten bei der Programmierung, vor allem für Programmtests) von Vorteil ist.

- Ein weiterer Nutzen wird in der Programmierung erzielt, wenn Entscheidungstabellen und Programmgeneratoren eingesetzt, die Programmierer besser ausgebildet und überwacht und der Programm-Änderungsdienst (in der Regel durch eine getrennte Mannschaft rationalisiert werden.

# 3. Zusammenarbeit zwischen EDV und Fachabteilungen

## 3.1 Institutionen der Zusammenarbeit

### 3.11 Der EDV-Ausschuß

Eine erfolgreiche Zusammenarbeit zwischen der EDV-Abteilung und den Mitarbeitern der Fachabteilungen erfordert feste organisatorische Regeln, die sich nicht nur auf den Ablauf der Zusammenarbeit, sondern auch auf institutionelle Bindungen erstrecken müssen. Eine solche Institution ist der, in der Praxis meist so genannte, EDV-Ausschuß. Wie andere Ausschüsse auch, ist der EDV-Ausschuß nicht fest in der organisatorischen Hierarchie des Unternehmens verankert, sondern ein Zusammenschluß verschiedener Stellen für die gemeinsame Durchführung von EDV-Aufgaben im Unternehmen.

Ständige Mitglieder des EDV-Ausschusses sind üblicherweise

- der Leiter der EDV-Abteilung, der die Interessen der EDV-Abteilung im Ausschuß vertritt
- der Leiter der Betriebsorganisation als neutraler Dritter zwischen EDV-Abteilung und den EDV-Benutzern und
- 2 bis 4 Delegierte der hauptsächlich von der EDV betroffenen Fachbereiche, die aber in erster Linie nicht für ihren eigenen Fachbereich, sondern als Vertreter aller EDV-Benutzer sprechen.

Über die festen Teilnehmer hinaus können dann von Fall zu Fall weitere EDV-Benutzer, deren EDV-Fragen gerade im Ausschuß behandelt werden, hinzugezogen werden. Um die Bedeutung des EDV-Ausschusses zu erhöhen und bindende Entscheidungen treffen zu können, sollte an seiner Spitze möglichst ein Mitglied der Unternehmensführung stehen. Der EDV-Ausschuß trifft sich üblicherweise einmal monatlich und zusätzlich bei besonderen Anlässen. Seine Sitzungen werden vom Leiter der EDV-Abteilung oder vom Leiter der Betriebsorganisation gut vorbereitet und protokolliert.

Die Aufgaben des EDV-Ausschusses liegen allgemein in abteilungsübergeordneten, koordinierenden EDV-Fragen, im einzelnen in der

- Mitwirkung bei der Ausarbeitung eines EDV-Gesamtkonzeptes und der EDV-Langfristplanung
- Entgegennahme von EDV-Projektanträgen und Vergabe von EDV-Projektaufträgen
- Planung und Festlegung der Umstellungsprioritäten bei der EDV-Jahresplanung
- Beseitigung von Differenzen zwischen EDV-Abteilung und Fachabteilungen und
- Beratung der Unternehmensführung in allen unternehmensbezogenen EDV-Fragen.

Bild 47 zeigt noch einmal die Stellung des EDV-Ausschusses außerhalb der Unternehmenshierarchie.

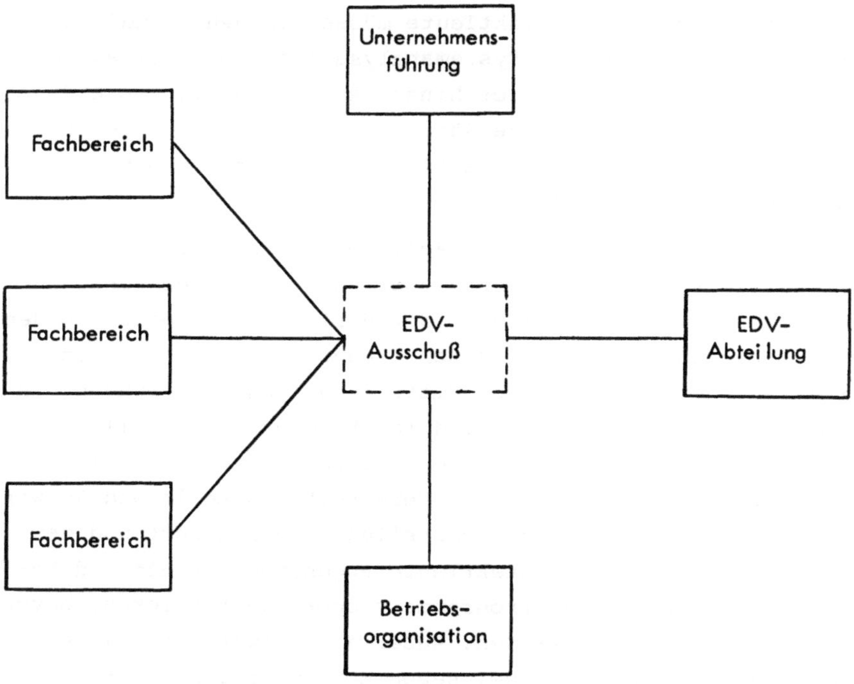


Bild 47: Der EDV-Ausschuß

## 3.12 EDV-Kontaktleute in den Fachabteilungen

Die erste Gruppe von Mitarbeitern in den Fachabteilungen, die sogenannten EDV-Kontaktleute, wirkt aktiv an der Gestaltung neuer EDV-Systeme mit, macht Vorschläge für Änderungen und Verbesserungen und unterstützt die anderen Fachkräfte der Fachabteilungen in der Handhabung umgestellter EDV-Systeme.

Es ist zweckmäßig, 1 bis 2 (bei größeren Unternehmen 2 bis 3) EDV-Kontaktleute je Fachbereich (möglichst nicht je Fachabteilung) zu ernennen, die in ihren Abteilungen verbleiben und ihrem bisherigen Vorgesetzten weiterhin unterstehen; lediglich während der Umstellung eines Arbeitsgebietes ihres Fachbereichs werden sie - entsprechend den Richtlinien des Projektmanagements - fachlich dem jeweiligen Projektleiter unterstellt, sofern sie nicht selbst die Projektverantwortung übernehmen.

Bei der Auswahl der EDV-Kontaktleute muß großen Wert auf gute fachliche Kenntnisse und Erfahrungen, EDV-Befähigung (nachweisbar mit Hilfe eines Logiktests) und ausreichende Zeit für EDV-Aktivitäten gelegt werden. EDV-Kontaktleute müssen in den Grundlagen der EDV (ca. 5 Tage) und der Systemanalyse (ca. 10 Tage) ausgebildet werden und nehmen darüber hinaus an der jährlichen EDV-Weiterbildung (ca. 3 bis 5 Tage jährlich) teil. Bild 48 zeigt die Verbindung zwischen den EDV-Kontaktleuten und den Gruppen der EDV-Abteilung in schaubildlicher Form.

Neben den EDV-Kontaktleuten, die häufig einen erheblichen Teil ihrer Arbeitszeit mit EDV-Aufgaben zubringen, kommt es genauso auf die entsprechenden Aktivitäten der übrigen Mitarbeiter in den Fachabteilungen an. Ihre Tätigkeiten liegen jedoch weniger in einer vollzeitigen Mitarbeit bei Umstellungen und Änderungen als in der sachlichen Unterstützung und fachbezogenen Kontrollen sowie natürlich in der Handhabung umgestellter EDV-Systeme. Sie müssen kontrollieren, ob alle Datenarten, Verarbeitungsregeln und Auswertungen vom Projektteam, das die Umstellungen durchführt und dem auch die betreffenden EDV-Kontaktleute angehören, erfaßt und berücksichtigt wurden und die Programme sicher funktionieren, bevor sie endgültig freigegeben werden. Außer der Mitwirkung bei der EDV-Planung im EDV-Ausschuß, bei neuen EDV-Umstellungen, bei der Änderung bereits laufender Programme und in der Handhabung umgestellter EDV-Systeme sind die Mitarbeiter in den Fachabteilungen

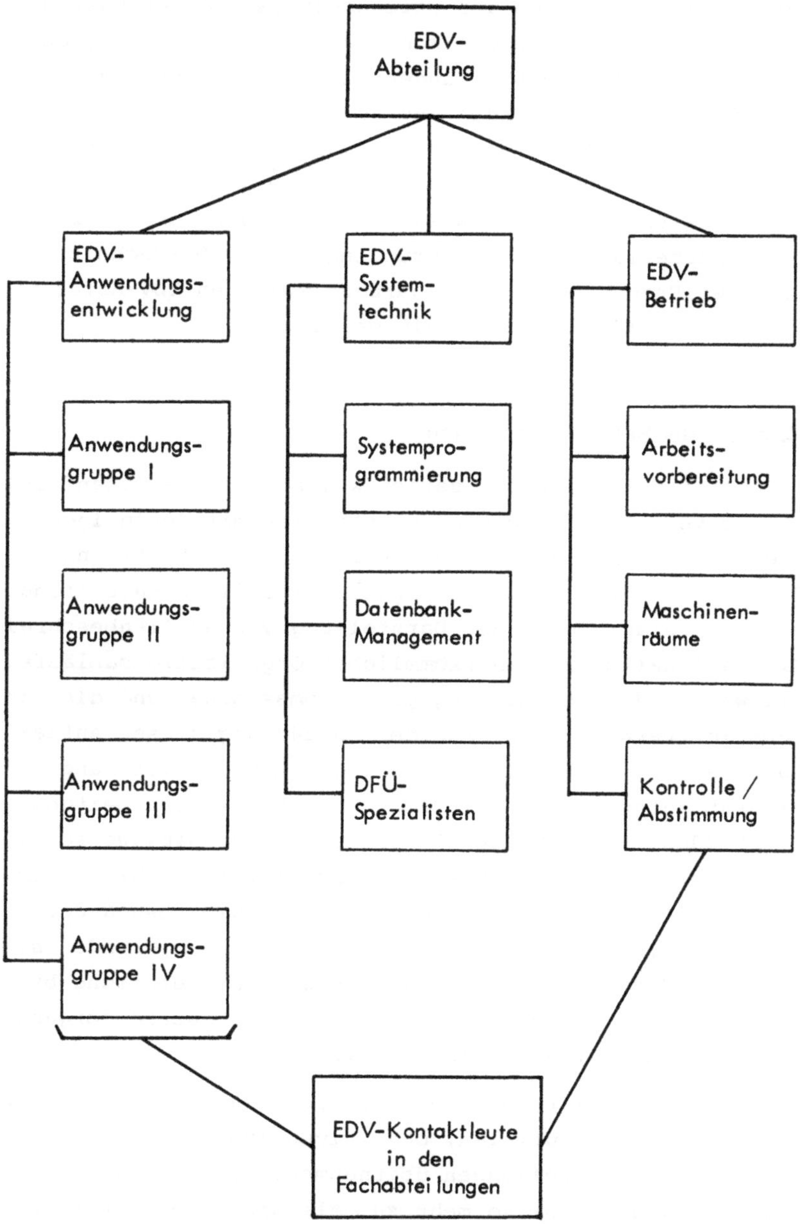


Bild 48: EDV-Kontaktleute in den Fachabteilungen und ihre Verbindung zur EDV-Abteilung

unmittelbar von den Maßnahmen des Datenschutzes und der Datensicherung betroffen. Ganz allgemein kommt es heute darauf an, daß die Mitarbeiter in den Fachabteilungen zu gleichberechtigten Partnern bei EDV-Prozessen werden und andererseits eine klare Abgrenzung bei den EDV-Aufgaben und -Verantwortungen zwischen EDV-Abteilung und Fachabteilungen erfolgt. Die genannte Mitwirkung und Mitgestaltung setzt voraus, daß alle Fach- und Führungskräfte der Fachabteilungen in den Grundlagen der EDV-Technik (2 Tage) und den Fragen der Zusammenarbeit zwischen EDV-Abteilung und Fachabteilungen (3 Tage) geschult werden.

## 3.13 Die Stellung der Betriebsorganisation

Unter dem Begriff Betriebsorganisation wollen wir die Organisationsabteilung verstehen, die sich vornehmlich mit denjenigen Aufgaben der Struktur- und Ablauforganisation befaßt, die nichts mit EDV-Prozessen zu tun haben. Beispiele sind die Ausarbeitung von Organisationsdiagrammen, die Darstellung von Stellenbeschreibungen, die Rationalisierung herkömmlicher Organisationsabläufe, das Formularwesen, die Beschaffung von Büromaschinen und die Einrichtung der Textverarbeitung. Aus der Aufzählung dieser Aufgaben geht aber schon, beispielsweise bei der Rationalisierung von Organisationsabläufen und der Einrichtung der Textverarbeitung, die enge Verbindung zur EDV-Abteilung hervor, beispielsweise die gemeinsame Rationalisierung eines Arbeitsgebietes mit Hilfe der EDV und herkömmlicher Verfahrenstechniken oder die Lösung der Textverarbeitung mit Hilfe des Computers. Aus diesem Grunde ist es unumgänglich, daß Betriebsorganisation und EDV-Abteilung bei einzelnen EDV-Aufgaben zusammenarbeiten bzw. die Betriebsorganisation bei wichtigen EDV-Prozessen mitwirkt.

Unserer Ansicht nach sollte die Betriebsorganisation bei EDV-Prozessen die Rolle einer neutralen, objektiven Instanz gegenüber EDV-Abteilung und Fachabteilungen übernehmen. Diese Rolle steht der Betriebsorganisation um so mehr zu, als sie weder Auftraggeber (Fachabteilungen) noch Auftragnehmer (EDV-Abteilung) bei der Vergabe von EDV-Aufträgen ist. Sie kann unabhängig von Prestige- und Kapazitätsfragen sachlich und wirtschaftlich im Gesamtinteresse des Unternehmens beraten und empfehlen. Diese Aufgaben und Verantwortungen setzen allerdings voraus, daß die Mitarbeiter der Betriebsorganisation ausreichend in den Grundlagen und Techniken der EDV ausgebildet sind und ihre Mitwirkung bei bestimmten EDV-Prozessen (EDV-Planung, EDV-Gesamtkonzept, EDV-Umstellungen, Maßnahmen des Datenschutzes und der Datensicherung) schriftlich in Stellenbeschreibungen und Arbeitsanweisungen sichergestellt ist. Nur auf diese Weise kann gewährleistet werden, daß die Mitwirkung und Mitverantwortung der Betriebsorganisation bei EDV-Prozessen nicht reine Absicht bleiben, sondern in die tägliche Praxis umgesetzt werden.

Bild 49 zeigt die Stellung der Betriebsorganisation zwischen EDV-Abteilung und EDV-Benutzern innerhalb der Unternehmensstruktur.

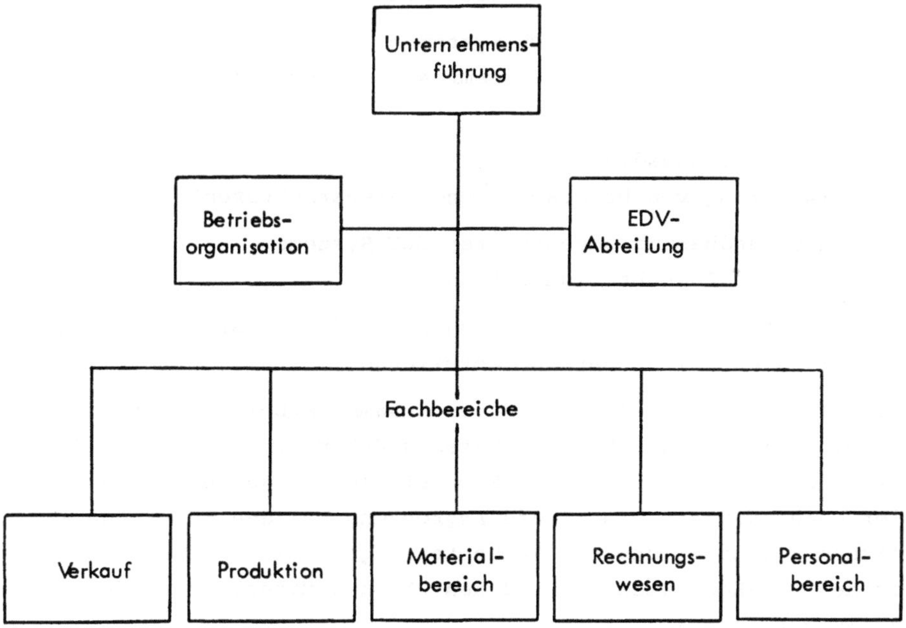


Bild 49: Betriebsorganisation, EDV-Abteilung und Fachbereiche

## 3.2 Ablauf der Zusammenarbeit

### 3.21 Einleitung und Übersicht

Obwohl die gemeinsame Gestaltung von EDV-Systemen (Umstellung von Arbeitsgebieten auf die EDV) zweifellos im Mittelpunkt der Zusammenarbeit von EDV-Abteilung und Fachabteilungen liegt, dürfen die übrigen EDV-Aktivitäten der Fachabteilungen nicht übersehen oder vernachlässigt werden.

Die einzelnen Aufgaben, die EDV-Abteilung und Fachabteilungen gemeinsam durchführen, sind

- die EDV-Planung
  (langfristige und jährliche Planung)
- die Gestaltung von EDV-Systemen
  (Systementwicklung, Systemrealisierung und Systemeinführung)
- der Änderungsdienst
  (Änderung von Programmen und Datenstrukturen)
- die Handhabung umgestellter EDV-Systeme
  (in den Fachabteilungen) und
- die Maßnahmen des Datenschutzes und der Datensicherung
  (aus der Sicht der Fachabteilungen).

Ganz allgemein kommt es bei dieser Zusammenarbeit darauf an, daß EDV-Initiativen und EDV-Aktivitäten stärker als bisher von den Fach- und Führungskräften der Fachabteilungen ausgehen und bei aller Gemeinsamkeit eine klare Abgrenzung bei den EDV-Aufgaben zwischen EDV-Abteilung und Fachabteilungen (mit weiterer Teilung zwischen EDV-Kontaktleuten und den übrigen Mitarbeitern der Fachabteilungen) erfolgt.

### 3.22 Mitwirkung bei der EDV-Planung

Da die Gesamtheit aller EDV-Maßnahmen im Unternehmen in immer stärkerem Maße jeden einzelnen Mitarbeiter berührt, sollte seine Mitwirkung nicht auf die Umstellung von Arbeitsgebieten beschränkt bleiben. Erfahrungen aus der Praxis zeigen, daß die Mitarbeiter eher geneigt sind, an der EDV-Verantwortung mitzutragen, wenn sie bereits im Stadium der Planung und Entscheidung für den EDV-Einsatz im Unternehmen mitgewirkt haben. Im einzelnen sollte man Führungskräfte und qualifizierte Fachkräfte in den Fachabteilungen an folgenden EDV-Komplexen (in Frageform dargestellt) teilhaben lassen:

- Welche Arbeitsgebiete sollen in der Planperiode auf die EDV umgestellt werden?
- Welche EDV-Ressourcen (Hardware und Software) und wieviel EDV-Personal werden zur Erledigung der EDV-Aufgaben in der Planperiode benötigt?
- Welche EDV-Kosten sind in der Planperiode erforderlich und welcher EDV-Nutzen wird erwartet?

Üblicherweise wird die EDV-Gesamtplanung sowohl langfristig (rollend über jeweils 5 bis 6 Jahre) als auch jährlich durchgeführt. Während die Fachabteilungen an der langfristigen EDV-Planung im Unternehmen am besten über ihre Vertretung im EDV-Ausschuß (siehe hierzu Kapitel "3.11 Der EDV-Ausschuß") mitwirken, sollte die kurzfristige, also jährliche EDV-Aufgabenplanung möglichst durch die Fachabteilungen selbst ausgelöst werden. In der Praxis hat es sich bewährt, wenn die Fachabteilungen jeweils 3 bis 4 Monate vor Beginn eines Geschäftsjahres aufgefordert werden, für alle größeren EDV-Projekte (EDV-Projekte, deren Umstellungsaufwand voraussichtlich über einen Mannmonat hinausgeht) dem EDV-Ausschuß die entsprechenden EDV-Projektanträge einzureichen. Ohne daß die EDV-Langfristplanung ein unumstößliches Dogma darstellt, sollte bei der Jahresplanung auf die langfristig geplanten Vorhaben Rücksicht genommen werden. Der EDV-Ausschuß legt dann den endgültigen Jahresplan für die Umstellung fest und vergibt Umstellungsprioritäten.

Da das Verfahren für die Beantragung von EDV-Projekten und Auftragsvergabe zu den Aktivitäten der Umstellung gehört, sei auf das Kapitel "3.231 EDV-Antrags- und -Auftragsverfahren" verwiesen.

## 3.23 Mitgestaltung von EDV-Systemen

### *3.231 EDV-Antrags- und Auftragsverfahren*

Für jedes EDV-Projekt wird vom Antragsteller (vornehmlich die Fachabteilungen, aber auch die Betriebsorganisation und die EDV-

Abteilung selbst) ein EDV-Projektantrag gestellt. Ein solcher Projektantrag (vergleiche Bild 50) enthält neben den Daten des Antragstellers eine kurze Projektbeschreibung und Projektbegründung.

Der EDV-Projektantrag geht zunächst an die EDV-Abteilung, wo der EDV-Leiter oder der zuständige Projektleiter das Projekt kennzeichnet (Neuprojekt, Projekterweiterung oder Projektänderung) und aufgrund einer Vorschätzung die Größenordnung des Umstellungsaufwandes festlegt: beispielsweise Kleinstprojekte bis zu 5 Manntagen, Kleinprojekte 6 bis 20 Manntage und Großprojekte über 20 Manntage Umstellungsaufwand. Diese Kennzeichnung und Einteilung gibt Auskunft darüber, ob es sich um ein völlig neues EDV-Projekt handelt oder ein bestehendes EDV-System nur erweitert oder geändert werden soll und in welcher Größenordnung der Umstellungsaufwand liegt. Zugleich erhält der EDV-Projektantrag eine fortlaufende Projekt-Nummer, üblicherweise mit Angabe des Geschäftsjahres.

Bevor der EDV-Leiter oder Projektleiter seine Stellungnahme zum Projektantrag abgibt, kalkuliert er die voraussichtlichen einmaligen und die laufenden Kosten des beantragten EDV-Projekts. Hierbei wird folgende differenzierte Vorgehensweise empfohlen:

- Kleinstprojekte (üblicherweise bis zu 5 Manntagen) werden nicht kalkuliert, sondern nach Rücksprache mit dem Antragsteller sofort abgewickelt, was durch einen Auftragsvermerk auf dem unteren Teil der Formularrückseite vermerkt wird.
- Kleinprojekte (üblicherweise 6 bis 20 Manntage) werden sowohl hinsichtlich ihrer einmaligen Projektkosten (= Umstellungskosten) als auch ihrer laufenden Projektkosten (= laufende Kosten nach der Umstellung) vorkalkuliert, und zwar sofort für alle Projektstufen (was bei Projekten dieser Größenordnung im allgemeinen überschaubar ist). Die Entscheidung über die Umstellung durch die auftraggebende Fachabteilung einschließlich Auftragserteilung wird wiederum auf der Rückseite des Formulars vermerkt.
- Bei Großprojekten (üblicherweise mehr als 20 Manntage), die, wie bereits erwähnt, möglichst nur einmal jährlich

zur EDV-Jahresplanung beantragt werden sollten, wird die Vorkalkulation in Stufen durchgeführt. Da ein größeres oder großes Projekt zu diesem Zeitpunkt ohne größere Untersuchung kaum zu kalkulieren ist, ermittelt man zunächst nur die einmaligen Projektkosten für die Projektstufe Systementwicklung und leitet den Antrag danach an den EDV-Ausschuß weiter (vergleiche hierzu Eintragung auf der Formularvorderseite). Der EDV-Ausschuß überprüft Antrag und Kalkulation und erteilt dem EDV-Leiter den EDV-Auftrag für die Durchführung der ersten Projektstufe, soweit nicht sachliche oder kapazitätsmäßige Gründe dagegen sprechen. Diese Teilauftragserteilung wird wiederum auf der Rückseite des Formulars vermerkt. Sobald die Systementwicklung später abgeschlossen ist und die Ergebnisse einschließlich Kosten-/Nutzenanalyse vorliegen, erfolgt die endgültige Auftragserteilung und Eintragung der Entscheidung auf demselben Formular. Selbstverständlich ist festzulegen, wer im Unternehmen bis zu welcher Höhe EDV-Projektanträge stellen und EDV-Projektaufträge erteilen darf.

Über die Vorkalkulation hinaus wird dasselbe Formular später für die Nachkalkulation verwendet, wozu jeweils entsprechende Zeilen im Kalkulationsteil freigelassen sind.

Unser Beispiel in Bild 50 bezieht sich auf ein größeres Projekt für die Umstellung der Finanzbuchhaltung. Wie beschrieben werden zunächst nur die Kosten für die Durchführung der ersten Projektstufe (Systementwicklung) kalkuliert und der Auftrag hierfür erteilt.

Für die Umstellung eines Arbeitsgebietes stellt der Leiter der EDV-Abteilung, der dem Auftraggeber gegenüber für die ordnungsgemäße Projektabwicklung verantwortlich ist, ein Projektteam aus verschiedenen Mitarbeitergruppen zusammen und ernennt einen Projektleiter. Wie viele Mitarbeiter ein Projektteam umfaßt, kann nicht generell bestimmt werden, sondern hängt vom Schwierigkeitsgrad und Umfang des Projektes, vom geplanten Fertigstellungstermin und von der Qualifikation der eingesetzten Mitarbeiter ab. Die Mitglieder des Projektteams kommen aus der EDV-Abteilung (EDV-Organisatoren, später Programmierer), aus den betroffenen

| Proj.-Nr.: 12/79<br>Proj.-Name: Finanzbuchhaltung | EDV-PROJEKTANTRAG | Datum: 12.10.79<br>Bearbeiter: Meyer |
|---|---|---|

Von Antragsteller auszufüllen!

Bereich: Rechnungswesen
Abteilung: Buchhaltung
Name: Meyer
Position: Abt.leiter

Projekt-Kurzbezeichnung: Umstellung FiBu
Hinweis auf EDV-Langfristplanung: 1980
Fertigstellungstermin: 31.12.80
fest ⊗ variabel O

Projekt-Beschreibung

Umstellung der Finanzbuchhaltung mit Dialog-Datenerfassung, Auskunftmöglichkeiten und Finanzinformationen

Projekt-Begründung

In EDV-Langzeitplanung für 1980 vorgesehen, Umstellung dringend erforderlich.

Von EDV-Abteilung auszufüllen!

Projektkennzeichnung

| | Kleinstprojekt (bis 5 MT) | Kleinprojekt (6 – 20 MT) | Großprojekt (über 20 MT) |
|---|---|---|---|
| Neuprojekt | O | O | ⊗ |
| Projekterweiterung | O | O | O |
| Projektänderung | O | O | O |

Stellungnahme

Umstellung ist für 1980 vorgesehen und wird dringend empfohlen.

Datum: 28.10.79 Name: Fuchs

Weitergeleitet an EDV-Ausschuß am: 30.10.79

Bild 50 (1): EDV-Projektantrag

| Projektkalkulation | | | | | | |
|---|---|---|---|---|---|---|
| Einmalige Projektkosten | | | | | | |
| Projektstufe | Termin Anfang | Termin Ende | Anzahl Mitarb. | Aufw. in MM | Kosten je MM | Kosten gesamt |
| Systementwicklung<br>Problemanalyse<br>EDV-Grobkonzeption<br>Kosten-/Nutzenanalyse<br>Systemrealisierung<br>EDV-Feinkonzeption<br>Programmierung<br>Systemeinführung | 2.1.80 | 30.3.80 | 3 | 9 | 6.000,- | 54.000,- |
| Summe Soll | | | | | | 54.000,- |
| Summe Ist | | | | | | |
| Summe Abweichung | | | | | | |

| Laufende Projektkosten | | | | | |
|---|---|---|---|---|---|
| Kostenart | Abteilung | Anzahl | Bezeichnung | mtl. Kost. je Einheit | mtl. Kosten gesamt |
| Personalkosten<br>Maschinenkosten<br>Materialkosten<br>DE-Kosten<br>EDV-Kosten<br>Zubehörkosten<br>Sonstige Kosten | | | | | |
| Summe Soll | | | | | |
| Summe Ist | | | | | |
| Summe Abweichung | | | | | |

| Entscheidung | | | |
|---|---|---|---|
| Name | Abteilung | Datum | Bemerkungen |
| Sem | EDV-Ausschuß | 15.11.79 | Auftr. f. Systementw. |
| Sem | EDV-Ausschuß | 10.4.80 | endgültige Projektauftr. |
| Meyer | Buchhaltung | 15.4.80 | " |
| Fritzler | Controlling | 18.4.80 | " |

| Auftragserteilung | |
|---|---|
| Umstellungspriorität: 2 | Projektleiter: Flemming |
| Umstellungstermin: 1.1.1981 | Berichterstattung: monatlich |

Bild 50 (2): EDV-Projektantrag

Fachabteilungen (EDV-Kontaktleute) und möglichst auch aus der Betriebsorganisation. Projektleiter ist meistens ein EDV-Organisator, doch wurden genauso gute Erfahrungen mit Projektleitern gemacht, die aus einer der von der Umstellung betroffenen Fachabteilung kamen. Das Projektteam arbeitet nach den Grundsätzen des Projektmanagements, und die Projektmitarbeiter sollten dem Projektleiter unbedingt für die Laufzeit des Projektes fachlich (nicht disziplinarisch) unterstellt sein. Der Projektleiter erhält vom Leiter der EDV-Abteilung einen schriftlichen, internen Projektauftrag und hat ihm regelmäßig (üblicherweise wöchentlich) über Stand und Fortschritt des Projektes zu berichten.

Bild 51 zeigt abschließend eine Übersicht über die drei Projektstufen Systementwicklung, Systemrealisierung und Systemeinführung bei der Umstellung eines Arbeitsgebietes auf die EDV. Wie ersichtlich wird die Systementwicklung weiter gegliedert in die Problemanalyse, die EDV-Grobkonzeption und die Kosten-/Nutzenanalyse und die Systemrealisierung in die EDV-Feinkonzeption (auch als Detailorganisation bezeichnet) und die Programmierung. Ergebnisse der Umstellungsaktivitäten sind der Organisationsvorschlag (Systementwicklung), die Programmvorgaben (EDV-Feinkonzeption), die Programme (Programmierung) und die Abschlußdokumentation (Systemeinführung).

Von besonderer Bedeutung bei der Umstellung ist die Verteilung von Verantwortung und Aufgaben je Projektstufe auf das Personal der einzelnen, an der Umstellung beteiligten Abteilungen. Während die Gestaltung des EDV-Grobkonzeptes vornehmlich bei den Mitarbeitern der Betriebsorganisation und den EDV-Kontaktleuten liegen sollte (unter aktiver Mitwirkung der EDV-Organisatoren), muß die Kontrolle des EDV-Konzeptes durch die nicht unmittelbar an der Umstellung beteiligten Führungs- und Fachkräfte der Fachabteilungen vorgenommen werden. Eine gleiche Kontrollfunktion üben die genannten Mitarbeiter auch in der Systemrealisierung (Kontrolle der Eingabe, Ausgabe, Speicherung und Bearbeitung) und in der Systemeinführung (Auswertung der Praxistests und Freigabe der Programme) aus. Dagegen liegt die Hauptverantwortung in der Gestaltung des EDV-Feinkonzeptes bei den EDV-Organisatoren und der Programme bei den Programmierern unter Mitwirkung der EDV-Kontaktleute. Eine gleiche Aufgaben- und Verantwortungsteilung ist in der letzten Projektstufe (Systemeinführung) zu finden.

| Projektstufen | Systementwicklung | Systemrealisierung | Systemeinführung |
|---|---|---|---|
| Inhalt | Problemanalyse:<br>Erfassung der Tatbestände und Anforderungen<br>EDV-Grobkonzeption:<br>Entwurf des EDV-Grobkonzeptes<br>Kosten-/Nutzenanalyse:<br>Ermittlung der Kosten und des Nutzens | EDV-Feinkonzeption:<br>Darstellung der Bildschirmmasken, Satzaufbauten, Rechenregeln und Listbilder<br>Programmierung:<br>Ausarbeitung bzw. Anpassung der Programme | Übernahme der Stamm- und Bestandsdaten, Praxistests, Ausarbeitung der Abschlußdokumentation, Nachkalkulation, Übergabe und Starthilfe |
| Ergebnis | Organisationsvorschlag | Programmvorgaben u. Programme | Abschlußdokumentation |
| Kontrollen durch die Fachabteilungen | Präsentation des Organisationsvorschlages, Entscheidung über EDV-Grobkonzept | Überprüfung der Programmvorgaben | Erstellung der Testdaten und Auswertung der Testergebnisse, Programmabnahme und -freigabe |
| Personalaktivitäten | Gestaltung:<br>Betriebsorganisatoren, EDV-Kontaktleute<br>Mitwirkung:<br>EDV-Organisatoren<br>Kontrolle:<br>Mitarbeiter d. Fachabtlg. | Gestaltung:<br>EDV-Organisatoren, Programmierer<br>Mitwirkung:<br>EDV-Kontaktleute<br>Kontrolle:<br>Mitarbeiter d. Fachabtlg. | Gestaltung:<br>EDV-Organisatoren, Programmierer<br>Mitwirkung:<br>EDV-Kontaktleute<br>Kontrolle:<br>Mitarbeiter d. Fachabtlg. |

Bild 51: Projektstufen bei der EDV-Umstellung (Übersicht)

### 3.232 Projektstufe 1: Systementwicklung

#### Einleitung

Mit der Systementwicklung beginnt der erste Teil der Umstellungsarbeiten. Die Systementwicklung dient dazu,

- die Tatbestände des umzustellenden Arbeitsgebietes und die Anforderungen an das neue System zu erfassen und darzustellen (Problemanalyse)
- das Grobkonzept für die neue EDV-Lösung zu entwerfen (Entwurf des EDV-Grobkonzeptes) und
- die Kosten und den Nutzen der Umstellung zu analysieren (Kosten-/Nutzenanalyse).

Das Ergebnis der Systementwicklung wird als Organisationsvorschlag dokumentiert und allen beteiligten Fachabteilungen präsentiert. Die Umstellung sollte nur fortgeführt werden, wenn alle Verantwortlichen dem EDV-Grobkonzept sowie dem Ergebnis der Kosten-/Nutzenanalyse zustimmen.

#### Problemanalyse

Wie schon in der Einleitung zu diesem Kapitel erwähnt, muß jedes Umstellungsprojekt mit einer Analyse der Tatbestände des gegenwärtigen Systems und mit der Formulierung der Anforderungen beginnen, die an das neue System gestellt werden.

Bei der Aufnahme und Analyse der Tatbestände kommt es nicht auf die organisatorischen Einzelheiten der gegenwärtigen Arbeitserledigung an (nicht auf das "Wie"), sondern allein auf die Fakten (auf das "Was"), unabhängig von einem bestimmten Verfahren. Beispielsweise müssen bei einer Lohn- und Gehaltsabrechnung, ob manuell oder maschinell durchgeführt, die Richtlinien der Lohnsteuererrechnung oder bei der Finanzbuchhaltung die Grundsätze ordnungsmäßiger Buchführung beachtet werden.

Über die Sammlung der reinen Tatbestände hinaus müssen aber auch die Anforderungen an das neue System in die Ergebnisse der Problemanalyse einfließen. So muß beispielsweise geklärt werden, ob die Datenerfassung im Stapelbetrieb oder im Dialogverkehr erfolgen soll, welche Informationen über die reinen Datenverarbeitungsergebnisse hinaus zu gewinnen sind und ob einzelne Methoden auch im Zeitalter der Automation beibehalten werden sollen.

Als bester Weg für die Aufnahme der Tatbestände und die Formulierung der Anforderungen bei EDV-Umstellungen hat sich eine Mischung aus Fragebogen- und Interviewmethode erwiesen. Hierbei werden vom untersuchenden Projektteam zwei Hilfsmittel vorbereitet, die dann die Grundlage für die in den Fachabteilungen durchzuführenden Interviews bilden und zugleich das Ergebnis der Problemanalyse aufnehmen.

Die Hauptbedeutung dieser Hilfsmittel kommt dem Auswahlbogen (vergleiche Bild 52) zu, der alle möglichen Alternativen für die Eingabe, Speicherung, Ausgabe und Bearbeitung der Daten des betreffenden Arbeitsgebietes enthält. Bei den Interviews mit den Mitarbeitern der Fachabteilungen müssen die Untersuchungskräfte herausfinden, welche der im Auswahlbogen aufgeführten Vorgänge und Alternativen in Frage kommen und ob evtl. noch andere, nicht aufgeführte Vorgänge und Alternativen relevant sind (die dann, mit entsprechendem Index, am Schluß des Auswahlbogens aufgeführt werden).

Neben dem Auswahlbogen wird das Datenmengengerüst (vergleiche Bild 53) ermittelt und festgelegt. Das Datenmengengerüst nimmt die künftigen Datenmengen auf, unterteilt nach Eingabe, Speicherung und Ausgabe. Im Eingabeteil werden je Eingabe- bzw. Abrufdatensatz die Periode (t = täglich, w = wöchentlich, m = monatlich, v = vierteljährlich), die Satzanzahl (Wie viele Datensätze werden je Periode eingegeben bzw. abgerufen?), der Änderungsfaktor (jährliche Zunahme der Datensätze) und die durchschnittliche Satzlänge (= durchschnittliche Stellenanzahl je Datensatz) dokumentiert. Bei der Speicherung handelt es sich um Stamm- und Bestandsdaten, die permanent (p) oder zeitweise (z) auf Speichern (meist Magnetplattenspeichern) im Zugriff sein müssen. Die Ausgabe schließlich legt die Datensätze mit Periode, Satzanzahl, Änderungsfaktor und durchschnittliche Zeilenzahl fest, die ausgedruckt werden müssen. Sofern, was immer öfter der Fall ist, nicht nur ein zentraler Drucker angeschlossen ist, sondern auch Terminaldrucker in den Fachabteilungen eingesetzt werden, ist noch zwischen Schnelldruckern und Terminaldruckern zu unterscheiden.

Als Beispiel für die Benutzung von Auswahlbogen und Datenmengengerüst (gleiches gilt für die nachfolgende Darstellung des Grob-

| Proj.-Nr.: 12179 | AUSWAHLBOGEN | | Datum: 15.1.80 |
|---|---|---|---|
| Proj.-Name: Finanzbuchhaltung | | | Bearbeiter: Flemming |
| **Index** | **Auswahlkriterien** | **X** | **Bemerkung** |
| | <u>Debitorenbuchhaltung</u> | | |
| 1000 | <u>Erfassen der Buchungsdaten</u> | | |
| 1100 | Stapelerfassung | | keine Stapelerfassung vorgesehen |
| 1110 | Datenübernahme von Fakturierung | | |
| 1120 | Eingabe über Datensichtgerät | | |
| 1130 | Disketteneingabe | | |
| 1140 | Prüfung der erfaßten Daten | | |
| 1141 | Fehlerprotokoll | | |
| 1150 | Korrektur | | |
| 1151 | Änderungsprotokoll | | |
| 1200 | Dialogerfassung über Datensichtgerät | X | mit Buchung |
| 1210 | Prüfung/Korrektur während der Erfassung | X | |
| 1211 | Erfassungsprotokoll | X | |
| 1220 | Match-Code-Verfahren Kunden-Nr. | X | |
| 1300 | Skontobedingungen | | |
| 1310 | Skontobedingung je Kunde | X | |
| 1320 | Einheitliche Skontobedingungen | | |
| 1321 | Anzahl Skontostufen | X | 4 Skontostufen |
| 2000 | <u>Buchen der Geschäftsvorfälle</u> | | |
| 2100 | Rechnungsausgang | | |
| 2110 | MwSt-Errechnung | X | |
| 2120 | Erlösspaltung | X | 3 Erlöskonten |
| 2130 | Barverkäufe | X | |
| 2140 | Valutierung | X | Rechnungsdatum |
| 2150 | Verschiedene MwSt-Sätze | X | je Rechnung max. 2 |
| 2200 | Zahlungseingang | | |
| 2210 | Einzelzahlung | X | |
| 2220 | Sammelzahlung | X | mit OP-Verrechnung |
| 2230 | Skontoabzug | | |
| 2240 | MwSt-Rückrechnung | | |
| 2250 | Ausbuchen geringfügiger Beträge | X | max. 10,-DM |
| 2260 | Ausgleich älteste Posten | | |
| 3000 | <u>Auswertungen/Anzeigen</u> | | |
| 3100 | Journal | X | |
| 3110 | Buchungstext – individuell je Buchung bei Eingabe | | |

Bild 52 (1): Auswahlbogen

| Index | Auswahlkriterien | X | Bemerkung |
|---|---|---|---|
| 3120 | Buchungstext - individuell über Textkennzeichen | X | |
| 3130 | Buchungstext - Standard | | |
| 3140 | Abstimmsummen | X | |
| 3150 | Abstimmkreise | X | |
| 3160 | Buchungsdatum als Abstimmkreis | | |
| 3170 | Abstimmsummen bei Monatswechsel | | |
| 3180 | Geldkontenabstimmung am Bildschirm | X | |
| 3190 | Sachkontenbuchungen | X | |
| 3200 | Kontoblätter | X | |
| 3210 | Endkontoblätter (für alle Kunden mit Bewegungen) | X | |
| 3220 | Zwischenkontoblätter | X | |
| 3230 | Datum "Letzte Buchung/Durchführung" auf Kontoblätter | X | |
| 3300 | Offene-Postenliste | X | |
| 3310 | Offene-Postenliste sortiert nach Kunden-Nr. | | |
| 3320 | Offene-Postenliste sortiert nach Kundenname | X | |
| 3330 | Offene-Postenliste - Ausweis Einzelbewegungen | | |
| 3340 | Offene Postenanzeige je Kunde am Bildschirm | X | |
| 3400 | Summen- und Saldenliste | X | |
| 3500 | Summen- und Saldenanzeige je Kunde am Bildschirm | X | |
| 3600 | Liste Jahresübernahme | X | |
| 3610 | Jahresabschlußliste und Eröffnungsliste | X | |
| 3620 | Endkontoblätter (altes Geschäftsjahr) | X | |
| 3700 | Lastschriftverfahren | X | |
| 3710 | Abstandstage | X | |
| 3720 | Lastschriftsperre | X | |
| 3730 | Skontoermittlung | X | |
| 3740 | MwSt-Rückrechnung | X | |
| 3750 | Lastschrift | X | |
| 3760 | Verrechnungsschreiben | X | |
| 3770 | Sammelliste zum Bankeinzug | X | |
| 3780 | Buchen und Schreiben Journal für Lastschriften | X | |
| 3800 | Mahnungen/Kontoauszüge für alle Kunden | X | |
| 3810 | Mahnungen/Kontoauszüge für Einzel-Kunden separat | X | |
| 3820 | Mahnstichtag/Kontoauszugsstichtag | X | |
| 3830 | Mahnstufen | X | 3 Mahnstufen |
| 3840 | Mahnabstandstage | X | je 10 |

Bild 52 (2): Auswahlbogen

| Index | Auswahlkriterien | X | Bemerkung |
|---|---|---|---|
| 3850 | Mahntexte/Kontoauszugstexte | X | Standard-Texte |
| 3860 | Mahnsperre/je Kunde/je offenem Posten | X | je Kunde |
| 3870 | Kontoauszugssperre | | |
| 3880 | Hinweis Berücksichtigung Zahlungseingang bei Mahnungen/Kontoauszügen | X | Standard-Texte |
| 3900 | Finanzdisposition | X | |
| 3910 | Außenstandsliste | X | |
| 3911 | Finanzvorschau | X | |
| | Kreditorenbuchhaltung | | |
| 1000 | Erfassen der Buchungsdaten | | |
| 1100 | Stapelerfassung | | keine Stapelerfassung |
| 1110 | Eingabe über Datensichtgerät | | |
| 1120 | Disketteneingabe | | |
| 1130 | Prüfung der erfaßten Daten | | |
| 1131 | Fehlerprotokoll | | |
| 1140 | Korrektur | | |
| 1141 | Änderungsprotokoll | | |
| 1200 | Dialogerfassung über Datensichtgerät | X | mit Buchung |
| 1210 | Prüfung/Korrektur während der Erfassung | X | |
| 1211 | Erfassungsprotokoll | X | |
| 1220 | Match-Code-Verfahren Lieferanten-Nr. | X | |
| 1300 | Skontobedingungen | | |
| 1310 | Skontobedingungen je Lieferant | X | |
| 1320 | Einheitliche Skontobedingungen | | |
| 1321 | Anzahl Skontostufen | X | 3 Skontostufen |
| 1330 | Vorsteuer-Rückrechnung | | |
| 2000 | Buchen der Geschäftsvorfälle | | |
| 2100 | Rechnungseingang | | |
| 2110 | Vorsteuer-Errechnung | X | |
| 2120 | Aufteilung auf Gegenkonto (Wareneingangsspaltung) | X | max. 6 |
| 2130 | Bareinkäufe | X | |
| 2200 | Valutierung | X | Rechnungseingang |
| 2300 | Verschiedene VST-Sätze je Rechnung | X | max. 2 |
| 2400 | Zahlungsausgang manueller Zahlungen | | |
| 2410 | Einzelzahlung | X | |
| 2420 | Sammelzahlung | X | mit OP-Verrechnung |

Bild 52 (3): Auswahlbogen

| Index | Auswahlkriterien | X | Bemerkung |
|---|---|---|---|
| 2430 | Skontoabzug | X | automatisch |
| 2440 | Vorsteuer-Rückrechnung | X | |
| 2450 | Ausbuchen geringfügiger Beträge | X | |
| 2460 | Ausgleich älteste Posten | X | |
| 3000 | <u>Auswertungen/Anzeigen</u> | | |
| 3100 | Journal | X | |
| 3110 | Buchungstext – individuell je Buchung bei Eingabe | | |
| 3120 | Buchungstext – individuell über Textkennzeichen | X | |
| 3130 | Buchungstext – Standard | | |
| 3140 | Abstimmkreise | | |
| 3150 | Buchungsdatum als Abstimmkreis | X | |
| 3160 | Abstimmsummen bei Monatswechsel | X | |
| 3170 | Geldkontenabstimmung am Bildschirm | X | |
| 3180 | Sachkonto-Buchungen | X | |
| 3200 | Kontoblätter | | |
| 3210 | Endkontoblätter | X | |
| 3220 | Zwischenkontoblätter | X | |
| 3300 | Offene-Postenliste | | |
| 3310 | Offene-Postenliste sortiert nach Lieferanten-Nr. | X | |
| 3320 | Offene-Postenliste sortiert nach Lieferantenname | | |
| 3330 | Offene Postenliste – Ausweis Einzelbewegungen | X | |
| 3400 | Offene-Postenanzeige je Lieferant am Bildschirm | X | |
| 3500 | Summen- und Saldenliste | X | |
| 3600 | Summen- und Saldenanzeige je Lieferant am Bildschirm | X | |
| 3700 | Liste Jahresübernahme | X | |
| 3710 | Jahresabschlußliste und Eröffnungsliste | X | |
| 3720 | Endkontoblätter (altes Geschäftsjahr) | X | |
| 3800 | Maschineller Zahlungsausgang | X | |
| 3810 | Fälligkeitsliste | X | |
| 3820 | Zahlungssperre | X | |
| 3830 | Auszahlungsbegrenzung je Kreditinstitut | X | wird manuell eingegeben |
| 3840 | Abstandstage Kreditor | | |
| 3850 | Anzahl Kreditinstitute | X | max. 4 |
| 3860 | Kunden-Nr. beim Lieferanten | | |
| 3870 | Zahlungsliste | X | |

Bild 52 (4): Auswahlbogen

| Index | Auswahlkriterien | X | Bemerkung |
|---|---|---|---|
| 3880 | Zahlungsarten | | |
| 3881 | Scheckverfahren | X | |
| 3882 | Überweisungsverfahren | X | |
| 3883 | Postscheckverfahren | X | |
| 3900 | Finanzdisposition | X | |
| 3910 | Verbindlichkeitsliste | X | |
| 3911 | Finanzvorschau | X | |
| | <u>Sachbuchhaltung</u> | | |
| 1000 | <u>Erfassung der Buchungsdaten</u> | | |
| 1100 | Stapelerfassung | | keine Stapelerfassung |
| 1110 | Datenübernahme aus | | |
| 1111 | "Debitorenbuchhaltung" | | |
| 1112 | "Kreditorenbuchhaltung" | | |
| 1113 | "Lagerbestandsführung und Bestellrechnung" | | |
| 1120 | Eingabe über Datensichtgerät | | |
| 1130 | Disketteneingabe | | |
| 1140 | Prüfen der erfaßten Daten | | |
| 1141 | Fehlerprotokoll | | |
| 1150 | Korrektur | | |
| 1151 | Änderungsprotokoll | | |
| 1200 | Dialogerfassung über Datensichtgerät | X | mit Buchung |
| 1210 | Prüfung/Korrektur während der Erfassung | X | |
| 1211 | Erfassungsprotokoll | X | |
| 2000 | <u>Buchen der Geschäftsvorfälle</u> | | |
| 2100 | Gemeinschafts-Kontenrahmen (GKR) | X | |
| 2200 | Industrie-Kontenrahmen (IKR) | | |
| 2300 | Buchungszeitraum | X | monatlich |
| 3000 | <u>Auswertungen/Anzeigen</u> | | |
| 3100 | Journal | | |
| 3110 | Buchungstext - individuell je Buchung bei Eingabe | | |
| 3120 | Buchungstext - individuell über Textkennzeichen | X | Standard-Texte |
| 3130 | Teilbuchungen | X | |
| 3140 | Abstimmkreise | | |

Bild 52 (5): Auswahlbogen

| Index | Auswahlkriterien | X | Bemerkung |
|---|---|---|---|
| 3150 | Buchungsdatum als Abstimmkreis | X | |
| 3160 | Abstimmsummen bei Monatswechsel | X | |
| 3200 | Geldkonten-Abstimmung am Bildschirm | X | |
| 3300 | Umsatzsteuer | X | |
| 3400 | Umsatzsteuer-Voranmeldung | X | |
| 3410 | für das Vorjahr | X | |
| 3420 | für das lfd. Jahr - aufgelaufen | X | |
| 3430 | für den letzten Abrechnungszeitraum (Monat) | X | |
| 3500 | Kontoblätter | X | |
| 3510 | Endkontoblätter des lfd. Jahres | X | |
| 3520 | Endkontoblätter für das alte Geschäftsjahr | X | |
| 3530 | Zwischenkontoblätter | X | |
| 3540 | Bildschirmanzeige für definierte Konten | X | |
| 3600 | Betriebswirtschaftliche Auswertungen | X | |
| 3610 | Kurzfristige Erfolgsrechnung | X | |
| 3620 | Kapitaleinsatz | X | |
| 3630 | Liquiditätsveränderungen | X | |
| 3700 | Kostenstellen-Auswertungen | X | |
| 3710 | Kostenstellen-Einzelliste | X | |
| 3720 | Kostenstellen-Summenliste | X | |
| 3721 | für das Vorjahr | X | |
| 3722 | für den/das lfd. Abrechnungszeitraum/ aufgelaufene Geschäftsjahr | X | |
| 3730 | Bildschirmanzeige für definierte Konten | X | |
| 3800 | Bilanztechnische Auswertungen | X | |
| 3810 | Summen- und Saldenliste (Vorjahr/lfd. Jahr) | X | |
| 3820 | Gewinn- und Verlustrechnung-Übersicht | X | |
| 3821 | für den abgeschlossenen Monat | X | |
| 3822 | für das abgelaufene Geschäftsjahr | | |
| 3823 | für das Vorjahr | X | |
| 3830 | Bilanz-Übersicht | | |
| 3831 | Bilanz-Übersicht für das Vorjahr | | |
| 3832 | Bilanz-Übersicht für das aufgelaufene Geschäftsjahr | X | |
| 3900 | Jahresübernahme und Jahresabschluß | X | |

Bild 52 (6): Auswahlbogen

| Proj.-Nr.: 12/79<br>Proj.-Name: Finanzbuchhaltung | DATENMENGENGERÜST | | | | | | | | | | | Datum: 10.2.80<br>Bearbeiter: Flemming | | | |
|---|---|---|---|---|---|---|---|---|---|---|---|---|---|---|---|
| Satzart | Eingabe | | | | Speicherung | | | | Ausgabe | | | | | | |
| | Per. | Satzanz. | Änd. | Ø Satzl. | Per. | Satzanz. | Änd. | Ø Satzl. | Per. | Satzanz. | Änd. | Ø Zeilenz. | | | |
| Debitorenbuchhaltung | | | | | | | | | | | | | | | |
| Buchung Zahlungseingang | t | 800 | 5% | 45 | | | | | | | | | | | |
| Sonst. Debitorenbuchungen | t | 150 | – | 45 | | | | | | | | | | | |
| Anzeigen / Abrufe | t | 180 | 10% | 25 | | | | | | | | | | | |
| Kundenstammdatei | | | | | p | 6.000 | 5% | 500 | | | | | | | |
| OP-Debitorendatei | | | | | p | 14.000 | 10% | 80 | | | | | | | |
| Sachkontendatei | | | | | z | 150 | – | 150 | | | | | | | |
| Datei Rechnungsausgang | | | | | z | 1.200 | 5% | 80 | | | | | | | |
| Nebendateien | | | | | z | 2.500 | 5% | 250 | | | | | | | |
| Journal Debitoren | | | | | | | | | t | – | 5% | 1.000 | | | |
| Kontoblätter | | | | | | | | | v | 12.000 | 5% | 40 | | | |
| OP-Liste Debitoren | | | | | | | | | w | – | – | 8.000 | | | |
| Summen- u. Saldenliste | | | | | | | | | m | – | 5% | 800 | | | |
| Liste Jahresübernahme | | | | | | | | | j | – | 5% | 400 | | | |
| Listen Lastschriftverfahren | | | | | | | | | [illegible] | – | 10% | 300 | | | |
| Mahnungen | | | | | | | | | w | 150 | 10% | 30 | | | |
| Kontoauszüge | | | | | | | | | m | 1.500 | 5% | 25 | | | |
| Außenstandsliste | | | | | | | | | m | – | 5% | 600 | | | |
| Protokolle | | | | | | | | | t | – | 10% | 2.500 | | | |

Bild 53 (T): Datenmengengerüst

| Proj.-Nr.: 12/79<br>Proj.-Name: Kreditorenbuchhaltung | DATENMENGENGERÜST | | | | | | | | | | | Datum: 10.2.80<br>Bearbeiter: Flemming |
|---|---|---|---|---|---|---|---|---|---|---|---|---|
| Satzart | Eingabe | | | | Speicherung | | | | Ausgabe | | | |
| | Per. | Satzanz. | Änd. | Ø Satzl. | Per. | Satzanz. | Änd. | Ø Satzl. | Per. | Satzanz. | Änd. | Ø Zeilenz. |
| Kreditorenbuchhaltung | | | | | | | | | | | | |
| Buchung Rechnungseingang | t | 450 | 5% | 120 | | | | | | | | |
| Buchung Zahlungsausgang (manuelle Zahlungen) | t | 20 | 5% | 60 | | | | | | | | |
| Sonst. Kreditorenbuchungen | t | 80 | – | 60 | | | | | | | | |
| Anzeigen / Abrufe | t | 120 | 10% | 25 | | | | | | | | |
| Lieferantenstammdatei | | | | | p | 1.500 | 5% | 250 | | | | |
| OP-Kreditorendatei | | | | | p | 9.000 | 5% | 80 | | | | |
| Sachkontendatei | | | | | z | 150 | – | 150 | | | | |
| Nebendateien | | | | | z | 1.500 | 5% | 250 | | | | |
| Journal Kreditoren | | | | | | | | | t | – | 5% | 600 |
| Kontoblätter | | | | | | | | | v | 9.000 | 5% | 20 |
| OP-Liste Kreditoren | | | | | | | | | m | – | 5% | 600 |
| Summen- u. Saldenliste | | | | | | | | | m | – | – | 500 |
| Liste Jahresübernahme | | | | | | | | | j | – | – | 250 |
| Fälligkeitsliste | | | | | | | | | | | | 150 |
| Zahlungsliste | | | | | | | | | w | – | 5% | 150 |
| Zahlungsträger | | | | | | | | | w | – | 5% | 6 |
| Verbindlichkeitsliste | | | | | | | | | w | 1.500 | 5% | 400 |
| Protokolle | | | | | | | | | m/t | – | – | 1.500 |

Bild 53 (2): Datenmengengerüst

| Proj.-Nr.: 12/79 | DATENMENGENGERÜST | | | | | | | | | | | Datum: 10.2.80 |
|---|---|---|---|---|---|---|---|---|---|---|---|---|
| Proj.-Name: Finanzbuchhaltung | | | | | | | | | | | | Bearbeiter: Flemming |
| Satzart | Eingabe | | | | Speicherung | | | | Ausgabe | | | |
| | Per. | Satzanz. | Änd. | Ø Satzl. | Per. | Satzanz. | Änd. | Ø Satzl. | Per. | Satzanz. | Änd. | Ø Zeilenz. |
| Sachbuchhaltung | | | | | | | | | | | | |
| Lagerbuchungen wertmäßig | m | 100 | – | 80 | | | | | | | | |
| Lohnsummen | m | 20 | – | 80 | | | | | | | | |
| Sonst. Sachkontenbuchungen | m | 1.000 | 10% | 80 | | | | | | | | |
| Anzeigen / Abrufe | t | 50 | 10% | 25 | | | | | | | | |
| Sachkontendatei | | | | | P | 4.500 | 5% | 150 | | | | |
| Nebendateien | | | | | z | 12.000 | – | 250 | | | | |
| Journal Sachbuchungen | | | | | | | | | m | – | 10% | 1.500 |
| Kontoblätter | | | | | | | | | v | 450 | 5% | 60 |
| Betriebswirtsch. Auswertungen | | | | | | | | | m | – | 5% | 2.500 |
| Kostenstellen-Auswertungen | | | | | | | | | m | – | 5% | 1.500 |
| Bilanztechnische Auswertungen | | | | | | | | | m | – | – | 800 |
| Liste Jahresübernahme | | | | | | | | | j | – | – | 500 |
| Protokolle | | | | | | | | | An | – | – | 400 |

Bild 53 (3): Datenmengengerüst

Datenflußplans in Bild 55) haben wir die Finanzbuchhaltung ausgewählt und uns hierbei an das MAS, Modulares-Anwendungs-System, Finanzbuchhaltung, der IBM, IBM Form GE 12 - 1439, angelehnt. Wir möchten aber darauf verweisen, daß das gewählte Beispiel nur dazu dienen soll, die Handhabung der beiden Hilfsmittel darzustellen und zu erläutern.

## Entwurf des EDV-Grobkonzeptes

Mit dem Entwurf des EDV-Grobkonzeptes, als zweiten Schritt der Systementwicklung, entsteht eine erste Lösung des neuen EDV-Systems. Das EDV-Grobkonzept ist noch anwendungsorientiert, d.h. der Arbeitsablauf und die Angaben über Eingabe, Speicherung, Ausgabe und Bearbeitung werden, wie schon bei der Problemanalyse, nur grob inhaltlich und im Hinblick auf die fachlichen Anwendungen dargestellt. Erst später im EDV-Feinkonzept (als ersten Schritt der Systemrealisierung) sind die Angaben detailliert und EDV bezogen dargestellt und bilden die Vorgaben für die nachfolgende Programmierung bzw., beim Einsatz von Standard-Anwendungssoftware, Programmanpassung.

Zur Darstellung des EDV-Grobkonzeptes benutzt man den, heute einheitlich so genannten, <u>Datenflußplan</u>, hier als Grob-Datenflußplan dargestellt, unter Verwendung von Sinnbildern, die nach DIN 66001 standardisiert und in eine Zeichenschablone gestanzt sind. Bild 54 zeigt die Sinnbilder nach DIN 66001.

Auch für die Darstellung des EDV-Grobkonzeptes im Grob-Datenflußplan haben wir wieder das erwähnte Beispiel der Finanzbuchhaltung gewählt (vergleiche Bild 55). Der Datenflußplan zeigt in unserem Beispiel den Ablauf der Finanzbuchhaltung, getrennt für Debitorenbuchhaltung, Kreditorenbuchhaltung und Sachbuchhaltung, mit Eingabe, Speicherung, Bearbeitung und Ausgabe der Daten.

Beim Entwurf des EDV-Grobkonzeptes muß auch eine Vorauswahl und Vorentscheidung für den möglichen Einsatz von <u>Standard-Anwendungssoftware</u> getroffen werden (die endgültige Auswahl und Entscheidung findet dann in der Projektstufe 2: Systemrealisierung statt). Standard-Anwendungssoftware bedeutet den Einsatz eines vorgefertigten Programmpaketes, das vom Hersteller der eingesetzten EDV-Anlage oder von einem unabhängigen Softwarehaus beschafft wird.

Die Vorteile eines solchen Programmpaketes liegen in der schnelleren zeitlichen Verfügbarkeit (die angebotenen Programmpakete sind bereits auf dem Markt), den geringeren Kosten (etwa 20 bis 40 % der eigenen Herstellkosten), der vielfach besseren Qualität (EDV-Hersteller und Softwarehäuser verfügen in der Regel über qualifizierteres Personal), des geringeren Risikos (keine Abhängigkeit von gering qualifizierten eigenen Mitarbeitern) und im Zwang zur Anpassung an vorgegebene Verfahren (deshalb weniger individuelle Wünsche). Nachteile können der große Anpassungsaufwand und die Abhängigkeit von fremden Fachkräften sein.

Für die Vorauswahl und Vorentscheidung sei folgende Vorgehensweise empfohlen:

- Auf jeden Fall sollte zunächst eine Problemanalyse durchgeführt und das EDV-Grobkonzept entworfen werden, bevor man den Einsatz eines Standard-Programmpaketes prüft.
- Sofern man glaubt, daß die Anwendung mit Hilfe von Standard-Anwendungssoftware gelöst werden kann, prüft man das Angebot auf dem Softwaremarkt; alle Angebote werden zweimal jährlich im ISIS-Report veröffentlicht, herausgegeben von der Firma Infratest, München.
- Von allen angebotenen Programmpaketen, die die erforderliche Anwendungs-, Hardware- und Software-Spezifikation aufweisen (worüber der ISIS-Report Auskunft gibt), läßt man sich eine Broschüre kommen und vergleicht das eigene EDV-Grobkonzept mit dem Angebot; auch der voraussichtliche Anpassungsaufwand läßt sich auf diese Weise grob ermitteln.
- Stellt sich aufgrund der oben aufgeführten Untersuchungen und Ermittlungen heraus, daß man anstelle von Individualprogrammen ein Standard-Softwarepaket einsetzen kann, so sollte man bereits zum Zeitpunkt der Systementwicklung eine Vorentscheidung treffen und die Programm- und voraussichtlichen Anpassungskosten in die sich anschließende Kosten-/Nutzenanalyse einbeziehen.

| Symbol | Erläuterung |
|---|---|
|  | Bearbeitung, allgemein (process) insbesondere für jede Art des Bearbeitens, die nachfolgend nicht erfaßt ist, z. B. Rechnen |
|  | Ausführen einer Hilfsfunktion (auxiliary operation) unter Verwendung maschineller Hilfsmittel, die nicht vom Leitwerk der Datenverarbeitungsanlage gesteuert werden, z. B. das manuelle Erstellen von Lochkarten und Lochstreifen |
| 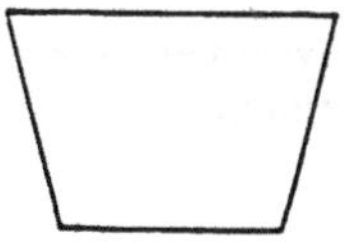 | Eingreifen von Hand (manual operation) ohne Verwendung maschineller Hilfsmittel, z. B. Eintragungen in eine Liste, Bandwechsel |
| 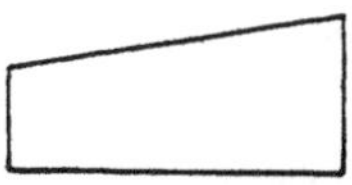 | Eingeben von Hand (manual input) in die Datenverarbeitungsanlage, z. B. das Eintasten des Tagesdatums |
| 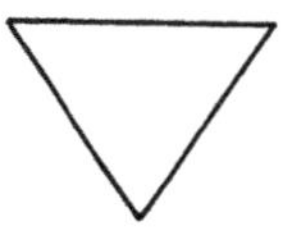 | Mischen |
|  | Trennen |
|  | Mischen mit gleichzeitigem Trennen (collate) |

Bild 54 (1): Sinnbilder für Datenflußpläne nach DIN 66001

| Symbol | Erläuterung |
|---|---|
| 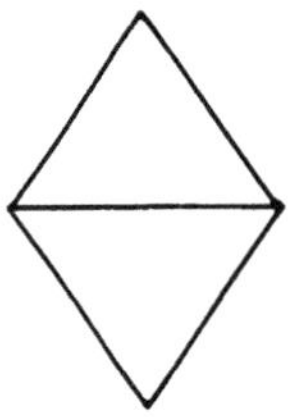 | Sortieren |
| 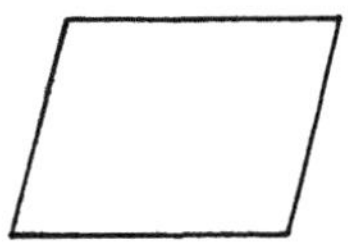 | Datenträger, allgemein (input/output) für Darstellungen, in denen der Datenträger nicht näher bestimmt werden soll, oder für alle Arten von Datenträgern, die nicht nachfolgend erfaßt sind |
| 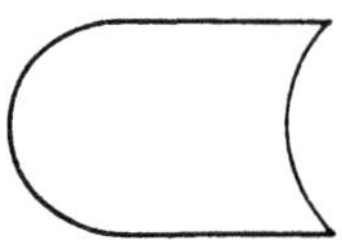 | Datenträger, gesteuert vom Leitwerk der Datenverarbeitungsanlage (online storage) |
| 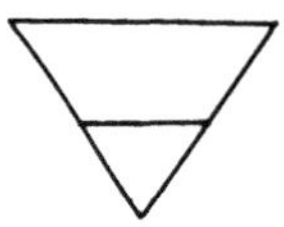 | Datenträger, nicht gesteuert vom Leitwerk der Datenverarbeitungsanlage (offline storage) |
| 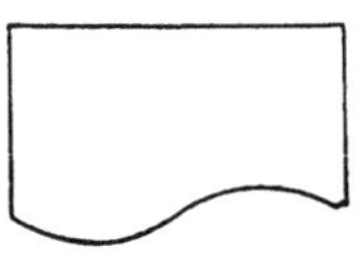 | Schriftstück (document) |
|  | Lochstreifen (punched tape) |
|  | Lochkarte (punched card) |
| 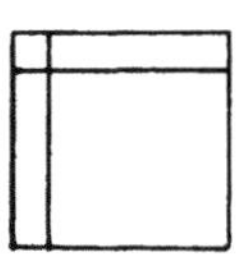 | Matrixspeicher (core storage) Dieses Sinnbild kann für Kernspeicher und andere Speicher mit gleichartigem Zugriffsverhalten benutzt werden |

Bild 54 (2): Sinnbilder für Datenflußpläne nach DIN 66001

| Symbol | Erläuterung |
|---|---|
| 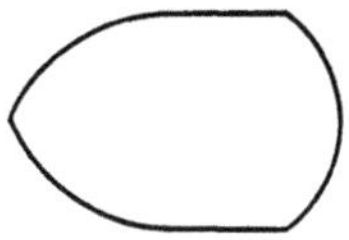 | Anzeige (display)<br>in optischer oder akustischer Form, z.B. Ziffernanzeige, Kurvenschreiber, Summer |
|  | Flußlinie (flow line)<br>Die Linie kann beliebig geführt sein. Die Pfeilspitze darf nicht weggelassen werden |
|  | Transport der Datenträger<br>Die Linie dard beliebig geführt sein. Dieses Sinnbild ist anzuwenden, wenn der Transport der Datenträger besonders kenntlich gemacht werden soll |
|  | Datenfernübertragung<br>(communication link) |
|  | Übergangsstelle (connector)<br>Der Übergang kann von mehreren Stellen aus, aber nur zu einer Stelle hin erfolgen. Zusammengehörige Übergangsstellen müssen die gleiche Bezeichnung tragen |
| 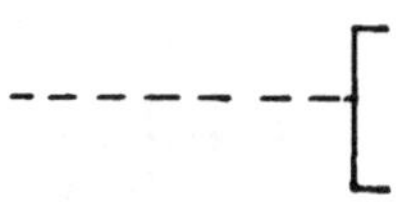 | Bemerkung (comment, annotation)<br>Dieses Sinnbild kann an jedes Sinnbild dieser Norm angefügt werden |
| 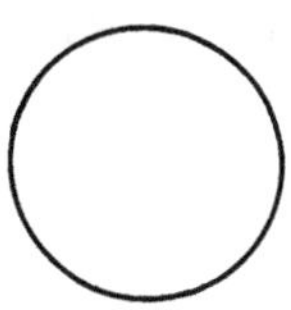 | Magnetband (magnetic tape) |
| 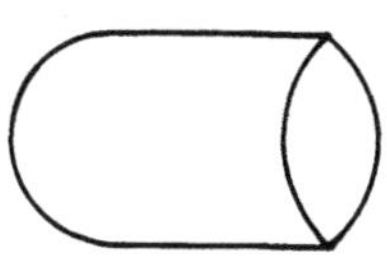 | Trommelspeicher (magnetic drum) |
| 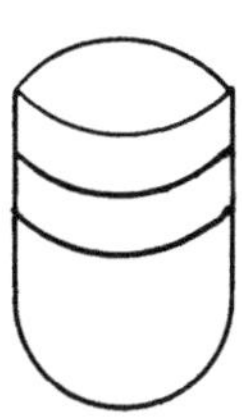 | Plattenspeicher (magnetic disk) |

Bild 54 (3): Sinnbilder für Datenflußpläne nach DIN 66001

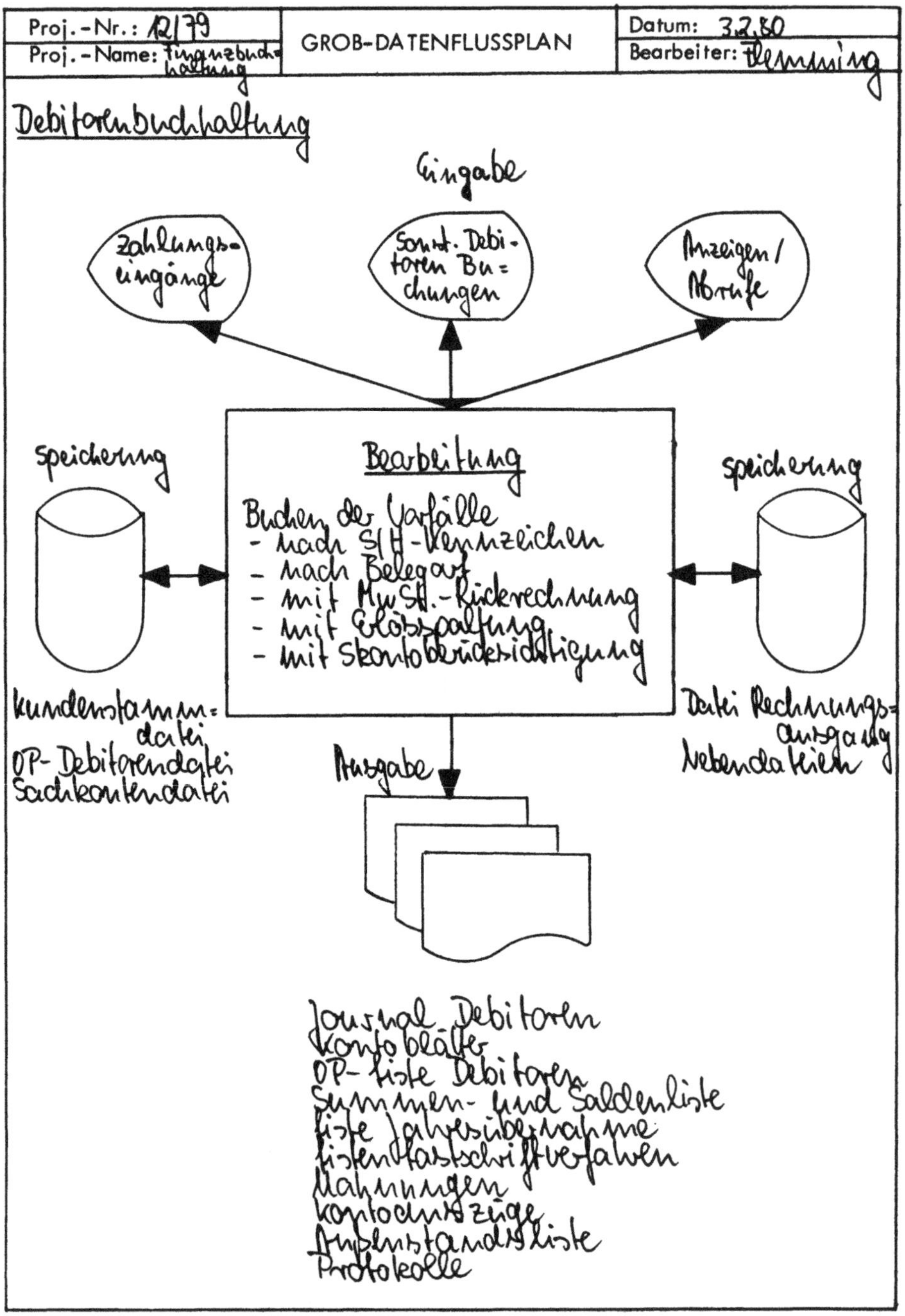


Bild 55 (1): Grob-Datenflußplan

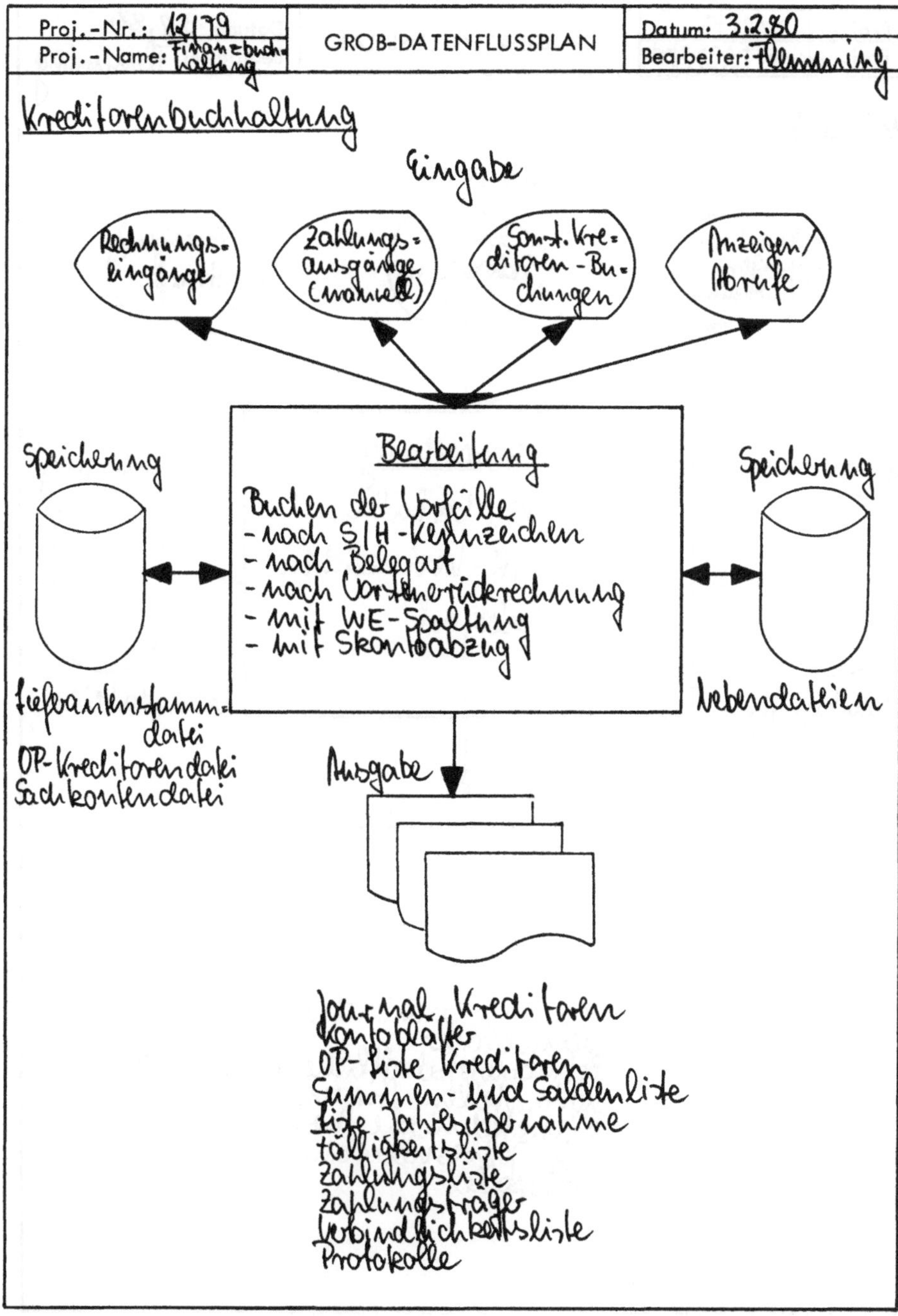


Bild 55 (2): Grob-Datenflußplan

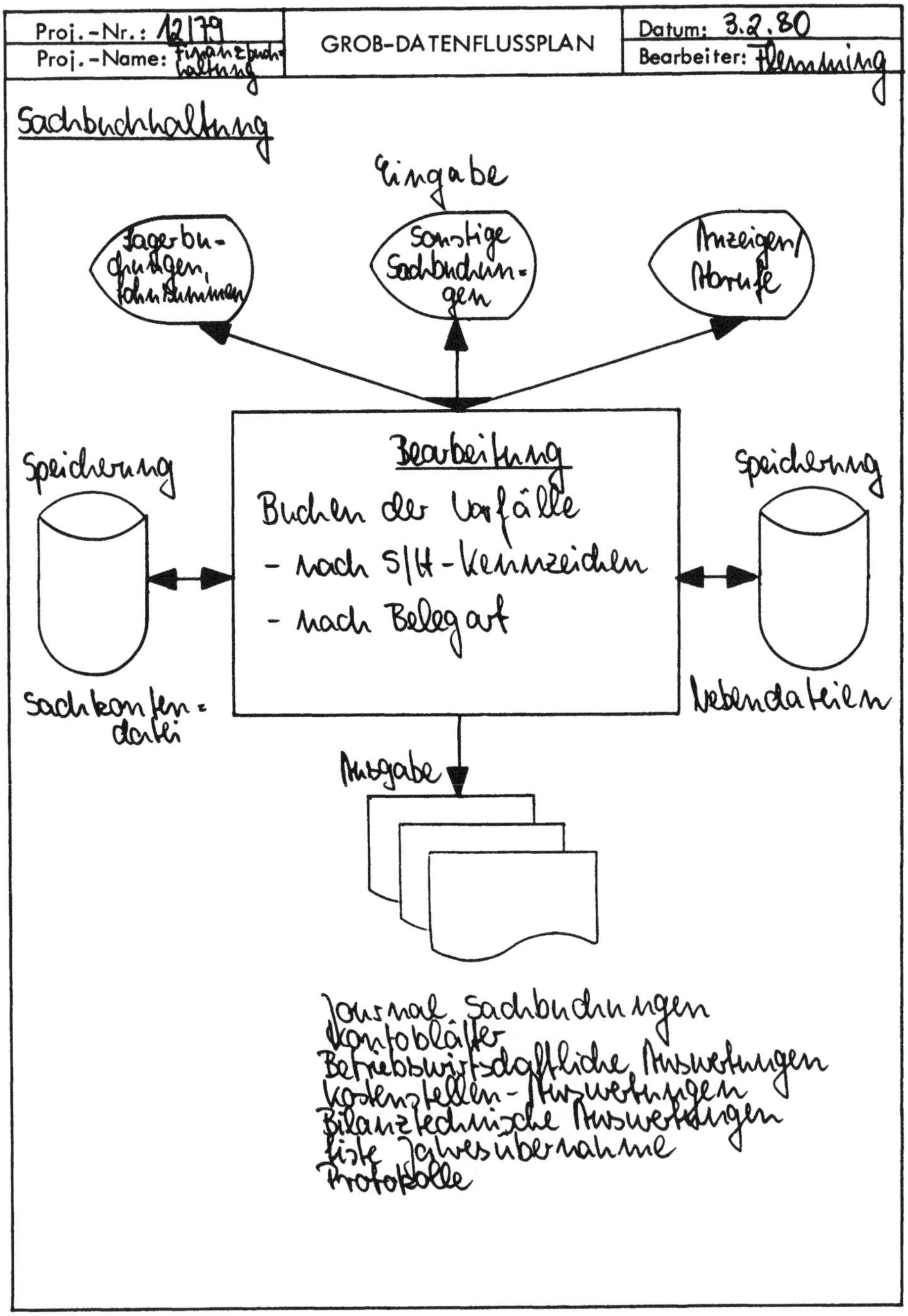


Bild 55 (3): Grob-Datenflußplan

## Kosten-/Nutzenanalyse

Problemanalyse und Entwurf des EDV-Grobkonzeptes sind durch eine Kosten-/Nutzenanalyse zu ergänzen, bei der

- die einmaligen Projektkosten aller Projektstufen ermittelt
- die laufenden Projektkosten nach der Umstellung untersucht
- die erwarteten einmaligen und laufenden Einsparungen geschätzt und
- der zusätzliche Nutzen, der mit der geplanten Umstellung verbunden ist, aufgeführt werden.

Während die Durchführung der Kosten-/Nutzenanalyse Sache des mit der Systementwicklung beauftragten Projektteams ist, obliegt die Beurteilung und Bewertung der Kosten und des Nutzens, vor allem der zusätzlichen, konkret nicht zu beurteilenden Vorteile, allein den Führungskräften der von der Umstellung betroffenen Fachabteilungen bzw., bei sehr großen Projekten, der Unternehmensführung.

Das Ergebnis der Kosten-/Nutzenanalyse wird zweckmäßigerweise auf einem Formular dokumentiert, wie in Bild 56 dargestellt. Zunächst werden die einmaligen Projektkosten erfaßt, getrennt nach Personalkosten (mit weiterer Unterteilung je Projektstufe und Projektunterstufe), sonstigen Umstellungskosten und Gesamtkosten. Da die Systementwicklung zu diesem Zeitpunkt bereits durchgeführt ist, werden für diese Projektstufe die wirklich entstandenen Personalkosten eingesetzt. Es folgen die laufenden Projektkosten, und zwar je Kostenart mit Angabe der Abteilung, in der sie anfallen werden. In ähnlicher Weise geht man bei den erwarteten einmaligen und laufenden Einsparungen vor.

Schließlich werden die Kosten, getrennt nach einmaligen und monatlichen Kosten, den einmaligen und monatlich laufenden Einsparungen gegenüber gestellt, wobei man üblicherweise eine Verteilung der Einmalkosten und Einmaleinsparungen auf 3 bzw. 5 Jahre vornimmt, also (für 3 Jahre):

|  |
|---|
| Einmalige Einsparungen + 36 x mtl. Einsparungen<br>./. einmalige Kosten ./. 36 x mtl. Kosten<br>= Saldo in 3 Jahren |

Proj.-Nr.: 12/79 | KOSTEN-/NUTZENANALYSE | Datum: 25.3.80

Proj.-Name: Finanzbuchhaltung | Bearbeiter: Flemming

Einmalige Projektkosten

Personalkosten

| Projektstufe | Termin Anfang | Termin Ende | Anzahl Mitarb. | Aufw. in MM | Kosten je MM | Kosten gesamt |
|---|---|---|---|---|---|---|
| Systementwicklung | | | | | | |
| Problemanalyse | 2.1.80 | 15.2.80 | 3 | 3,0 | 6.000,- | 18.000,- |
| EDV-Grobkonzeption | 16.2.80 | 15.3.80 | 3 | 4,5 | 6.000,- | 27.000,- |
| Kosten-/Nutzenanalyse | 16.3.80 | 30.3.80 | 2 | 1,5 | 6.000,- | 9.000,- |
| Systemrealisierung | | | | | | |
| EDV-Feinkonzeption | 5/80 | 7/80 | 2 | 5,0 | 6.000,- | 30.000,- |
| Programmierung | 7/80 | 10/80 | 3 | 9,0 | 5.000,- | 45.000,- |
| Systemeinführung | 11/80 | 12/80 | 4 | 8,0 | 5.500,- | 44.000,- |
| Summe Soll | | | | | | 173.000,- |
| Summe Ist | | | | | | |

Sonstige Kosten

| Kostenart | Termin Anfang | Termin Ende | Anzahl | Aufwand | Kosten je Einheit | Kosten gesamt |
|---|---|---|---|---|---|---|
| DE-Kosten (Übernahme) | 8/80 | 10/80 | – | 150 Std. | 40,- | 6.000,- |
| Maschinenkosten (Tests) | 9/80 | 12/80 | – | 80 Std. | 500,- | 40.000,- |
| Materialkosten | – | – | – | – | – | – |
| Fremdkosten | – | – | – | – | – | – |
| Diverse Kosten | – | – | – | – | – | – |
| Summe Soll | | | | | | 46.000,- |
| Summe Ist | | | | | | |
| Gesamtsumme Soll | | | | | | 219.000,- |
| Gesamtsumme Ist | | | | | | |
| Gesamtsumme Abweichung | | | | | | |

Laufende Projektkosten

| Kostenart | Abteilung | Anzahl | Bezeichnung | mtl. Kost. je Einheit | mtl. Kosten gesamt |
|---|---|---|---|---|---|
| Personalkosten | – | – | – | – | – |
| Maschinenkosten | Buchhaltung | 3 | BSch. | 250,- | 750,- |
| Materialkosten | " | – | Form. | – | 250,- |
| DE-Kosten | " | 3 | Buchh. | 4.000,- | 12.000,- |
| EDV-Kosten | RZ | 18 Std. | EDVA | 500,- | 9.000,- |
| Zubehörkosten | " | 2 | MP | 2.500,- | 100,- |
| Sonstige Kosten | – | – | – | – | – |
| Summe Soll | | | | | 22.100,- |
| Summe Ist | | | | | |
| Summe Abweichung | | | | | |

Bild 56 (1): Kosten-/Nutzenanalyse

| Einmalige Einsparungen | | | | | |
|---|---|---|---|---|---|
| Art | Abteilung | Anzahl | Bezeichnung | Einsparung je Einheit | Einsparung gesamt |
| Buchungsmaschinen | Buchhaltg. | 2 | Verkauf | 7.500,- | 15.000,- |
| Summe Soll | | | | | 15.000,- |
| Summe Ist | | | | | |
| Summe Abweichung | | | | | |

| Laufende Einsparungen | | | | | |
|---|---|---|---|---|---|
| Art | Abteilung | Anzahl | Bezeichnung | mtl. Einspar. je Einheit | mtl. Einspar. gesamt |
| Personal | Buchhaltg. | 12 | Hilfskraft | 3.500,- | 42.000,- |
| Material | " | – | Belege | – | 6.000,- |
| Summe Soll | | | | | 48.000,- |
| Summe Ist | | | | | |
| Summe Abweichung | | | | | |

| Kosten : Einsparungen | | | | | | |
|---|---|---|---|---|---|---|
| Bezeichnung | Kosten einmalig | Kosten mtl. | Einsparungen einmalig | Einsparungen mtl. | Kosten : Einspar. in 3 Jahr | Kosten : Einspar. in 5 Jahr |
| Einmalige Projektkosten | | | | | | |
| Personalkosten | 173.000,- | | | | | |
| Sonstige Kosten | 46.000,- | | | | | |
| Laufende Projektkosten | | 22.100,- | | | | |
| Einmalige Einsparungen | | | 15.000,- | | | |
| Laufende Einsparungen | | | | 48.000,- | | |
| Summe Soll | 219.000,- | 22.100,- | 15.000,- | 48.000,- | 728.400,- | 1.350.000,- |
| Summe Ist | | | | | | |
| Summe Abweichung | | | | | | |

| Zusätzlicher Nutzen |
|---|
| - keine gesonderte Erfassung der Rechnungsausgänge<br>- tagfertige Finanzbuchhaltung<br>- automatische Verbindung zwischen Debitoren- und Kreditorenbuchhaltung einerseits und Sachbuchhaltung andererseits<br>- Bereitstellung aktueller Informationen aus dem Bereich der Finanzbuchhaltung<br>- betriebswirtschaftliche, kostenmäßige und bilanztechnische Auswertungen<br>- Anzeige- und Abrufmöglichkeiten |

Bild 56 (2): Kosten-/Nutzenanalyse

für unser Beispiel bedeutet dies:

| 15.000,-- DM + 36 x 48.000,-- DM<br>./. 219.000,-- ./. 36 x 22.100,-- DM = 728.400,-- DM |
|---|

Bei einer Umlage auf weniger als 3 Jahre würden sich die einmaligen Projektkosten kaum amortisieren, bei mehr als 5 Jahren wäre der Verteilungszeitraum kostenmäßig nicht mehr überschaubar.

Die Gegenüberstellung der ermittelten, erwarteten oder geschätzten Kosten und Einsparungen muß um eine Aufzählung des zusätzlichen Nutzens ergänzt werden, der mit der geplanten Umstellung verbunden ist. Dies ist heute umso wichtiger, als bei zahlreichen EDV-Projekten keine unmittelbare Einsparungen erzielt werden, sondern die mit einer Umstellung verbundenen Vorteile in zusätzlichen Nutzeffekten liegen, wie beispielsweise bessere Versorgung mit aktuellen Informationen, Verbesserung des Kundendienstes oder höhere Umschlagshäufigkeit im Lager. Der zusätzliche Nutzen muß vom Projektteam erfaßt und dokumentiert, dagegen von der betreffenden Fachabteilung oder der Unternehmensführung beurteilt und bewertet werden.

Abschließend sei darauf hingewiesen, daß wie beim Projektantragsverfahren auch bei der Kosten-/Nutzenanalyse Felder für die Eintragung von Nachkalkulationswerten freigehalten sind. Das dargestellte Zahlenbeispiel dient wiederum nur dazu, die Handhabung des Hilfsmittels zu demonstrieren und erhebt keinen Anspruch auf praktische Gültigkeit.

## Präsentation und endgültige Entscheidung

Es ist von großer Bedeutung, daß das Ergebnis der Systementwicklung alle Beteiligten (vor allen Dingen den Führungs- und Fachkräften der von der Umstellung betroffenen Fachabteilungen) in einer sachbezogenen (nicht lösungstechnischen!) Präsentation vorgestellt und zur endgültigen Entscheidung über die Fortführung des Projektes vorgelegt wird. Hierbei sollte, neben den Kosten und Einsparungen, vor allen Dingen das Lösungskonzept noch einmal diskutiert und nach möglichen Alternativen gesucht werden. Denn der Abschluß dieser Projektstufe ist der letzte Zeitpunkt, wo noch Änderungen im Konzept vorgenommen werden können, bevor die zeit- und kostenaufwendige Systemrealisierung beginnt. Es sollte nicht übersehen werden, daß ein Konzept, das sich später als falsch oder mangelhaft herausstellt, in der Regel einen völligen Neubeginn der EDV-Feinkonzeption und der Programmierung bedeutet.

Haben alle an der Präsentation Beteiligten das EDV-Grobkonzept verstanden und sehen alle es als besten Weg zur Lösung des anstehenden Problems an, so erhält die EDV-Abteilung den endgültigen Projektauftrag, der nachträglich auf der Rückseite des EDV-Projektantrages (vergleiche Bild 50) vermerkt wird. Mit diesem Schritt ist nicht nur die 1. Projektstufe der Umstellung abgeschlossen, sondern es wird zugleich die Freigabe für die Fortsetzung der Umstellungsarbeiten erteilt.

### *3.233 Projektstufe 2: Systemrealisierung*

Einleitung

In dieser Projektstufe wird - ausgehend vom EDV-Grobkonzept - die eigentliche EDV-Lösung erarbeitet, und zwar zunächst das EDV-Feinkonzept (auch als Detailorganisation bezeichnet) und daran anschließend, aufgrund der beim EDV-Feinkonzept erarbeiteten Programmvorgaben, die erforderlichen Programme selbst.

Naturgemäß werden die Aktivitäten der Systemrealisierung stark davon beeinflußt, ob eine individuelle Programmlösung vorgezogen oder ob ein Standard-Programmpaket eingesetzt werden soll. Wir werden deshalb am Schluß dieses Kapitels auf die besonderen Fragen bei der Auswahl und dem Einsatz von Standard-Anwendungssoftware eingehen.

Während bei der Systementwicklung den Mitarbeitern der von der Umstellung betroffenen Fachabteilungen der Hauptanteil an der Gestaltung des neuen Systems zukommt, liegen Aufgaben und Verantwortung in dieser Stufe bei den EDV-Organisatoren und Programmierern der EDV-Abteilung, die unter Mitwirkung der Mitarbeiter in den Fachabteilungen das EDV-Feinkonzept erarbeiten und die Programme schreiben.

## Entwicklung des EDV-Feinkonzeptes

In dieser Teilstufe wird

- die Eingabe der Bewegungsdaten einschließlich Anzeigen/ Abrufe festgelegt (in unserem Beispiel: Aufbau der Eingabe-Bildschirmmasken)
- die Speicherung der Stamm- und Bestandsdaten bestimmt (= Satzaufbauten der Stamm- und Bestandsdateien)
- die Bearbeitung der Daten mit allen Einzelheiten entworfen (= Entwurf der Prüf- und Rechenvorschriften) und
- die Ausgabe der Ergebnisdaten dokumentiert (= Druckausgabe der Formulare und Listbilder).

Zweckmäßigerweise beginnt man mit dem Entwurf der Formulare und Listbilder, weil immer das Ergebnis des EDV-Prozesses im Vordergrund der Betrachtung steht und Eingabe, Speicherung und Bearbeitung nur den Zweck haben, Auswertungen und Ergebnisse zu gewinnen.

Das Arbeitsergebnis der EDV-Feinkonzeption sind die Programmvorgaben, die je Programm zusammengestellt und nach Überprüfung und Abzeichnung durch die Fachabteilungen an die Programmierer zur Ausarbeitung der Programme weitergeleitet werden.

Wird kein individuelles Lösungskonzept entwickelt, sondern ein Standard-Programmpaket eingesetzt, erstrecken sich die Arbeiten in dieser Teilstufe auf

- die Zusammenstellung der Ausschreibungsunterlagen
- die Auswahl der Standard-Anwendungssoftware
- die Festlegung der Anpassung an betriebsnotwendige Belange und
- die Gestaltung des Softwarevertrages.

Wie schon erwähnt, werden wir am Schluß dieses Kapitels auf die besonderen Fragen der Auswahl und des Einsatzes von Standard-Anwendungssoftware eingehen.

Auch bei der Darstellung des EDV-Feinkonzeptes wollen wir wieder auf das genannte Buchhaltungsbeispiel der IBM zurückgreifen.

Für jede Auswertung (Formular, Liste, Statistik), die später über den zentralen Schnelldrucker oder einen dezentral eingesetzten Terminaldrucker gewonnen werden soll, ist ein Muster der Druckausgabe zu erstellen. In diesem Listbild, wie der Entwurf der Druckausgabe in der Praxis meist genannt wird, wird das gesamte Druckbild nach Druckstellen und Druckzeilen mit allen Einzelheiten festgelegt. Zum besseren Verständnis für die Mitarbeiter in den Fachabteilungen sollte man die Druckausgabe in Form eines Beispiels darstellen, wie in Bild 57 vorgeführt. Außer der Darstellung des Druckbildes sind folgende Einzelheiten bei der Druckausgabe festzulegen:

- Vordruck (für externe Stellen) oder Blankoliste (für interne Stellen).
- Anzahl Kopien (Verteiler).
- Standardisierung des Listkopfes (Bezeichnung, Datum, Seiten-Nummer).
- Druckperiode (sofern nicht bereits beim EDV-Grobkonzept festgelegt).
- Vorschriften zur Datensicherung.

Die Eingabe der Bewegungsdaten hängt von dem bei der EDV-Grobkonzeption festgelegten Datenerfassungsverfahren und Eingabemittel ab. Sofern eine Stapelerfassung gewählt wurde, muß der Datenerfassungsbeleg entworfen und der Datensatz des gewählten Datenträgers (beispielsweise Diskette oder Magnetband) aufgebaut werden. In unserem Beispiel der Dialog-Datenerfassung über Bildschirmgerät ist für jeden einzugebenden Datensatz (aber auch für jede Bildschirmanzeige) eine sogenannte Bildschirmmaske zu entwickeln, die, ähnlich wie bei der Druckausgabe, alle Angaben von Form und Inhalt enthält und ebenfalls als Beispiel dargestellt werden sollte.

Bild 58 zeigt ein Beispiel für eine Bildschirmmaske, und zwar für die Verbuchung des Zahlungseinganges in der Debitorenbuchhaltung.

Analog zur Ein- und Ausgabe ist die Speicherung festzulegen, d.h. für alle zu speichernden Stamm- und Bestandsdaten sind die Satzaufbauten zu bestimmen. Hierbei kommt es darauf an, daß jeder zu speichernde Datensatz einschließlich aller Datenfelder mit Feldlängen definiert wird. Als Beispiel für die Darstellung eines

JAHN & CO

OFFENE-POSTENLISTE DEBITOREN VOM 28.02.80 SEITE 1

| | RECHNG NUMMER | RECHNG DATUM | VALUTA DATUM | FAELLIG DATUM | RECHNUNGS BETRAG | OFFENER BETRAG | S H | MWST SCHL. |
|---|---|---|---|---|---|---|---|---|
| 271805 | BENZ, OTTO | | | HAMBURG | | | | |
| | 002003 | 28.01.80 | | 25.02.80 | 910,12 | 910,12 | S | 1 |
| | 002835 | 25.02.80 | | 25.03.80 | 1.836,74 | 1.836,74 | S | 1 |
| | 002836 | 25.02.80 | | 25.03.80 | 1.603,62 | 1.603,62 | S | 1 |
| | | | | SALDO | | 4.350,48 | S | |
| 271806 | BENZINGER & CO | | | REINBEK | | | | |
| | 001084 | 4.02.80 | | 18.02.80 | 1.244,35 | 0,50 | S | 1 |
| | 002016 | 21.02.80 | | 25.02.80 | 883,94 | 883,94 | S | 1 |
| | 002037 | 25.02.80 | | 4.03.80 | 1.352,80 | 1.352,80 | S | 1 |
| | 000385 | 28.02.80 | | 28.02.80 | 186,34- | 186,34- | S | 1 |
| | | | | SALDO | | 2.050,90 | S | |

Bild 57: Beispiel einer Druckausgabe (nach einer Vorlage der IBM)

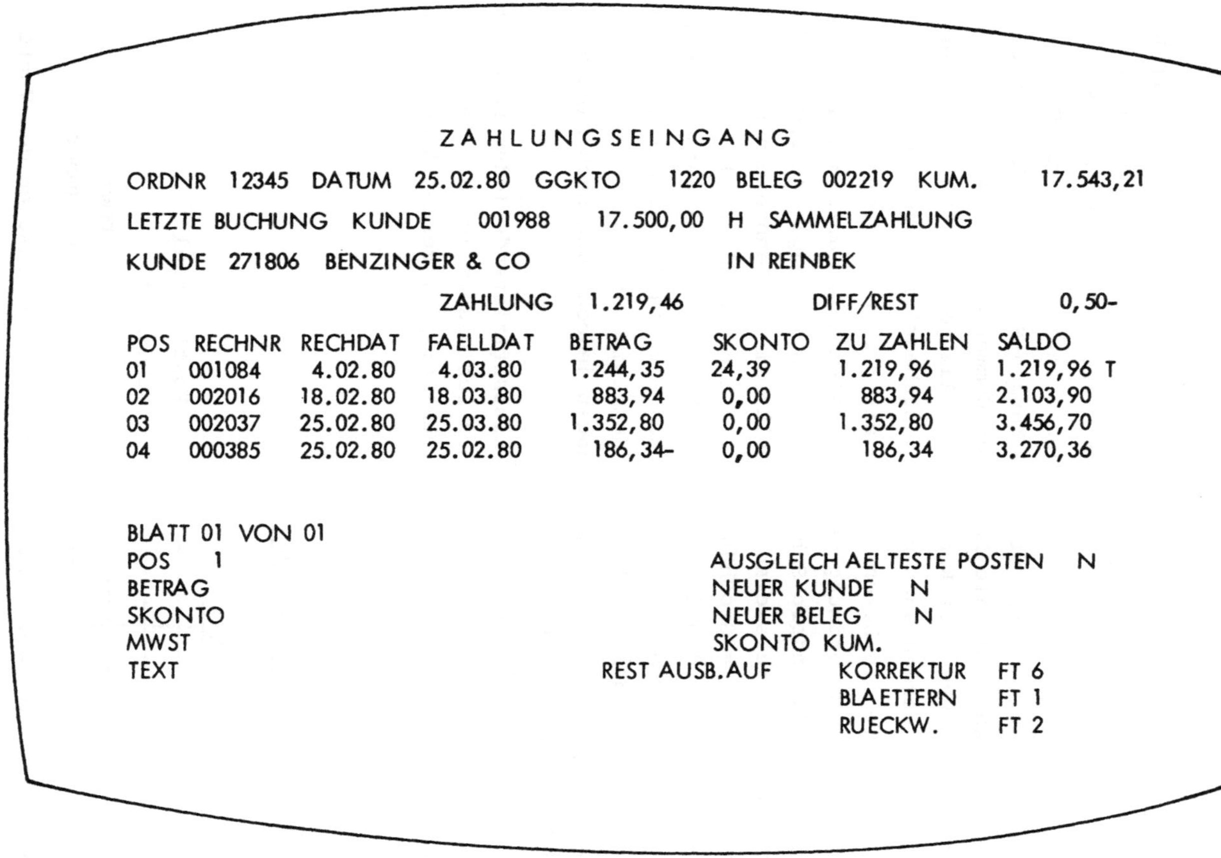


Bild 58: Beispiel für eine Bildschirmmaske (nach einer Vorlage der IBM)

Datensatzes haben wir die Kundenstammdatei gewählt (vergleiche Bild 59).

Mit der Festlegung der Datensätze ist auch eine Entscheidung über die darin verwendeten Schlüssel zu treffen. Schlüssel sind Kurzbezeichnungen, die sowohl die Kommunikation zwischen den Menschen verbessern als auch zur eindeutigen Identifizierung von Daten im Speicher dienen. So wird über die Kunden-Nummer der Kundenstammsatz aufgerufen, über die Rechnungs-Nummer der gespeicherte Buchungssatz und über die Konto-Nummer das gewünschte Konto. Manche Schlüssel werden auch als Ordnungsbegriffe bezeichnet, weil mit ihrer Hilfe die Datensätze in einer Datei gespeichert und geordnet sind (z.B. Ordnung der Kundenstammdatei aufsteigend nach Kunden-Nummern). Andere Schlüssel sind nicht zugleich Ordnungsbegriffe, wie beispielsweise der Schlüssel zur Kennzeichnung der Kundenart (z.B. 1 = Großhändler, 2 = Einzelhändler, 3 = Kaufhäuser usw.). Sie werden innerhalb des Datensatzes mitgespeichert, ohne zugleich Ordnungsbegriff dieses Datensatzes zu sein, und dienen wie erwähnt der zusätzlichen Kennzeichnung. Durch eine Umsortierung der Daten können Auswertungen jedoch auch nach diesen Schlüsseln vorgenommen werden.

Nach ihrer Art unterscheiden wir klassifizierende (oder sprechende) Schlüssel von identifizierenden Schlüsseln (= rein fortlaufende Numerierung), was wir an einem Beispiel verdeutlichen möchten.

Klassifizierende Kunden-Nummer

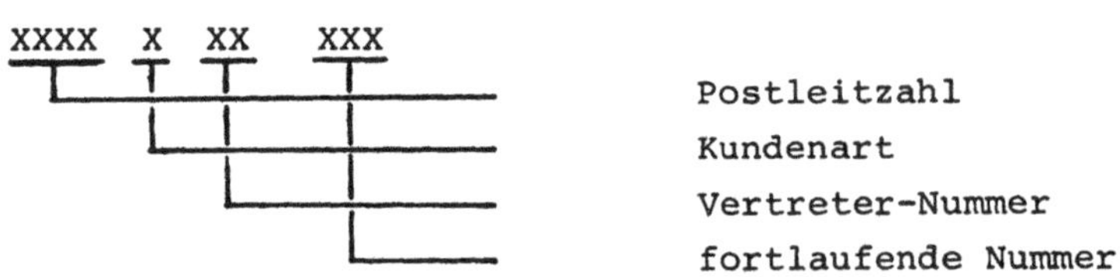


Ein klassifizierender Schlüssel hat für den Menschen den Vorteil, daß aus ihm alle wissenswerten Angaben unmittelbar hervorgehen. Für die EDV ist ein solcher Schlüssel viel zu lang (was mehr Dateneingabe bedeutet), hat zu viele Lücken (denn nicht jeder "Unterschlüssel" ist ja voll besetzt) und kann sich leicht ändern

| Proj.-Nr.: 12/79<br>Proj.-Name: Finanz-buchhaltung | SATZAUFBAU | Datum: 18.7.80<br>Bearbeiter: Flemming |
|---|---|---|

| | |
|---|---|
| Satzname: KUSTA | Satzlänge: 145 Stellen |
| Satzbezeichnung: Kundenstamm-satz | Satzverwendung: Auftragsbearbeitung, Debitorenbuchhaltung |
| Satzart: 03 | |

| Feld-Nr. | Feldname | Feldbezeichnung | Stelle von | Stelle bis | Anzahl Stellen | Anzahl Bytes |
|---|---|---|---|---|---|---|
| 01 | S-NR | Satznummer | 1 | 3 | 3 | 2 |
| 02 | K-NR | Kunden-Nr. | 4 | 8 | 5 | 3 |
| 03 | K-ADR | Kunden-Adresse | 9 | 88 | 80 | 80 |
| 04 | K-ART | Kundenart | 89 | 90 | 2 | 1 |
| 05 | E-KTO | Erlöskonto | 91 | 96 | 6 | 3 |
| 06 | F-KTO | Forderungskonto | 97 | 102 | 6 | 3 |
| 07 | SK-TGE | Skonti-Tage | 103 | 105 | 3 | 2 |
| 08 | SK-PR | Skonti-Prozent | 106 | 107 | 2 | 1 |
| 09 | K-SCHL | Konditionenschlüssel | 108 | 109 | 2 | 1 |
| 10 | M-SCHL | MwSt-Schlüssel | 110 | 110 | 1 | 1 |
| 11 | B-SCHL | Branchenschlüssel | 111 | 112 | 2 | 1 |
| 12 | V-NR | Vertreter-Nr. | 113 | 115 | 3 | 2 |
| 13 | K-LIM | Kreditlimit | 116 | 121 | 6 | 3 |
| 14 | U-VJ | Umsatz Vorjahr | 122 | 133 | 12 | 6 |
| 15 | U-LJ | Umsatz lfd. Jahr | 134 | 145 | 12 | 6 |

Bild 59: Satzaufbau (Beispiel: Kundenstammsatz)

(beispielsweise ändert sich durch eine Gebietsreform die Postleitzahl). Im Falle einer Schlüsseländerung müssen alle Dateien geändert werden, die diesen Schlüssel verwenden, desgleichen alle Programme, die auf diese Dateien zugreifen.

## Identifizierende Kunden-Nummer

XXXX ( von 0001 bis 9999)
Fortlaufende Numerierung ohne jegliche Unterteilung.

Ein identifizierender Schlüssel ist kurz, hat keine Lücken, und kann sich nicht durch äußere Einflüsse ändern. Sein Nachteil besteht darin, daß aus ihm Kennzeichnungen für den Menschen nicht abzulesen sind.

Um den genannten Nachteil zu vermeiden, greift man zu einer Kombination der beiden Schlüsselarten. Beispielsweise wählt man als Ordnungsbegriff der Kundenstammdatei die "Ident-Nummer" (= einen identifizierenden Schlüssel), während man alle anderen Kennzeichnungen innerhalb des Datensatzes in einer "Schlüsselleiste" mitspeichert. Diese Vorgehensweise hat folgende Vorteile:

- Der Ordnungsbegriff ist rein identifizierend, mit allen für die EDV hiermit verbundenen Vorteile.
- Durch die Mitspeicherung weiterer Schlüssel können jederzeit Auswertungen nach diesen Schlüsseln vorgenommen und die Schlüssel selbst bei jedem Ausdruck und jeder Anzeige sichtbar gemacht werden.
- Durch die Schlüssel-Kombination ist sowohl die Sicherheit und Kontinuität der Speicherung gewährleistet (ein Kunde kann nicht dadurch "verschwinden", daß er eine neue Kunden-Nummer erhält), als auch die Kennzeichnung aller interessierenden Auswertungsmerkmale, wie z.B. Kundenart, Region und Vertreter-Nummer.

Ordnungsbegriffe sollten aus den genannten Gründen nicht nur identifizierende Schlüssel sein, sondern auch zusätzlich durch eine Prüfziffer abgesichert werden, was wir an einem Beispiel des <u>Prüfzifferverfahrens "Modulo 11"</u> erläutern wollen.

<u>Beispiel</u>: Errechnung der Prüfziffer nach Modulo 11

```
4  7  1  1  (Kunden-Nr. ohne Prüfziffer)
|  |  |  └──── X 9 =  9
|  |  └─────── X 8 =  8
|  └────────── X 7 = 49
└───────────── X 6 = 24
                     90 : 11 = 8, Rest 2
                     11 -  2 = 9 (Prüfziffer)
```

Kunden-Nummer mit Prüfziffer: 47119

<u>Erläuterungen</u>: Der Schlüssel ohne Prüfziffer wird, von hinten nach vorn und mit 9 beginnend, multipliziert. Auf die Multiplikation folgt die Addition der Produkte und Teilung des Ergebnisses durch die Konstante 11. Der Rest wird wiederum von 11 abgezogen und ergibt so die Prüfziffer (in unserem Beispiel 9) , die an den Schlüssel angehängt wird. Bei jeder Eingabe des Schlüssels (mit Prüfziffer) wird die Rechnung wiederholt und die errechnete mit der eingegebenen Prüfziffer verglichen. Stimmt die Eingabe mit dem Rechenwert nicht überein, so liegt ein Eingabefehler vor, was vom Prüfziffernprogramm auf dem Bildschirm angezeigt wird und danach von der Bedienungsperson korrigiert und neu eingegeben werden muß.

Eine weitere Sicherheit und Hilfe bei der Eingabe bietet das sogenannte <u>Match-Code-Verfahren</u>. Gibt ein Kunde beispielsweise auf dem Zahlungsbeleg seine Kunden-Nummer nicht an,so kann diese mit Hilfe des Match-Code-Verfahrens am Bildschirmgerät herausgesucht werden. Zu diesem Zwecke gibt die Eingabekraft (je nach Aufbau des Verfahrens) Teile des Namens und des Ortes in das Match-Code-Programm ein, z.B.

<u>FLEM</u>MING KG 6050 <u>OFF</u>ENBACH
(nur die unterstrichenen Zeichen werden eingegeben!).

Das Programm sucht nun alle Namen, beginnend mit FLEM, in allen Orten, beginnend mit OFF, heraus und zeigt alle zu diesen Begriffen gehörenden Datensätze auf dem Bildschirm an. Da außer dem Namen und dem Ort auch die Straße und Hausnummer sowie die Kundennummer selbst angezeigt werden, ist es für den Bediener des Bildschirmgerätes leicht, die gesuchte Kundennummer festzustellen.

Die Bearbeitungsrichtlinien (= <u>Prüf- und Rechenvorschriften</u>) können verbal, in Form von Rechenformeln und Tabellen oder mit Hilfe von Entscheidungstabellen dargestellt werden. Entscheidungstabellen haben sich dort bewährt, wo es darum geht, Abhängigkeiten und Zusammenhänge klar und übersichtlich darzustellen. Sie werden zweckmäßigerweise von den Mitarbeitern der Fachabteilungen zur Formulierung der Prüf- und Rechenvorschriften benutzt.

Bild 60 zeigt das Beispiel einer Entscheidungstabelle mit Darstellung der Skontoüberprüfung und -verbuchung beim Zahlungseingang. Im Feld "Bedingungen" wird gefragt, ob der Kunde Skonto abgezogen hat, der Skontoabzug in Ordnung ist, es sich um einen Stammkunden handelt und die Differenz gegenüber dem korrekten Skontoabzug kleiner/gleich bzw. größer 1,-- DM ist. Wie ersichtlich, gibt es in unserem Beispiel 7 verschiedene Regeln (alle anderen mathematischen Regeln sind in unserem Beispiel nicht interessant), die zu insgesamt 5 unterschiedlichen Maßnahmen führen.

Entscheidungstabellen sind für die Mitarbeiter von Fachabteilungen deshalb gut geeignet, weil

- Aufgaben und Ziele klar formuliert werden können
- alle Bedingungen und Maßnahmen eindeutig und übersichtlich dargestellt sind
- die verschiedenen Kombinationen und ihre Maßnahmen gut und schnell überprüft werden können und
- die Handhabung einfach zu erlernen ist.

Über das Hilfsmittel zur Aufgaben- und Zielformulierung hinaus können die Inhalte von Entscheidungstabellen direkt in ein Computerprogramm (dem Entscheidungstabellen-Generator oder Entscheidungstabellen-Umwandler) eingegeben werden, das dann die Entscheidungstabelle unmittelbar in fertige Arbeitsprogramme umsetzt.

Die Entwicklung des EDV-Feinkonzeptes endet mit der Zusammenstellung der Programmvorgaben. Für jedes Programm, das anschließend programmiert werden soll, wird eine solche Programmvorgabe angefertigt. Sie enthält, neben einer verbalen Beschreibung des Programminhalts, alle bekannten Unterlagen aus dem EDV-Feinkonzept, die die Eingabe, Speicherung, die Ausgabe und die Bearbeitungsregeln darstellen. Diese Unterlagen werden je Programm zu einer kleinen Dokumentation zusammengefaßt und nach Überprüfung durch

| Proj.-Nr.: 12/79 | ENTSCHEIDUNGSTABELLE | | | | | | | | | | | | | | | | Datum: 18.6.80 |
|---|---|---|---|---|---|---|---|---|---|---|---|---|---|---|---|---|---|
| Proj.-Name: Finanzbuchhaltung | | | | | | | | | | | | | | | | | Bearbeiter: Flemming |
| | | Regeln | | | | | | | | | | | | | | | |
| | | 1 | 2 | 3 | 4 | 5 | 6 | 7 | 8 | 9 | 10 | 11 | 12 | 13 | 14 | 15 | 16 |
| Bedingungen | Skonto abgezogen | ja | ja | ja | ja | ja | ja | nein | | | | | | | | | |
| | Skontoabzug in Ordnung | ja | ja | nein | nein | nein | nein | – | | | | | | | | | |
| | Stammkunde | ja | nein | ja | nein | ja | nein | – | | | | | | | | | |
| | Differenz ≤ 10,-DM | – | – | ja | ja | – | – | – | | | | | | | | | |
| | Differenz > 10,-DM | – | – | – | – | ja | ja | – | | | | | | | | | |
| Maßnahmen | Skontoabzug verbuchen | X | X | | | | | | | | | | | | | | |
| | Differenz ausbuchen | | | X | | | | | | | | | | | | | |
| | Differenz Kunden belasten | | | | X | X | | | | | | | | | | | |
| | Differenz anmahnen | | | | | | X | | | | | | | | | | |
| | Zahlung netto verbuchen | | | | | | | X | | | | | | | | | |
| | | | | | | | | | | | | | | | | | |
| | | | | | | | | | | | | | | | | | |

Bild 60: Entscheidungstabelle

die Fachabteilung dem Programmierer übergeben, der das Programm erstellen soll. Eine Programmvorgabe umfaßt also den sachlichen Inhalt des zu fertigenden Programms und ist für den Programmierer verbindlich. Änderungen der Programmvorgabe müssen unbedingt mit den Mitarbeitern der Fachabteilungen abgesprochen werden.

## Programmierung

Der Entwicklung des EDV-Feinkonzeptes mit Zusammenstellung der Programmvorgaben folgt die Ausarbeitung der benötigten Programme, die Programmierung. Wegen der Vorgehensweise bei der Programmierung, die ausschließlich Sache der Programmierer in der EDV-Abteilung ist, sei auf das Kapitel "2.332 Wie entsteht ein Programm?" verwiesen.

Zusammengefaßt sind die einzelnen Schritte der Programmierung, ausgehend von der Programmvorgabe,

- die Analyse der Programmvorgabe
- der Entwurf des Programmablaufs
- die Programmverschlüsselung (Codierung)
- die Programmumwandlung
- die Programmtests und
- die Ausarbeitung der Programmdokumentation.

Das Ergebnis der Programmierung sind die einzelnen, vom Programmierer erstellten Programme, die jedoch in dieser Phase noch nicht von den Mitarbeitern der Fachabteilung abgenommen und freigegeben sind, was erst in der Projektstufe 3: Systemeinführung erfolgt.

## Auswahl und Einsatz von Standard-Anwendungssoftware

Wurde bereits in der Projektstufe Systementwicklung der Einsatz eines Standard-Programmpaketes untersucht und beschlossen, so treten an die Stelle einer individuellen EDV-Lösung und firmenbezogener Programme die Auswahl, Anpassung und Implementierung eines fremden Softwarepaketes. Im folgenden stellen wir die Aktivitäten zur Auswahl und zum Einsatz von Standard-Anwendungssoftware dar.

Sie beginnen mit der Ausschreibung, bei der alle aufgrund der Vorauswahl ermittelten Softwareanbieter einen Satz Ausschreibungsunterlagen erhalten, bestehend aus

- einem Begleitbrief
- den Unterlagen der Systementwicklung: Auswahlbogen, Datenmengengerüst und Grob-Datenflußplan und
- Fragebogen zur Softwareauswahl (vergleiche Bild 61).

Es wird erwartet, daß die an der Ausschreibung beteiligten Softwareanbieter detaillierte Unterlagen über ihr Softwarepaket einreichen, den beigefügten Fragebogen konkret beantworten und ihre Unterlagen um Musterverträge ergänzen.

Sobald alle erbetenen Angaben und Unterlagen von den Anbietern eingetroffen sind, beginnt als zweiter Schritt die Auswahl. Für die Auswahl benutzt man ein Verfahren, wie es sich in der Praxis in ähnlicher Weise auch für die Computerauswahl bewährt hat. Hierzu wählt man besonders wichtige Merkmale aus, die man im Hinblick auf die angebotenen Programmpakete vergleichend beurteilt und bewertet. Ein Merkmal, das besonders gut gelöst ist, erhält den höchsten Beurteilungsfaktor 1,0, ein Merkmal mit einer schlechten Lösung den niedrigsten Faktor 0,1. Von besonderer Bedeutung ist es, daß die Beurteilung und Auswahl der angebotenen Standard-Anwendungssoftware nicht allein durch die EDV-Spezialisten, sondern auch - in ihrem anwendungsbezogenen Teil - mit Unterstützung der Mitarbeiter der betroffenen Fachabteilungen vorgenommen wird. Denn nur sie können letztlich beurteilen, ob ein angebotenes Programmpaket die geforderten Anwendungsspezifikationen einschließlich der Anschlüsse zu benachbarten Arbeitsgebieten abdeckt und welche Änderungen und Anpassungen erforderlich sind. Bild 62 zeigt das Beispiel einer Softwareauswahl.

Sofern nicht alle Auskünfte aus Unterlagen und Fragebogen abgeleitet werden können, sind die betreffenden Anbieter zur Vorstellung ihrer Produkte einzuladen, die unbedingt unter Beteiligung der Mitarbeiter aus den Fachabteilungen stattfinden muß.

Diejenigen Softwareanbieter, die bei der Auswahl den 1. bis 3. Platz erhalten haben, sollten anschließend zu weiteren Gesprächen gebeten werden, bei denen man noch mehr Einzelheiten über Produkt, Konditionen und Anbieter erfährt. Sinn und Zweck dieser Gespräche

| Proj.-Nr.: 12/79<br>Proj.-Name: Finanzbuchhaltung | FRAGEBOGEN<br>SOFTWAREAUSWAHL | Datum: 18.6.80<br>Bearbeiter: Flemming |
|---|---|---|

| Lfd. Nr. | Frage |
|---|---|
| 1. | <u>Produkt - Kriterien</u> |
| 1.1 | <u>Produkt - Spezifikation</u> |
| 1.1.0 | Genaue Beschreibung des Produkts, getrennt nach Eingabe, Verarbeitung, Speicherung und Ausgabe (Bitte Broschüre beifügen!). |
| 1.1.1 | Worin liegen die besonderen qualitativen Merkmale des Produkts? |
| 1.1.2 | Ist das Produkt voll oder teilweise dialogfähig? |
| 1.1.3 | Seit wann ist das Produkt im Einsatz? |
| 1.1.4 | Welche vergleichbaren Anwender benutzen das Produkt? |
| 1.1.5 | Welche Hardware- und Software-Komponenten (Hardwaregröße und -konfiguration, Hauptspeicherbedarf, Betriebssystem, Dateiorganisation usw.) benötigt das Produkt? |
| 1.1.6 | In welcher Programmiersprache und unter Benutzung welcher Programmiermethode ist das Produkt geschrieben? |
| 1.1.7 | Für welche weiteren Anlagen und Betriebssysteme ist das Produkt geeignet? |
| 1.1.8 | Welche Angaben können zu den CPU- und den E/A-Laufzeiten gemacht werden? |
| 1.1.9 | Welche Kontrollen und Sicherungen sind in dem Produkt enthalten? |
| 1.2 | <u>Produkt - Zusatzleistungen</u> |
| 1.2.0 | Wie groß wird der für die betriebsindividuelle Anpassung benötigte Zeitaufwand geschätzt? |
| 1.2.1 | Welche Installationsvorbereitungen (Bereitstellung von Personal, Rechenzeit, Testdaten usw.) sind vom Anwender durchzuführen? |
| 1.2.2 | Welche Einführungsunterstützung gewährt der Anbieter dem Anwender für die einzelnen Mitarbeitergruppen (Operateure, Programmierer, Mitarbeiter der Fachabteilungen usw.)? |
| 1.2.3 | Welche Dokumentationsunterlagen, unterteilt nach allgemeiner Systembeschreibung, Programmdokumentation, Bediener-Handbuch, Benutzer-Handbuch usw., werden dem Anwender zur Verfügung gestellt? |
| 1.2.4 | Werden dem Anwender auch die Quellenprogramme ausgehändigt? |
| 1.2.5 | Ist es dem Anwender gestattet, das Produkt zu ändern und zu erweitern? |
| 1.2.6 | Ab wann kann das Produkt einschließlich Anpassung und Erweiterung beim Anwender einsatzbereit sein? |

Bild 61 (1): Fragebogen Softwareauswahl

| Lfd. Nr. | Frage |
|---|---|
| 1.2.7 | Welche Weiterentwicklungen des Produkts werden für die nächsten 3 Jahre garantiert? |
| 1.2.8 | Wie hoch ist die Mindestnutzungsdauer für das Produkt bei zeitlich begrenzter Nutzung? |
| 1.2.9 | In welcher Form und innerhalb welchen Zeitraums hat die Abnahme des Produkts durch den Anwender zu erfolgen? |
| 1.3 | Produkt - Kosten |
| 1.3.0 | Welche Gebühren sind für eine zeitlich unbegrenzte Nutzung (= Kauf) zu zahlen? |
| 1.3.1 | Welche monatlichen Gebühren sind für eine zeitlich begrenzte Nutzung (= Miete) zu zahlen? |
| 1.3.2 | Welche zusätzlichen Gebühren entstehen dem Anwender für die Einführung, Schulung, Dokumentation und Installation? |
| 1.3.3 | Welche sachlichen und zeitbezogenen Wartungsleistungen sind in den Nutzungsgebühren enthalten und welche zusätzlichen Wartungskosten entstehen dem Anwender, getrennt für das 1. Jahr und die Folgejahre nach der Installation? |
| 1.3.4 | Zu welchem garantierten Festpreis wird die Anpassung des Produktes durchgeführt? |
| 1.3.5 | Zu welchen Stundengebühren wird die Anpassung des Produktes durchgeführt? |
| 1.3.6 | Welche Kosten entstehen dem Anwender in den Folgejahren durch die Weiterentwicklung und Pflege sowie durch eine evtl. Betriebssystem-Anpassung des Produkts? |
| 1.3.7 | Wann sind die genannten Gebühren und Kosten jeweils fällig? |
| 1.3.8 | Zu welchen Bedingungen und Gebühren kann das zunächst gemietete Produkt später gekauft werden? |
| 1.3.9 | Welche Gebührennachlässe bzw. kostenlose Zusatzleistungen gewährt der Anbieter dem Anwender? |

Bild 61 (2): Fragebogen Softwareauswahl

| Lfd. Nr. | Frage |
|---|---|
| 2. | <u>Anbieter - Kriterien</u> |
| 2.1.0 | Ist der Anbieter auch Hersteller des Produkts? |
| 2.1.1 | Wie viele Mitarbeiter hat der Anbieter? |
| 2.1.2 | Wo ist die nächste Niederlassung des Anbieters für die Produktwartung? |
| 2.1.3 | Gehört der Anbieter dem Bund Deutscher Unternehmensberater (BDU) an bzw. akzeptiert der Anbieter die Allgemeinen Vertragsbedingungen des BDU? |
| 2.1.4 | Welche Nutzungsrestriktionen im einzelnen werden vom Anwender verlangt? |
| 2.1.5 | Welche Gewährleistung und Haftung übernimmt der Anbieter? (Bitte Muster Nutzungsvertrag und Allgemeine Nutzungsbedingungen beifügen!). |
| 2.1.6 | Welche Wartungsleistungen erbringt der Anbieter im einzelnen? (Bitte Muster Wartungsvertrag und Allgemeine Wartungsbedingungen beifügen!). |
| 2.1.7 | Zu welchen Bedingungen ist der Anbieter mit einer Probeinstallation des Produkts einverstanden? |
| 2.1.8 | Welche Kündigungszeiten und -fristen sind nach Ablauf der Mindestmietdauer vorgesehen? |
| 2.1.9 | Akzeptiert der Anbieter den Berufssitz des Anwenders als Gerichtsstand? |

Bild 61 (3): Fragebogen Softwareauswahl

| Proj.-Nr.: 12179 | BEWERTUNG SOFTWAREAUSWAHL | Datum: 15.7.1980 |
|---|---|---|
| Proj.-Name: Finanzbuchhaltung | | Bearbeiter: Flemming |

| Eigenschaft | Gew. | Anbieter 1 | | Anbieter 2 | | Anbieter 3 | |
|---|---|---|---|---|---|---|---|
| | | x | = | x | = | x | = |
| **Anwendungsfreundlichkeit** | | | | | | | |
| - Anwendungsgrad | 15 | 0,8 | 12,0 | 0,7 | 10,5 | 0,4 | 6,0 |
| - Anpassungsgrad | 5 | 0,6 | 3,0 | 0,8 | 4,0 | 0,8 | 4,0 |
| - Einsatzfähigkeit | 8 | 0,7 | 5,6 | 0,2 | 1,6 | 0,4 | 3,2 |
| - Flexibilität | 6 | 0,5 | 3,0 | 0,6 | 3,6 | 0,2 | 1,2 |
| - Handhabung | 6 | 0,6 | 3,6 | 0,5 | 3,0 | 0,2 | 1,2 |
| Zwischensumme | 40 | | 27,2 | | 22,7 | | 15,6 |
| **EDV - Freundlichkeit** | | | | | | | |
| - Hardware | 10 | 0,7 | 7,0 | 0,6 | 6,0 | 0,4 | 4,0 |
| - Betriebssystem | 8 | 0,8 | 6,4 | 0,5 | 4,0 | 0,6 | 4,8 |
| - Programmwartung | 4 | 0,2 | 0,8 | 0,8 | 3,2 | 0,3 | 1,2 |
| - EDV-Anpassung | 3 | 0,4 | 1,2 | 0,6 | 1,8 | 0,5 | 1,5 |
| Zwischensumme | 25 | | 15,4 | | 15,0 | | 11,5 |
| **Kosten** | | | | | | | |
| - Kaufpreis | 8 | 0,4 | 3,2 | 0,5 | 4,0 | 0,4 | 3,2 |
| - Miete / Leasing | 8 | 0,5 | 4,0 | 0,2 | 1,6 | 0,4 | 3,2 |
| - Wartungskosten | 2 | 0,6 | 1,2 | 1,0 | 2,0 | 0,8 | 1,6 |
| - Nebenkosten | 2 | 0,4 | 0,8 | 0,8 | 1,6 | 0,6 | 1,2 |
| Zwischensumme | 20 | | 9,2 | | 9,2 | | 9,2 |
| **Serviceleistungen** | | | | | | | |
| - Marktstellung Anbieter | 1 | 1,0 | 1,0 | 0,6 | 0,6 | 0,8 | 0,8 |
| - Softwarevertrag | 2 | 0,8 | 1,6 | 0,8 | 1,6 | 0,4 | 0,8 |
| - Wartungsvertrag | 4 | 0,8 | 3,2 | 0,2 | 0,8 | 0,3 | 1,2 |
| - Dokumentation | 4 | 1,0 | 4,0 | 0,4 | 1,6 | 0,2 | 0,8 |
| - Pauschalanpassung | 3 | 1,0 | 3,0 | 0,8 | 2,4 | 0,6 | 1,8 |
| - Gewährleistung | 1 | 0,6 | 0,6 | 0,6 | 0,6 | 0,5 | 0,5 |
| Zwischensumme | 15 | | 13,4 | | 7,6 | | 5,9 |
| Gesamtsumme | 100 | | 65,2 | | 54,5 | | 42,2 |
| Reihenfolge | | | 1 | | 2 | | 3 |

Bild 62: Bewertung Softwareauswahl

ist es darüber hinaus, denjenigen Anbieter herauszufinden, mit dem man endgültig den Softwarevertrag schließen will, und die Vertragsbedingungen auszuhandeln.

Der Softwarevertrag selbst sollte folgende Teile umfassen:

- Nutzungsvertrag für die zeitlich unbegrenzte (= Kaufvertrag) oder zeitlich begrenzte (= Mietvertrag) Nutzung des Softwareproduktes.
- Allgemeine Nutzungsbedingungen für das Softwareprodukt.
- Allgemeine Wartungsbedingungen für das Softwareprodukt (sofern der Softwareanbieter auch die Wartung für das Programmpaket übernehmen soll).

Im folgenden ist das Muster eines "Vertrages für die zeitlich unbegrenzte Nutzung von Softwareprodukten" einschließlich "Allgemeine Nutzungsbedingungen für Software-Produkte" und "Allgemeine Wartungsbedingungen für Software-Produkte" dargestellt. Die Nutzungs- und Wartungsbedingungen entsprechen denen der "Fachgruppe Datenverarbeitung im Bundesverband Deutscher Unternehmensberater BDU e.V.".

Unabhängig von der juristischen Vertragsgestaltung sollten folgende Punkte bei einer Vertragsgestaltung besonders beachtet werden:

- Die Aufgabe, für die das Softwareprodukt eingesetzt werden soll, ist genau anwendungs- und EDV-spezifisch zu formulieren.
- Softwareprodukt und Anpassung sollten in einem Vertrag stehen (gemeinsamer Werkvertrag, kein getrennter Werk- und Dienstleistungsvertrag!).
- Die Einsatztermine des Softwareproduktes einschließlich Anpassung, Test und Abnahme sind als Wunsch- oder Fixtermine aufzunehmen.
- Verantwortung und Aufgaben von Lizenzgeber (= Softwareanbieter) und Lizenznehmer (=Softwareanwender) sind genau zu definieren (die einheitliche Projektleitung sollte unbedingt beim Softwareanbieter liegen!).
- Neben einer ausreichenden Dokumentation über Organisation,

Programme und Handhabung sollten (vor allem bei kleineren Anbietern) auch die Quellenprogramme zur Verfügung gestellt werden, damit der Softwareanwender selbst Programmänderungen und -erweiterungen vornehmen kann.

- Für die Einführungsunterstützung muß eine genügende Anzahl kostenloser Arbeitstage durch den Softwareanbieter erbracht werden.
- Bei der Gewährleistung ist besonders auf Umfang und Dauer zu achten.
- Die Zahlung der gesamten Kosten ( Lizenzgebühr und fest pauschalierte Anpassungskosten!) sollte in Stufen erfolgen: z.B. 1/3 bei Vorlage und Abnahme des Detail-Pflichtenheftes (= EDV-Feinkonzept), 1/3 bei Programmabnahme durch den Lizenznehmer und 1/3 6 Wochen nach wirklichem Einsatzbeginn.
- Neben der für einen bestimmten Zeitraum kostenlosen Gewährleistung wird der Abschluß eines Wartungsvertrages empfohlen, sofern das Programmpaket nicht von eigenen Programmierern gepflegt werden soll (was in der Regel bei überschaubaren Softwarepaketen vorzuziehen ist).

Von besonderer Bedeutung beim Einsatz von Fremdsoftware ist die Frage der Anpassung des Programmpaketes an den eigenen Arbeitsablauf. Grundsätzlich sollte das Softwarepaket so ausgewählt werden, daß es das betreffende Arbeitsgebiet als auch die Anschlüsse zu benachbarten Aufgaben im höchsten Maße abdeckt. Ist dies nicht möglich, so sollte die eigene Organisation dem Softwarepaket und nicht umgekehrt das Softwarepaket an betriebsindividuelle Gegebenheiten angepaßt werden. Wird diese Regel (von Anpassungen in Randgebieten des Softwarepaketes abgesehen) verletzt, so muß nicht nur mit hohen Anpassungskosten, sondern auch mit großem Abwicklungsaufwand im Rechenzentrum und mit erschwertem Änderungsdienst gerechnet werden. Sofern dennoch eine Anpassung des Programmpaketes erforderlich ist, sollte darauf geachtet werden, daß die Anpassung nicht die modulare Grundstruktur des Programmpaketes zerstört.

SOFTWAREVERTRAG

zwischen der Firma

(nachfolgend "Lizenznehmer" genannt)

und der Firma

(nachfolgend "Lizenzgeber" genannt)

1. Vertragsgegenstand, Geltungsbereich

1.1 Der Lizenzgeber erteilt dem Lizenznehmer gemäß den Bestimmungen dieses Vertrages zeitlich unbegrenzt das nicht übertragbare und nicht ausschließliche Recht, das Softwareprodukt für den ausschließlich eigenen Gebrauch zu nutzen. Das Gesamtpaket ist in ............ geschrieben und eignet sich uneingeschränkt für die Nutzung auf einer ............ mit ......... Hauptspeicherkapazität und einer Magnetplattenkapazität von ............ .

1.2 Die Leistungen, zu denen der Lizenzgeber nach diesem Vertrag verpflichtet ist, sind im einzelnen im Punkt "Leistungsumfang" dieses Vertrages aufgeführt.

1.3 Der Lizenznehmer ist berechtigt, ohne Zustimmung des Lizenzgebers das Softwareprodukt inhaltlich so zu verändern, daß es seinen Zwecken am besten gerecht wird. Eine Garantie oder Wartung für vom Lizenznehmer geänderte Programme entfällt.

1.4 Sofern in diesem Vertrag nichts anderes bestimmt ist, gelten die Allgemeinen Nutzungsbedingungen für Software-Produkte des Bundes Deutscher Unternehmensberater (BDU) e.V., die in der Anlage zu diesem Vertrag beigefügt sind.

## 2. Leistungsumfang

### 2.1 Lieferung und Installation

Die Lieferung des Softwareproduktes erfolgt in Form von ..... ..... -Programmen. Die Installation erfolgt entsprechend Stufenplan in .......... .

Für die Installation und Abnahme sind vom Lizenznehmer folgende Maßnahmen zu treffen bzw. folgende Mittel und Techniken bereitzustellen:

1. Bereitstellung von Maschinenzeiten
2. Bereitstellung von Testdaten

} gilt nur für Abschlußtest

Die Testauswertung erfolgt durch den Lizenznehmer.

Für die Installation des Softwareproduktes wird folgender Stufenplan vereinbart:

### 2.2 Spezifikation

1. Grundlage für das zu erstellende Softwareprodukt ist:

2. Der Lizenzgeber garantiert, daß alle Programme, deren Dialogbetrieb für den Lizenznehmer erforderlich sind, voll dialogfähig sind.
3. Unabhängig von der Verwendung von Standardprogrammen oder -Programmteilen werden die Lösungen entsprechend der speziellen Anforderungen des Lizenznehmers erstellt.

### 2.3 Dokumentationsunterlagen

Als Dokumentation werden dem Lizenznehmer vom Lizenzgeber folgende Unterlagen zum Zeitpunkt der Installation des Softwareproduktes zur Verfügung gestellt:

- Systembeschreibung (Organisationsbeschreibung)
- Anwenderhandbuch
- Operatorhandbuch

- 1 Satz Programm-Beschreibungen, Satzverzeichnisse, Dateibeschreibungen sowie Masken- und Listbilder.

2.4 Einführungsunterstützung

Der Lizenzgeber gewährt dem Lizenznehmer eine kostenlose Einführungsunterstützung durch einen qualifizierten Systemberater im Umfang von max. ..... Tagen in den Räumen des Lizenznehmers.

Sofern eine weitergehende Unterstützung bei der organisatorischen Vorbereitung und Einführung des Systems gewünscht wird, gilt die jeweils gültige Honorarpreisliste des Lizenzgebers.

2.5 Berichtswesen

Der Lizenzgeber ist verpflichtet, dem Lizenznehmer regelmäßig über Stand und Fortschritt der Arbeit zu unterrichten. Dies gilt insbesondere für die Vorlage eines Detail-Pflichtenheftes (Programmvorgaben) durch den Lizenzgeber, das vom Lizenznehmer zu prüfen und abzuzeichnen ist.

3. <u>Programmpflege, Gewährleistung</u>

3.1 Der Lizenzgeber verpflichtet sich, auf Wunsch des Lizenznehmers das Programmpaket inhaltlich dem Stand der vom Lizenznehmer verwendeten Hardware und Software anzupassen.

Diese Leistungen werden ausnahmslos nach Einzelhonoraren berechnet. Voraussetzung ist, daß die EDV-Anlage ausreichend konfiguriert ist.

Testzeiten auf der EDV-Anlage sind vom Lizenznehmer kostenfrei zur Verfügung zu stellen.

3.2 Gewährleistung

Der Lizenzgeber verpflichtet sich zur Gewährleistung lt. Allgemeine Nutzungsbedingungen für Software-Produkte des Bundes Deutscher Unternehmensberater (BDU) e.V.

3.3 Wartung

Basis hierfür sind die Allgemeinen Wartungsbedingungen für Software-Produkte des Bundes Deutscher Unternehmensberater (BDU) e.V., die in der Anlage zu diesem Vertrag beigefügt sind.

Der Lizenzgeber verpflichtet sich, auf Wunsch des Lizenznehmers, zur Übernahme der Wartung. Diese Verpflichtung besteht nur, wenn der Lizenznehmer zum Beginn der Wartung die zwischenzeitlich durchgeführten Produktverbesserungen vorab erwirbt.

4. <u>Abnahme</u>

Die Abnahme erfolgt mit Hilfe von Testdaten des Lizenznehmers durch den Lizenzgeber. Die Abnahme gilt als erfolgt, wenn mit Hilfe dieses Testdatensatzes ordnungsgemäße Ergebnisse im Sinne der Spezifikation des Programmsystems erbracht werden und die Dokumentationsunterlagen gemäß Punkt 2.3 dem Lizenznehmer vorliegen. Der Lizenznehmer stellt dafür ein System zur Verfügung, das den Spezifikationen lt. Ziffer 1.1 entspricht. Sofern die Durchführung eines geeigneten Testlaufes innerhalb von 6 Wochen nach Übergabe / Installation des Softwareproduktes aus solchen Gründen nicht erfolgt, die der Lizenznehmer zu vertreten hat, gilt das Programm als abgenommen.

Korrekturzeiten durch den Lizenzgeber bedingt unterbrechen die Laufzeit.

5. <u>Lizenzgebühr</u>

Entsprechend dem Stufenplan gemäß Punkt 2.1 Abs. 3 erhält der Lizenzgeber folgende einmalige Lizenzgebühr:

| <u>Stufe</u> | <u>Lizenzgebühr excl. MWST.</u> |
| --- | --- |

Die Lizenzgebühr umfaßt alle Leistungen des Leistungsumfanges gemäß Punkt 2.

Für den Fall, daß der Lizenznehmer das Programmpaket für rechtlich selbständige, mit dem Lizenznehmer verbundene Unternehmen auf seiner EDV-Anlage nutzen will, so ist dies ohne eine zusätzliche Gebühr möglich. Hierdurch etwa entstehende Generierungs-, Implementierungs- und Einführungskosten werden vom Lizenznehmer getragen.

6. Zahlungsbedingungen

Die einmalige Lizenzgebühr zuzüglich MwSt. ist fällig und ohne Abzug zahlbar entsprechend Stufenplan und zwar je Stufe:

- mit einem Drittel nach Verabschiedung des Detail-Pflichtenheftes (Programmvorgaben)
- mit einem Drittel nach Abnahme des Software-Paketes und
- mit einem Drittel 6 Wochen nach Einsatzbeginn.

7. Schlußbestimmungen

7.1 Der Vertrag tritt mit Unterzeichnung durch beide Partner in Kraft.

7.2 Änderungen, Ergänzungen und notwendige Zustimmungserklärungen bedürfen der Schriftform.

7.3 Die Unwirksamkeit einzelner Bestimmungen berührt nicht die Restgültigkeit des Vertrages.

7.4 Bei Streitigkeiten aus diesem Vertrag wird zunächst ein von beiden Partnern akzeptierter Gutachter bestellt. Die Kosten hierfür werden von beiden Partnern zu gleichen Teilen getragen.

7.5 Gerichtsstand ist der Ort des Beklagten.

................................., den

............................ ............................
(Lizenznehmer) (Lizenzgeber)

Anlagen: Allgemeine Nutzungsbedingungen für Software-Produkte des BDU

Allgemeine Wartungsbedingungen für Software-Produkte des BDU

Allgemeine Nutzungsbedingungen für Software-Produkte
-erarbeitet von der Fachgruppe Datenverarbeitung
im Bundesverband Deutscher Unternehmensberater BDU e.V.-

1. Gegenstand

Die nachstehenden Nutzungsbedingungen gelten für alle Vertragsverhältnisse zwischen dem Software-Anbieter (nachfolgend "Anbieter" genannt) und seinem Auftraggeber (nachfolgend "Kunde" genannt) über Rechte zur zeitlich begrenzten oder unbegrenzten Nutzung von Software-Produkten (nachfolgend "Software" genannt), soweit sich nicht aus den schriftlichen Vereinbarungen der Beteiligten etwas anderes ergibt.

2. Umfang der Nutzung

(1) Der Kunde hat im Rahmen der Laufzeit und der Bestimmungen des Vertrages das nicht ausschließliche und nicht übertragbare Recht auf die Nutzung der Software.

(2) Es wird unterschieden zwischen Einfach- und Mehrfach-Nutzung.

(3) Eine Einfach-Nutzung ist gegeben, wenn die Software auf einer bestimmten EDV-Anlage unter einem bestimmten Betriebssystem

installiert ist; dies gilt als die Nutzung einer Software-Einheit.

(4) Eine Mehrfach-Nutzung ist gegeben, wenn mehrere Einheiten der Software

- in räumlich getrennten Rechenzentren innerhalb eines Unternehmens oder Unternehmensverbandes
- auf Anlagen verschiedener Hersteller innerhalb eines Rechenzentrums
- unter verschiedenen Betriebssystemen für eine bestimmte EDV-Anlage

installiert sind.

3. Dauer der Nutzung

(1) Die zeitlich unbegrenzte Nutzung der Software wird durch den vereinbarten Beginn der Installation festgelegt und unterliegt keiner zeitlichen Beschränkung.

(2) Die zeitlich begrenzte Nutzung wird durch den vereinbarten Beginn der Installation und durch die vereinbarte Laufzeit festgelegt.

(3) Eine zeitlich begrenzte Nutzung kann während der Vertragslaufzeit auf Wunsch des Kunden in eine zeitlich unbegrenzte Nutzung umgewandelt werden.

(4) Nach Ablauf einer zeitlich begrenzten Nutzung kann der Kunde einen Anschluß-Nutzungsvertrag abschließen.

4. Leistungsumfang

Folgende Leistungen sind im Preis der Software eingeschlossen:

- die Lieferung und Installation der Software
- die Übergabe der Dokumentation
- die Wartung der Software

(1) Installation:
Die Installation wird zu einem im gegenseitigen Einvernehmen festgelegten Termin durchgeführt. Der Anbieter liefert die für die Anlage des Kunden bestimmte Einheit der Software in

installationsfähiger Form zusammen mit einer ausführlichen Installations-Anweisung. Statt dessen kann der Anbieter auch selbst die Installation übernehmen; in diesem Falle stellt der Kunde die erforderliche Maschinenzeit und das Bedienungspersonal der Anlage für die Dauer der Installation unentgeltlich zur Verfügung.

(2) Dokumentation:
Die Dokumentation ist Bestandteil der Software. Als Dokumentations-Unterlagen werden zur Verfügung gestellt:
- Beschreibung des Software-Produktes
- Programm- bzw. Benutzer-Handbuch.

(3) Wartung:
Der Anbieter verpflichtet sich, für eine vertraglich zu vereinbarende Zeit das Software-Produkt zu warten. Die Wartungsleistungen erfolgen zu den Allgemeinen Wartungsbedingungen für Software-Produkte des Anbieters.

Darüber hinaus ist der Anbieter bereit, den Kunden bei der Einführung bzw. erstmaligen Nutzung der Software zu unterstützen. Hierzu gehört insbesondere die Schulung der Mitarbeiter in dem notwendigen Umfang. Der Zeitpunkt der Einführungsunterstützung wird vom Anbieter im Einvernehmen mit dem Kunden festgelegt.

5. Gewährleistung des Anbieters

(1) Der Anbieter übernimmt die Gewähr dafür, daß die Software bei der Übergabe in der von ihm gelieferten Fassung nicht mit Fehlern behaftet ist, die den Wert oder die Tauglichkeit zu dem nach dem Vertrag vorausgesetzten Gebrauch aufheben oder mindern.

(2) Der Anbieter verpflichtet sich für die Dauer eines Jahres, evtl. auftretende Mängel, sofern sie ihm unverzüglich schriftlich mitgeteilt werden, ebenso unverzüglich zu beseitigen.

(3) Kommt der Anbieter seiner Pflicht zur Mängelbeseitigung innerhalb einer angemessenen Frist nicht oder nicht vertragsgemäß nach, so kann der Kunde nach Setzen einer Nachfrist vom Vertrag zurücktreten. Eine Minderung ist ausgeschlossen.

(4) Während der einjährigen Gewährleistungsfrist haftet der Anbieter für Schäden, die er zu vertreten hat, bis zu einem Gesamt-

betrag, der nach der Preisliste der Nutzungsgebühr für die zeitlich unbegrenzte Nutzung der Software entspricht. Eine darüber hinausgehende Haftung - auch für Folgeschäden - ist ausgeschlossen.

(5) Der Anbieter stellt den Kunden von allen Ansprüchen frei, die ein Dritter wegen vermeintlicher Verletzung von Schutzrechten an der Software stellt.

6. Verzug und höhere Gewalt

(1) Falls der Anbieter bei der Erfüllung seiner Verpflichtungen in Verzug gerät, kann der Kunde nach Ablauf einer dem Anbieter gesetzten angemessenen Nachfrist vom Vertrag zurücktreten, wenn die vereinbarten Leistungen bis zum Fristablauf nicht vollständig erbracht worden sind. Ein Verzugsschaden kann unbeschadet der Haftung bei Vorsatz nicht geltend gemacht werden.

(2) Ereignisse höherer Gewalt berechtigen den Anbieter, die Erfüllung seiner Verpflichtungen um die Dauer der Behinderung und um eine angemessene Anlaufzeit hinauszuschieben. Der höheren Gewalt stehen Streik, Aussperrung und ähnliche Umstände gleich, die dem Anbieter die Leistung wesentlich erschweren oder unmöglich machen.

7. Verpflichtungen des Kunden

Dem Kunden ist es nicht gestattet, Kopien der Software und der zur Verfügung gestellten Dokumentations-Unterlagen anzufertigen. Er darf nicht für Zwecke Dritter die Software oder Teile davon nutzen.

8. Gebühren, Nebenkosten, Fälligkeiten

(1) Erwirbt der Kunde das Recht zur zeitlich unbegrenzten Nutzung der Software, ist die einmalige Nutzungsgebühr nach Zugang der Rechnung fällig und ohne Abzug zahlbar.

(2) Erwirbt der Kunde das Recht zur zeitlich begrenzten Nutzung der Software, ist die monatliche Nutzungsgebühr am Anfang jeden Monats fällig und ohne Abzüge zahlbar. Die erste Gebühr ist in dem der Installation folgenden Monat fällig.

(3) Wenn die zeitlich begrenzte Nutzung während der Vertragslaufzeit auf Wunsch des Kunden in eine zeitlich unbegrenzte Nutzung umgewandelt wird, wird die Summe der bis zum Zeitpunkt der Umwandlung gezahlten monatlichen Nutzungsgebühren zu einem vertraglich bestimmten Prozentsatz auf die zum gleichen Zeitpunkt gültige einmalige Nutzungsgebühr für die zeitlich unbegrenzte Nutzung angerechnet.

(4) Verlängert der Kunde die zeitlich begrenzte Nutzung durch Abschluß eines Anschluß-Nutzungsvertrages, ist eine ermäßigte, jährlich fällige Nutzungsgebühr zu zahlen. Diese Nutzungsgebühr ist am Anfang jeden Vertragsjahres nach Zugang der Rechnung fällig und ohne Abzüge zahlbar.

(5) Der Kunde übernimmt die im Rahmen der Installation und der Gewährleistung anfallenden Reisekosten.

(6) Die vom Anbieter geleistete Einführungsunterstützung (einschließlich Schulung der Mitarbeiter) wird gegen Nachweis der hierfür benötigten Zeiten abgerechnet. Basis hierfür sind die lt. Honorarverzeichnis des Anbieters geltenden Honorarsätze. Die Reisekosten werden gesondert berechnet.

(7) Gebühren und Nebenkosten verstehen sich ausschließlich Mehrwertsteuer.

9. Vertragsbeendigung

(1) Bei der zeitlich unbegrenzten Nutzung ist eine Vertragsbeendigung nicht vorgesehen.

(2) Die zeitlich begrenzte Nutzung endet mit der vereinbarten Laufzeit, kann jedoch durch einen Anschluß-Nutzungsvertrag abgelöst werden.

(3) Der Anschluß-Nutzungsvertrag ist auf unbestimmte Dauer abgeschlossen. Er ist von beiden Seiten mit einer Frist von drei Monaten zum Ablauf jeden Vertragsjahres kündbar.

(4) Für alle Fälle der Vertragsbeendigung verpflichtet sich der Kunde, die zugehörigen Programme zu löschen und alle vom Anbieter empfangenen Materialien, Dokumente, Datenträger und sonstigen Unterlagen unverzüglich herauszugeben.

(5) Absatz (4) gilt entsprechend, wenn der Kunde vom Vertrag zurücktritt. (Ziff.5 Abs.4 und Ziff.6 Abs.1.)

10. Sonstiges

(1) Es ist ausschließlich das Recht der Bundesrepublik Deutschland anzuwenden. Sind Vorschriften der Allgemeinen Nutzungsbedingungen unwirksam, werden die übrigen Bestimmungen hierdurch nicht berührt. Die Parteien verpflichten sich, die unwirksamen Vorschriften durch wirtschaftlich gleichwertige zu ersetzen.

(2) Gerichtsstand für beide Parteien ist der Geschäftssitz des Anbieters.

Allgemeine Wartungsbedingungen für Software-Produkte
-erarbeitet von der Fachgruppe Datenverarbeitung
im Bundesverband Deutscher Unternehmensberater BDU e.V.-

1. Gegenstand

(1) Die nachstehenden Wartungsbedingungen gelten für alle Vertragsverhältnisse zwischen dem Software-Anbieter (nachfolgend "Anbieter" genannt) und seinem Auftraggeber (nachfolgend "Kunde" genannt), soweit sich nicht aus den schriftlichen Vereinbarungen der Beteiligten etwas anderes ergibt.

(2) Wartungsleistungen beziehen sich grundsätzlich auf eine Einheit des vertraglich bestimmten und beim Kunden installierten Software-Produktes. Eine "Einheit" der Software liegt vor, wenn die Software auf einer bestimmten EDV-Anlage unter einem bestimmten Betriebssystem installiert und genutzt wird.

2. Umfang der Wartungsleistungen

(1) Zu den Wartungsleistungen gehören

- die Weitergabe von Produktverbesserungen, die vom Anbieter entwickelt worden sind
- die Übergabe der jeweils neuesten Programm-Installations-Datenträger bzw. der Änderungen für vorhandene Versionen
- Übergabe neuer oder Anpassung vorhandener Dokumentationsunterlagen

- die Durchführung von Nachschulungen, die aufgrund der vom Anbieter vorgenommenen oder veranlaßten Änderungen / Verbesserungen notwendig werden
- die Beseitigung festgestellter Fehler in dem zu wartenden Produkt und in den zur Verfügung gestellten Dokumentationsunterlagen.

Diese Leistungen werden durch eine pauschalierte Wartungsgebühr abgegolten.

(2) Darüber hinaus kann der Kunde folgende Leistungen in Anspruch nehmen:

- Umstellung der Software auf ein anderes Betriebssystem, sofern für dieses vom Anbieter eine entsprechende Version angeboten wird
- Umstellung der Software auf ein anderes Hardware-System, sofern hierfür vom Anbieter eine entsprechende Version angeboten wird
- Umstellung der Software auf eine andere Programmiersprache, sofern hierfür vom Anbieter eine entsprechende Version angeboten wird
- notwendige Anpassungsarbeiten an der Software bei Änderungen bestehender Betriebssysteme durch den Hersteller
- Beratung in allen Fragen des Einsatzes oder der Anwendung des Software-Produktes einschließlich der Weitergabe von Einsatz- und Anwendungserfahrungen aus dem gesamten Benutzerkreis.

Diese Leistungen werden nach Aufwand berechnet.

3. <u>Voraussetzungen für die Wartung</u>

(1) Dem Kunden wird zur Nutzung die Standard-Version in jeweils jüngster Fassung zur Verfügung gestellt. Gewartet wird nur diese jüngste Fassung der Software.

(2) Wartungsleistungen werden, soweit sie im Hause des Kunden erbracht werden, zu einem im gegenseitigen Einverständnis festgelegten Termin durchgeführt.

4. Gewährleistung

(1) Der Anbieter übernimmt für die Laufzeit des Wartungsvertrages die Gewähr dafür, daß die Wartungsleistungen nicht mit Fehlern behaftet sind, die ihren Wert oder ihre Tauglichkeit zu dem nach dem Vertrag vorausgesetzten Gebrauch aufheben oder mindern.

(2) Auftretende Mängel werden dem Anbieter unverzüglich schriftlich mitgeteilt.

(3) Der Anbieter verpflichtet sich, Mängel in den Wartungsleistungen während der Vertragslaufzeit unverzüglich zu beseitigen.

(4) Kommt der Anbieter seiner Pflicht zur Mängelbeseitigung innerhalb einer angemessenen Frist nicht oder nicht vertragsgemäß nach, so kann der Kunde nach Setzen einer Nachfrist den Vertrag fristlos kündigen.

(5) Der Anbieter haftet für Schäden, die von ihm zu vertreten sind, pro Vertragsjahr insgesamt bis zu einem einmaligen Gesamtbetrag, der der jährlich zu zahlenden Wartungsgebühr entspricht. Eine darüber hinausgehende Haftung - auch für Folgeschäden - ist ausgeschlossen.

5. Verzug und höhere Gewalt

(1) Falls der Anbieter in Verzug gerät, kann der Kunde nach Ablauf einer dem Anbieter gesetzten angemessenen Nachfrist den Vertrag fristlos kündigen, wenn die Wartungsleistung bis zum Fristablauf nicht durchgeführt worden ist. Ein Verzugsschaden kann unbeschadet der Haftung wegen Vorsatzes nicht geltend gemacht werden.

(2) Ereignisse höherer Gewalt berechtigen den Anbieter, die Erfüllung um die Dauer der Behinderung und um eine angemessene Anlaufzeit hinauszuschieben. Der höheren Gewalt stehen Streik, Aussperrung und ähnliche Umstände gleich, die dem Anbieter die Leistung wesentlich erschweren oder unmöglich machen.

6. Gebühren, Nebenkosten, Fälligkeiten

(1) Die Wartungsgebühr ist vertraglich als Prozentsatz des je-

weils gültigen Preises für die zeitlich unbegrenzte Nutzung der Software festgelegt. Sie ist am Anfang jeden Vertragsjahres nach Zugang der Rechnung unter Ausschluß der Aufrechnung und Zurückbehaltung fällig und ohne Abzüge zahlbar. Mit dieser Gebühr sind alle Leistungen gemäß Ziff.2 Abs.1 abgegolten.

(2) Die vom Kunden gewünschten Wartungsleistungen gemäß Ziff.2 Abs.2 erfolgen gegen Berechnung der geleisteten Stunden, einschließlich 50 % der Reisezeiten, auf der Basis der laut Honorarverzeichnis des Anbieters geltenden Stundensätze.

(3) Abs.2 wird sinngemäß auch dann angewandt, wenn die Leistungen des Anbieters infolge eines irrtümlich gemeldeten Fehlers an der Software erbracht worden sind.

(4) Der Kunde übernimmt die mit der Erfüllung der Wartungsleistungen verbundenen Reisekosten.

(5) Gebühren und Nebenkosten verstehen sich ausschließlich Mehrwertsteuer.

7. <u>Vertragsbeendigung</u>

Das Vertragsverhältnis ist auf unbestimmte Dauer abgeschlossen. Es ist von beiden Seiten mit einer Frist von drei Monaten zum Ablauf eines jeden Vertragsjahres kündbar.

8. <u>Sonstiges</u>

(1) Es ist ausschließlich das Recht der Bundesrepublik Deutschland anzuwenden. Sind Vorschriften der Allgemeinen Wartungsbedingungen unwirksam, werden die übrigen Bestimmungen hierdurch nicht berührt. Die Parteien verpflichten sich, die unwirksamen Vorschriften durch wirtschaftlich gleichwertige zu ersetzen.

(2) Gerichtsstand für beide Parteien ist der Geschäftssitz des Anbieters.

### *3.234 Projektstufe 3: Systemeinführung*

Die letzte Stufe der EDV-Projektarbeit besteht darin, das entwickelte und realisierte System ordnungsgemäß abzuschließen und einzuführen. An den Arbeiten hierfür wirken alle am EDV-Projekt beteiligten Kräfte sowohl der Fachabteilungen als auch der EDV-Abteilung mit.

Rechtzeitig (meist schon parallel zur Entwicklung des EDV-Feinkonzeptes oder zur Programmierung) muß die Planung der Systemeinführung beginnen, bei der mit Hilfe eines Einführungsplans (vergleiche Bild 63) festgelegt wird, welche Einführungsarbeiten unter wessen Verantwortung zu welchen Terminen zu erledigen sind. Da einige Einführungsarbeiten sehr zeitaufwendig sind und von den Mitarbeitern der Fachabteilungen neben ihren laufenden Arbeiten erledigt werden müssen (vor allem die Erfassung und Übernahme der Stamm- und Bestandsdaten), muß so früh wie möglich mit der Einführung begonnen werden.

Neben der Planung gehören folgende Durchführungsarbeiten zur Stufe der Systemeinführung:

- Übernahme der Stamm- und Bestandsdaten.
- Durchführung der Praxistests.
- Einweisung der Mitarbeiter in den Fachabteilungen und im Rechenzentrum.
- Ausarbeitung der Abschlußdokumentation.
- Übergabe des neuen Systems.
- Anlauf des neuen Systems.
- Abschlußkontrolle.

Da das neue System ja nicht vom Nullpunkt aus beginnt, müssen alle zum Stichtag des Systemanlaufs vorhandenen Stamm- und Bestandsdaten in den Computer übernommen werden. Im Falle unseres Beispiels der Finanzbuchhaltung sind das neben den Kunden- und Lieferanten-Stammdaten alle Bestandsdaten, also Konten der Debitoren-, Kreditoren- und Sachbuchhaltung, die zum Zeitpunkt des Anlaufs noch nicht abgeschlossen sind. Um die Datenübernahme vor allem bei großen Datenmengen vor Anlauf des Systems rechtzeitig abzuschließen, sollte mit der Datenübernahme so früh wie möglich begonnen werden. Die EDV-Organisatoren stellen Datenerfassungsbögen zur Verfügung, mit deren Hilfe die Daten von den Mitarbeitern der Fachabteilung erfaßt und anschließend über Bildschirmgeräte in die EDV-Anlage eingegeben werden. Damit man die Stamm- und Be-

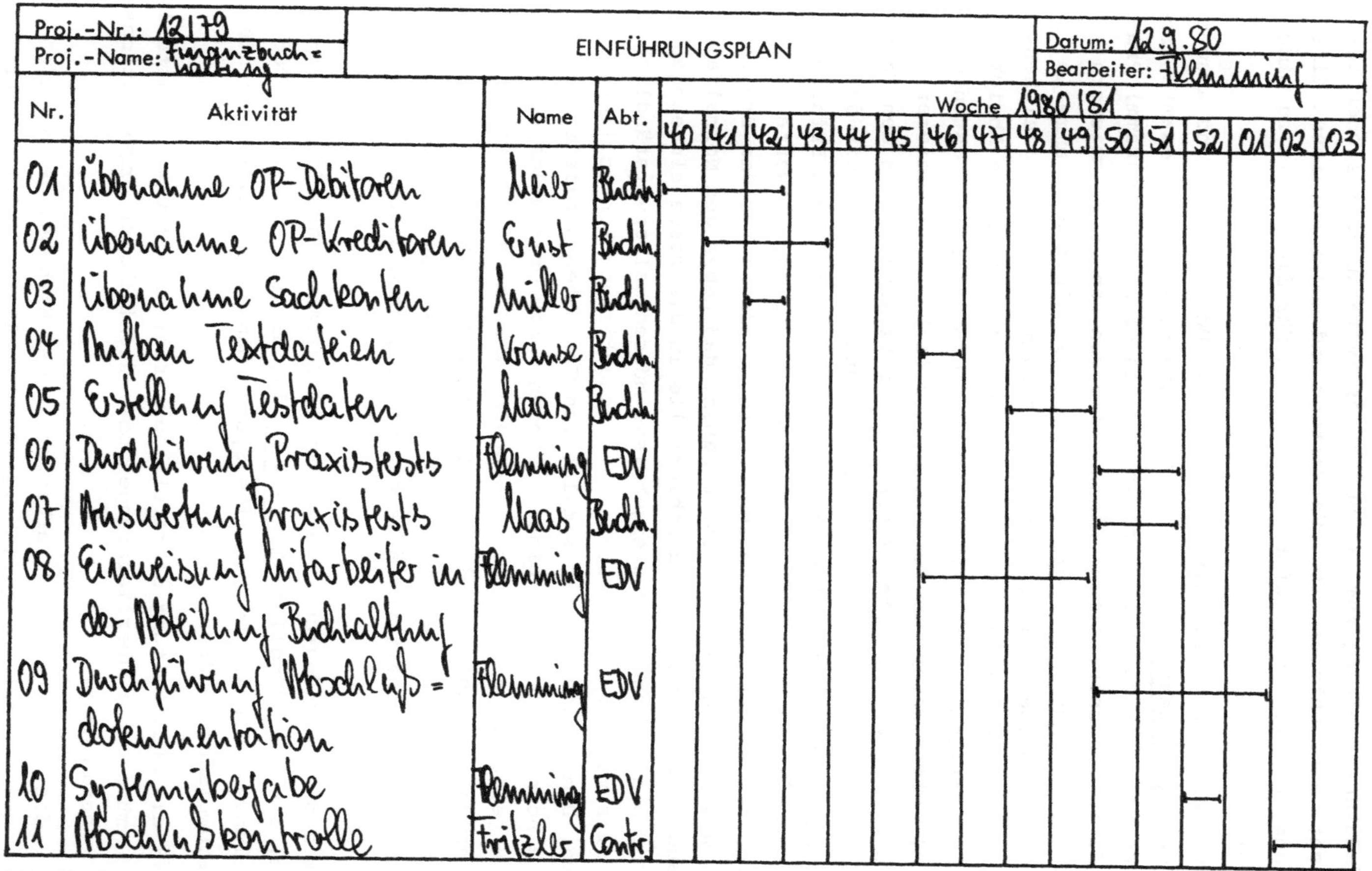


Bild 63: Einführungsplan

standsdatenverwaltung zum Zeitpunkt des Systemanlaufs sicher beherrscht, empfiehlt es sich, Verwaltung und Änderungsdienst eine zeitlang parallel durchzuführen, d.h. sie für die Praxis zu simulieren.

Ein zweiter Schritt ist die Vorbereitung, Durchführung und Auswertung der Praxistests. Bei diesen Praxistests wird der gesamte Programmkomplex des neuen Systems (nicht das einzelne Programm) Praxisbedingungen unterworfen. Während die von den Programmierern allein durchgeführten Programmtests die einzelnen Programme in ihrer Funktionsweise gegenüber den Programmvorgaben vergleichen, simuliert der Praxistest die Wirklichkeit der täglichen Abwicklung. Aus diesem Grunde ist es wichtig, daß der Praxistest nicht ausschließlich unter der Regie der beteiligten Programmierer stattfindet, sondern unter Kontrolle der Mitarbeiter in den Fachabteilungen durchgeführt wird. Nur so kann die Sicherheit des Umstellungsprozesses gewährleistet werden. Mit Hilfe von Erfassungsbelegen, die vom EDV-Personal aufbereitet werden, entwerfen die Mitarbeiter in den Fachabteilungen die Testdaten für den Praxistest, wobei sie darauf zu achten haben, daß neben den Normalfällen auch alle Ausnahme- und Fehlerfälle in die Tests einbezogen werden. Die gewonnenen Testergebnisse müssen selbstverständlich ebenfalls von den Mitarbeitern der Fachabteilung kontrolliert werden. Dem Praxistest mit simulierten Testdaten schließt sich häufig noch ein Test mit einer größeren Menge Originaldaten an. Es muß jedoch unbedingt darauf geachtet werden, daß Tests mit Originaldaten nicht anstelle von Simulationstests treten, weil in den Originaldaten einer Periode nicht alle später in der Praxis vorkommenden Geschäftsvorfälle einschließlich Ausnahmen und Fehler enthalten sind.

Von besonderer Bedeutung, vor allem im Zeitalter des Dialogverkehrs, ist die gründliche Einweisung der Mitarbeiter in den Fachabteilungen, die das umgestellte System handhaben sollen. Zu dieser Einweisung gehören

- die Ausarbeitung schriftlicher Arbeitsanweisungen (anstelle mündlicher Überlieferungen oder dickleibiger Organisationshandbücher)
- die Schulung der Mitarbeiter in der Eingabe, den Abrufen und der Interpretation von Computerlisten (hierzu sollten

die Bildschirmgeräte rechtzeitig vor Anlauf des Systems in den Fachabteilungen aufgestellt und angeschlossen werden) und

- eine Starthilfe, für die die Mitarbeiter des Projektteams den Fachabteilungen nach Anlaufen des Systems noch eine zeitlang zur Verfügung stehen.

Bild 64 zeigt das Muster einer solchen Arbeitsanweisung und Bild 65 die dazugehörige Bildschirmmaske.

Zu den Aufgaben der Systemeinführung gehört auch die Ausarbeitung der Abschlußdokumentation, d.h. die Zusammenstellung, Ergänzung, Verfielfältigung und Verteilung aller Unterlagen, die das umgestellte System beschreiben und transparent machen. Eine solche Dokumentation ist erforderlich, um den Arbeitsablauf jederzeit für Prüfzwecke nachvollziehen zu können, das System ändern und erweitern zu können und in einzelnen Fällen gesetzlichen Vorschriften zu genügen (HGB und AO bei der Speicherbuchführung, BDSG bei der Speicherung und Verarbeitung personenbezogener Daten). Die Abschlußdokumentation besteht aus einem Organisationsteil (mit den bekannten Unterlagen aus Systementwicklung, EDV-Feinkonzeption und Systemeinführung) und einem Teil je Programm (Programmbeschreibung, Programm-Ablaufplan, Umwandlungsliste, Programmtabellen, Schlüsselverzeichnis u.a.) und sollte in zwei vollständigen Exemplaren sowie in weiteren Einzelunterlagen vorliegen. Ein vollständiges Exemplar der Dokumentation verbleibt unter Verschluß in der EDV-Abteilung und dient dem Änderungsdienst, während das zweite Exemplar aus Sicherheitsgründen ausgelagert wird. Die genannten Einzelunterlagen umfassen im wesentlichen Arbeitsanweisungen für die Mitarbeiter der Fachabteilungen und Bedienungsanleitungen für Arbeitsvorbereitung, Operating und Nachkontrolle und werden an alle Mitarbeiter in den Fachabteilungen und Rechenzentrum verteilt, die das System nach der Umstellung handhaben. Eine Dokumentation ist aber nur dann von Wert, wenn sichergestellt ist, daß jede Organisations-, Programm- und Datenstrukturänderung auch die Dokumentationsunterlagen aktualisiert.

Ein weiterer Schritt innerhalb der Stufe Systemeinführung ist die ordnungsmäßige Übergabe des umgestellten Systems an Rechenzentrum und Fachabteilungen. Mit dem Übergabeprotokoll (vergleiche Bild

| Proj.-Nr.: 12/79 | ARBEITSANWEISUNG | Datum: 15.12.80 |
|---|---|---|
| Proj.-Name: Finanzbuchhaltung | | Bearbeiter: Flemming |

| | |
|---|---|
| Abteilung: Buchhaltung<br>Aufgabe: Dialog-Eingabe Buchungssätze Sachbuchhaltung | gültig ab: 1.1.1981<br>Entwurf: Flemming<br>Bemerkungen: — |

| Feld-Nr. | Feldname | Bearbeitung | Bemerkung |
|---|---|---|---|
| 01 | Buchungs-Datum | Tagesdatum (Eingabe festhalten) | XX.XX.XX |
| 02 | Konto-Nr. | entsprechend Kontierung | XXXX |
| 03 | Beleg-Nr. | entsprechend Beleg | XXXXXX |
| 04 | Beleg-Art | nur soweit angegeben | max. 4 Stellen |
| 05 | Betrag 1 | Buchungsbetrag Soll | X——X,XX |
| 06 | Betrag 2 | Buchungsbetrag Haben | X——X,XX |
| 07 | Gegenkonto | entsprechend Kontierung | XXXX |
| 08 | Steuer-Schl. | Steuer-Schlüssel, soweit angegeben | XX |
| 09 | Text | Buchungstext entspr. Beleg | max. 20 Stellen |

Bild 64: Arbeitsanweisung

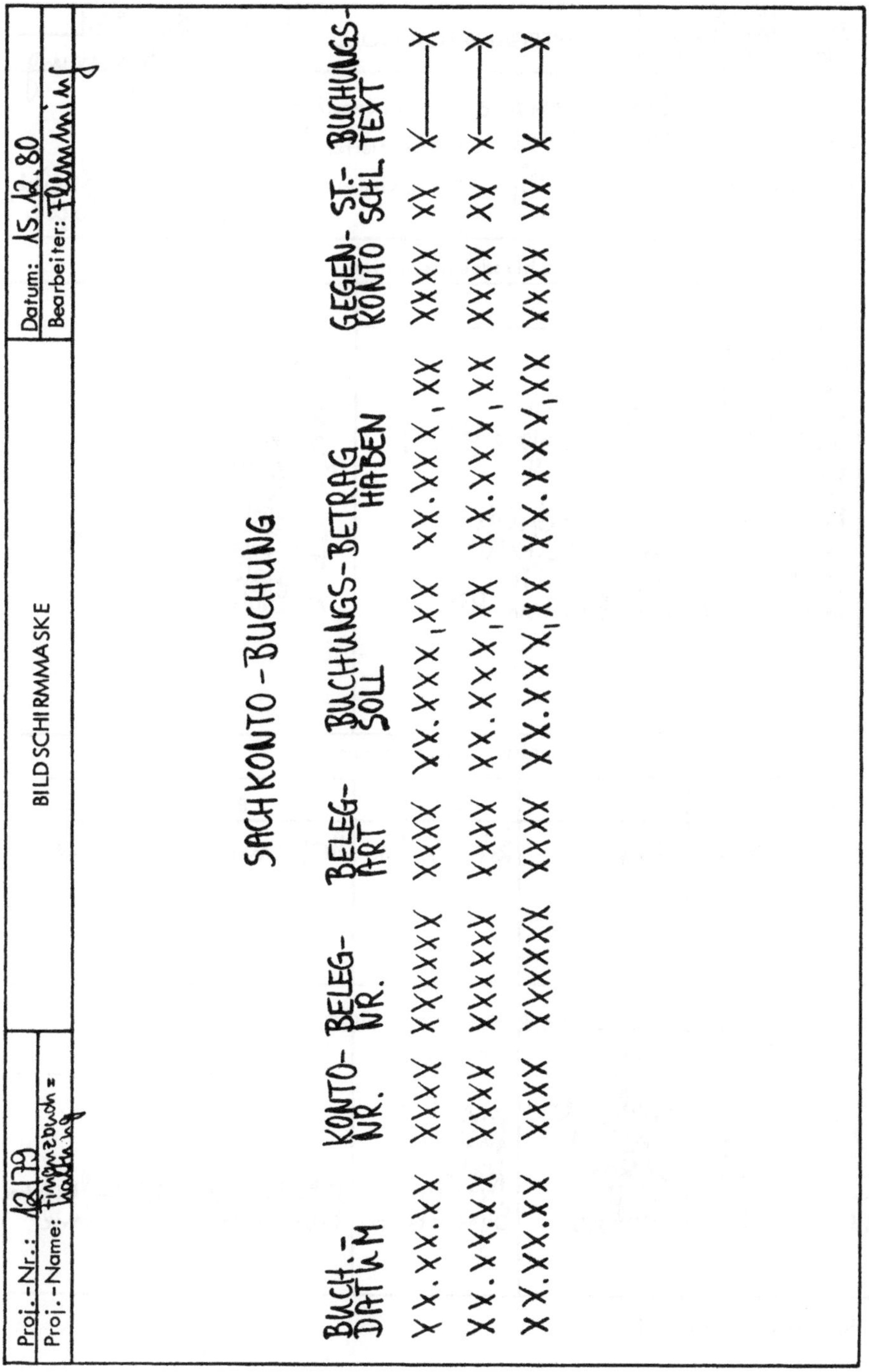


Bild 65: Bildschirmmaske

| Proj.-Nr.: 12179 | ÜBERGABEPROTOKOLL | Datum: 5.1.1981 |
|---|---|---|
| Proj.-Name: Finanzbuchhaltung | | Bearbeiter: Flemming |

| | |
|---|---|
| Projekt-Bezeichnung: Dialog-Finanzbuchhaltung mit Debitoren-, Kreditoren- und Sachbuchhaltung | Umstellungstermin: 1.1.1981<br>Projektleiter: Flemming<br>Projektmitarbeiter: Uhl, Wigner, Lucius, Schönfelder, Rozek |

Abschlußdokumentation

| Nr. | Bezeichnung | Bemerkungen |
|---|---|---|
| 01 | Auswahlbogen | 6 Blätter |
| 02 | Datenmengengerüst | 3 Blätter |
| 03 | Kosten-/Nutzenanalyse | 1 Blatt |
| 04 | Bildschirmmasken Eingabe/Abrufe | 8 Blätter |
| 05 | Listbilder | 24 Blätter |
| 06 | Satzaufbauten | 12 Blätter |
| 07 | Rechen- und Prüfvorschriften | 25 Blätter |
| 08 | Programmdokumentation | für Progr. FIBU01–FIBU28 |
| 09 | Arbeitsanweisungen FA | 16 Blätter |
| 10 | Bedienungsanleitungen RZ | 12 Blätter |

Abnahme Fachabteilung

| Datum | Abt. | Name | Position | Bemerkung |
|---|---|---|---|---|
| 12.1.81 | Buchh. | Meyer | Leiter Buchh. | Programmabnahme |

Abnahme Rechenzentrum

| Datum | Abt. | Name | Position | Bemerkung |
|---|---|---|---|---|
| 7.1.81 | RZ | Dorlinger | Leiter AV | |
| 7.1.81 | RZ | Engel | Leiter MR | |
| 8.1.81 | RZ | Bohn | Leiter NK | |
| 10.1.81 | RZ | Berger | Archivar | Dokumentationsaufnahme |
| 12.1.81 | RZ | Frobees | Syst.-Progr. | Bibliotheksaufnahme |

Bild 66: Übergabeprotokoll

66) dokumentieren Fachabteilungen und Rechenzentrum die Programmabnahme und -freigabe und entlasten das Projektteam, das das System umgestellt hat.

Die Aufgaben der Systemeinführung enden mit der Abschlußkontrolle, bei der die Schätzdaten (Termine, Zeitaufwand, Umstellungkosten, laufende Kosten, später auch Einsparungen und Nutzen) aus der früheren Kosten-/Nutzenanalyse den erreichten Istwerten gegenübergestellt werden. Wie erinnerlich, ist auf dem Formular "Kosten-/ Nutzenanalyse" (vergleiche Bild 56) ein entsprechender Platz für die Aufnahme der Nachkalkulationswerte vorgesehen. Die Abschlußkontrolle, die in manchem Unternehmen der Überprüfung des Controllers unterliegt, sollte mit einer "Manöverkritik" verbunden sein, bei der alle an der Umstellung beteiligten Personen aus EDV-Abteilung, Betriebsorganisation und Fachabteilungen Ablauf und Ergebnis der Umstellung kritisch werten und hieraus Konsequenzen für die nächste Projektarbeit ableiten.

Neben den Aufgaben und Maßnahmen der Systemeinführung muß die Frage nach der Umstellungsmethode beantwortet werden. Die Umstellungsmethode beschreibt die sachliche Vorgehensweise bei der Übernahme eines Arbeitsgebietes auf die EDV, unterteilt nach

- Direktumstellung
  (mit Beendigung des alten Verfahrens beginnt das neue Verfahren)
- Parallellauf
  (altes und neues Verfahren überlappen eine zeitlang) und
- einer Kombination aus Direktumstellung und Parallellauf.

Bei der Methode der Direktumstellung liegen die Vorteile in geringeren Übernahmekosten und einfacherer Übernahme, weil das Personal in den Fachabteilungen zum Stichtag seine Arbeiten nach dem alten Verfahren beendet und mit dem neuen Verfahren beginnt. Nachteilig ist dagegen eine geringere Umstellungssicherheit, weil bei Nichtfunktionieren des neuen Verfahrens nicht mehr auf das alte Verfahren zurückgegriffen werden kann, weshalb man die Direktumstellung möglichst nur bei Umstellung mit betriebsinternen Auswirkungen anwendet.

Umgekehrt dazu verhalten sich die Vor- und Nachteile beim Parallellauf. Sofern bei der Übernahme eine Störung im neuen Verfahren auftaucht, kann während des Parallellaufs auf die Ergebnisse des alten Verfahrens zurückgegriffen werden. Aus diesem Grunde benutzt man den Parallellauf vor allem dort, wo von der Umstellung Kunden, Mitarbeiter oder Vertreter betroffen sind und die Sicherheit der Umstellung auf jeden Fall gewährleistet sein muß.

Die Nachteile der beiden beschriebenen Verfahren werden gemildert, wenn man eine Kombination aus Direktumstellung und Parallellauf wählt. Beispielsweise werden die Stamm- und Bestandsdaten eine zeitlang nach dem alten und dem neuen Verfahren verwaltet und geändert (= Parallellauf), während man die Programme nach der Methode der Direktumstellung auf die EDV-Anlage übernimmt. Auf diese Weise hat man die Stamm- und Bestandsdaten zum Umstellungstermin bereits fest im Griff und kann sich voll und ganz auf das Funktionieren der Programme konzentrieren.

### *3.235 Checkliste EDV-Projekte*

Die gemeinsame Gestaltung neuer EDV-Systeme kann als die EDV-Hauptaufgabe der Fachabteilungen angesehen werden, weswegen eine systematische und planvolle Vorgehensweise sehr wichtig ist, bei der kein Schritt vergessen oder übergangen werden darf. Die Vollständigkeit der Aufgaben bei der Umstellung wird am besten mit Hilfe einer Checkliste sichergestellt, wie sie in Bild 67 beispielhaft aufgeführt ist. Die Checkliste, die üblicherweise nur für größere Projekte benutzt wird, enthält für die Vorbereitung (EDV-Antrags- und Auftragsverfahren) und für jede Projektstufe eine Reihe von Prüffragen, die es bei der Durchführung zu beantworten gilt. Die Antworten können "ja", "nein" oder "teilweise" lauten, sie können als erledigt angekreuzt oder mit Termin- und Sachantworten ergänzt werden. Sofern die in Bild 67 aufgeführten Fragen im Einzelfalle nicht als ausreichend angesehen werden, kann man die Checkliste durch weitere Detailfragen erweitern.

| Proj.-Nr.: 12/79 | CHECKLISTE EDV-PROJEKTE | Datum: 15.10.79 |
|---|---|---|
| Proj.-Name: Finanzbuch-haltung | | Bearbeiter: Flemming |

| Nr. | Frage | Antwort |
|---|---|---|
| 1.000 | EDV-Antrags- und Auftragsverfahren | |
| 1.001 | Wurde der EDV-Projektantrag vom autorisierten Antragsteller gestellt und ganz ausgefüllt? | |
| 1.002 | Liegt die Projektkennzeichnung und Stellungnahme der EDV-Abteilung vor? | |
| 1.003 | Wurde die 1. Stufe (Systementwicklung) vorkalkuliert? | |
| 1.004 | Wann wurde der EDV-Projektantrag an den EDV-Ausschuß weitergeleitet? | |
| 1.005 | Wann wurde der Auftrag für die Systementwicklung an die EDV-Abteilung erteilt? | |
| 1.006 | Welche Personen aus welcher Abteilung führen die Projektumstellung durch? | |
| 1.007 | Welcher Mitarbeiter wurde zum Projektleiter bestimmt? | |
| 1.008 | Hat das Projektteam einen internen Projektauftrag erhalten? | |
| 1.009 | Ist die formelle Projektkontrolle durch den EDV-Leiter sichergestellt? | |
| 1.010 | Ist die Mitgestaltung, Mitwirkung und sachliche Projektkontrolle durch die betr. Fachabteilungen sichergestellt? | |
| 1.011 | Wurde ein endgültiger Projektauftrag erteilt? | |
| 1.012 | Haben alle erforderlichen und autorisierten Personen den endgültigen Projektauftrag unterschrieben? | |

Bild 67 (1): Checkliste EDV-Projekte

| Nr. | Frage | Antwort |
|---|---|---|
| 2.000 | Systementwicklung | |
| 2.100 | Problemanalyse | |
| 2.101 | Wurden die Projekte klar definiert? | |
| 2.102 | Wurden alle Tatbestände mit Hilfe eines Auswahlbogens klar erfaßt? | |
| 2.103 | Wurden, neben den Bearbeitungsregeln im Auswahlbogen, alle Satzarten der Eingabe, Speicherung und Ausgabe im Datenmengengerüst erfaßt? | |
| 2.104 | Wurden, neben den autorisierten Personen der betroffenen Abteilungen, auch die entspr. Personen der benachbarten Abteilungen befragt? | |
| 2.105 | Wurde bei der Erfassung der Datenmengen auch die erwartete Mengenentwicklung berücksichtigt? | |
| 2.106 | Wurden, neben den DV-Ergebnissen, auch die Informationsversorgung der verschiedenen Mitarbeiterebenen berücksichtigt? | |
| 2.107 | Wurden bei der Ermittlung der Istdaten auch Gegenkontrollen durchgeführt? | |
| 2.108 | Wurden, neben den reinen Ist-Tatbeständen, auch zusätzliche Anforderungen an das neue System untersucht und fixiert? | |
| 2.200 | Entwurf des EDV-Grobkonzeptes | |
| 2.201 | Ist sichergestellt, daß das EDV-Grobkonzept als Grob-Datenflußplan mit Symbolen nach DIN 66001 dargestellt wird? | |
| 2.202 | Wurde das EDV-Grobkonzept, unter Berücksichtigung der Tatbestände und der Anforderungen, entworfen und dargestellt? | |
| 2.203 | Wurde der Einsatz von Standard-Anwendungssoftware überprüft? | |
| 2.204 | Gibt es eine Einsatzmöglichkeit für Standard-Anwendungssoftware und wurde eine Vorauswahl anhand des ISIS-REPORT vorgenommen? | |

Bild 67 (2): Checkliste EDV-Projekte

| Nr. | Frage | Antwort |
|---|---|---|
| 2.300 | <u>Kosten- / Nutzenanalyse</u> | |
| 2.301 | Wurde eine Kosten- / Nutzenanalyse für das Gesamtprojekt mit allen erforderlichen Angaben entspr. Formular erstellt? | |
| 2.302 | Wurde auch der zusätzliche Nutzen ermittelt und konkret dargestellt? | |
| 2.303 | Wurde das Ergebnis der Systementwicklung allen verantwortlichen Personen ausreichend präsentiert (mit Überreichung des Organisationsvorschlages)? | |
| 2.304 | Wurde eine endgültige Entscheidung über die Projektumstellung getroffen und diese auf dem Projektantrag vermerkt? | |
| 2.305 | Wurde geprüft, ob die Personen, die den endgültigen Projektauftrag erteilt haben, hierzu auch autorisiert waren? | |

Bild 67 (3): Checkliste EDV-Projekte

| Nr. | Frage | Antwort |
|---|---|---|
| 3.000 | <u>Systemrealisierung</u> | |
| 3.100 | <u>Entwicklung des EDV-Feinkonzeptes</u> | |
| 3.101 | Handelt es sich um eine individuelle EDV-Lösung? | |
| 3.102 | Wurde für jede Druckausgabe ein Listbild mit Klärung aller Einzelheiten (Vordruck/ Blankoliste, Anzahl Kopien, Verteiler, Standardisierung des Listkopfes, Druckperiode, Datensicherung) entwickelt? | |
| 3.103 | Wurde für jeden Eingabedatensatz der Satzaufbau und der DE-Beleg bzw. die Bildschirmmaske entwickelt? | |
| 3.104 | Wurde für jeden zu speichernden Datensatz der Satzaufbau entwickelt und wurden hierbei alle zu speichernden Begriffe einschl. ihrer Feldlängen erfaßt? | |
| 3.105 | Wurden für alle Datensätze die erforderlichen Ordnungsbegriffe und zusätzlichen Schlüssel geschaffen? | |
| 3.106 | Entsprechen die Ordnungsbegriffe voll den EDV-Anforderungen? | |
| 3.107 | Haben alle Ordnungsbegriffe und Schlüssel ausreichend Reserven? | |
| 3.108 | Wurden die verwendeten Ordnungsbegriffe mit Prüfziffern abgesichert? | |
| 3.109 | Sind die wichtigsten Ordnungsbegriffe für Match-Code-Verfahren vorgesehen? | |
| 3.110 | Wurden alle Prüf- und Rechenvorschriften detailliert und klar dargestellt? | |
| 3.111 | Wurden zur Darstellung der Prüf- und Rechenvorschriften Entscheidungstabellen verwendet? | |
| 3.112 | Wurden für alle individuell zu fertigenden Programme Programmvorgaben erstellt? | |
| 3.113 | Wurden alle Programmvorgaben vor Weitergabe an die Programmierer von der Fachabteilung überprüft und abgezeichnet? | |

Bild 67 (4): Checkliste EDV-Projekte

| Nr. | Frage | Antwort |
|---|---|---|
| 3.200 | <u>Programmierung</u> | |
| 3.201 | Wurden für alle Programme entspr. Programmierungsaufträge erteilt? | |
| 3.202 | Wurden für alle Programme Programmiersprache und Programmiermethode festgelegt? | |
| 3.203 | Liegen Vorgehensweise und Kontrolle für alle Programme fest? | |
| 3.204 | Wurden alle Programme als ausgetestet gemeldet? | |
| 3.300 | <u>Auswahl von Standard-Anwendungssoftware</u> | |
| 3.301 | Sind die Ausschreibungsunterlagen (Begleitbrief, Auswahlbogen, Datenmengengerüst, Grob-Datenflußplan) einschl. Fragebogen Softwareauswahl zusammengestellt? | |
| 3.302 | Sind alle Softwareanbieter bekannt, die an der Ausschreibung teilnehmen sollen? | |
| 3.303 | Haben alle Softwareanbieter, die an der Ausschreibung teilnehmen sollen, einen Satz Ausschreibungsunterlagen erhalten? | |
| 3.304 | Haben alle Softwareanbieter, die an der Ausschreibung teilgenommen haben, die erforderlichen Unterlagen geschickt und den Fragebogen beantwortet? | |
| 3.305 | Welche Softwareanbieter sind vor der Auswahl noch zur Vorstellung ihrer Produkte einzuladen? | |
| 3.306 | Ist sichergestellt, daß die betr. Fachabteilungen an dieser Präsentation teilnehmen? | |
| 3.307 | Wird ein methodisches Verfahren zur Auswahl der Software eingesetzt? | |
| 3.308 | Welche Softwareanbieter sollen zu weiteren Gesprächen und Verhandlungen eingeladen werden? | |

Bild 67 (5): Checkliste EDV-Projekte

| Nr. | Frage | Antwort |
|---|---|---|
| 3.309 | Sind die Verhandlungspunkte für die Gespräche mit den in die engere Wahl gekommenen Softwareanbietern festgelegt? | |
| 3.310 | Sind alle wichtigen Punkte des Softwarevertrages diskutiert und zu beiderseitigem Einverständnis festgelegt? | |
| 3.311 | Wurden die Allgemeinen Nutzungsbedingungen und Allgemeinen Wartungsbedingungen des BDU herangezogen? | |
| 3.312 | Besteht über alle Punkte des Softwarevertrages Klarheit und Übereinstimmung? | |
| 3.313 | Wurde der Anpassungsumfang einschl. der Anpassungskosten klar im Vertrag geregelt? | |
| 3.314 | Ist sichergestellt, wer und bis zu welchem Termin die Programmanpassungen durchführen soll? | |

Bild 67 (6): Checkliste EDV-Projekte

| Nr. | Frage | Antwort |
|---|---|---|
| 4.000 | <u>Systemeinführung</u> | |
| 4.001 | Wurde rechtzeitig mit der Planung der Systemeinführung begonnen? | |
| 4.002 | Wurde festgelegt, welche Mitarbeiter zu welchen Terminen mit der Systemeinführung beschäftigt sind? | |
| 4.003 | Wurden die Arbeiten der Stamm- und Bestandsdatenübernahme eingeleitet? | |
| 4.004 | Wurde festgelegt, wer bis zu welchem Zeitpunkt in der Fachabteilung die Testdaten für die Praxistests erstellt? | |
| 4.005 | Wurde festgelegt, wer in der Fachabteilung die Praxistests auswertet? | |
| 4.006 | Wurde rechtzeitig damit begonnen, die Mitarbeiter in der Fachabteilung in die Handhabung des neuen Systems einzuweisen? | |
| 4.007 | Wurden für die Mitarbeiter in den Fachabteilungen schriftliche Arbeitsanweisungen ausgearbeitet? | |
| 4.008 | Ist die Starthilfe für den Systemanlauf in den Fachabteilungen sichergestellt? | |
| 4.009 | Gibt es eine Anweisung für die Ausarbeitung und Zusammenstellung der Abschlußdokumentation und wurde die Abschlußdokumentation vollständig erstellt? | |
| 4.010 | Wurde ein Exemplar der Abschlußdokumentation aus Sicherheitsgründen ausgelagert? | |
| 4.011 | Haben die Mitarbeiter des Rechenzentrums und der Fachabteilung Arbeitsanweisungen und Bedienungsanleitungen erhalten? | |
| 4.012 | Wurde das System vom Projektteam ordnungsgemäß mit Hilfe eines Übergabeprotokolls an das Rechenzentrum und die Fachabteilung übergeben? | |
| 4.013 | Wurde eine Abschlußkontrolle mit Nachkalkulation und "Manöverkritik" durchgeführt? | |
| 4.014 | Wurde die Nachkalkulation überprüft? | |

Bild 67 (7): Checkliste EDV-Projekte

## 3.24 Änderung von Programmen und Datenstrukturen

Programme und die Strukturen der gespeicherten Datensätze müssen von Zeit zu Zeit geändert, erweitert und gepflegt werden. Solche Änderungen können gesetzliche Ursachen haben (Tarifänderungen, Änderung von Buchhaltungsvorschriften u.a.), betriebsbedingt sein (neuartige Produkte, verbesserte Informationsversorgung u.a.) oder von den Mitarbeitern der Fachabteilungen zur Verbesserung der Arbeitsabläufe gewünscht werden. Da die Änderung von Programmen und Datenstrukturen in vielen Unternehmen einen erheblichen Umfang angenommen haben (nicht selten befassen sich 50 % und mehr aller Programmierer ständig mit der Programmpflege), ist es wichtig, sie aus Wirtschaftlichkeitsgründen zu reduzieren. Hinzu kommt eine organisatorische Reglementierung des Änderungsdienstes, weil sich die Änderung von Programmen und Datenstrukturen auch auf die Fragen des Datenschutzes und der Datensicherung auswirken.

Der Änderungsdienst (wie die Änderung, Erweiterung und Pflege von Programmen und Datensätzen in der Praxis genannt wird) wird am besten dadurch verringert, daß

- die Mitarbeiter der Fachabteilungen in allen Phasen der Umstellung mitarbeiten, wodurch weniger Mißverständnisse und Fehler entstehen und damit auch weniger Änderungen nach der Umstellung anfallen und
- Änderungen, soweit sie nicht zeitlich sehr dringend sind, nicht sofort, sondern gesammelt durchgeführt werden; diese Forderung gilt insbesondere unmittelbar nach einer Umstellung, wo üblicherweise sofort Änderungen und Korrekturen anfallen.

Für die Beantragung von Änderungen und ihre Genehmigung benutzt man vorteilhaft den bekannten EDV-Projektantrag (vergleiche Bild 50), der auf der Vorderseite den Antrag der Fachabteilung und die Stellungnahme der EDV-Abteilung und auf der Rückseite die Kalkulation der einmaligen und laufenden Änderungskosten (Projektkosten) sowie die Unterschrift des Abteilungsleiters aufnimmt, der die Änderung beantragt hat. Darüber hinaus empfiehlt es sich, die Übernahme der geänderten Programme in gleicher Weise mit Hilfe eines Übergabeprotokolls (vergleiche Bild 66) vorzunehmen wie bei Neuprojekten. In jedem Fall darf eine Änderung von Programmen und

Daten aus Gründen der Wirtschaftlichkeit und Datensicherheit nur von dazu autorisierten Personen veranlaßt, entgegengenommen und durchgeführt werden.

Da die Mitarbeiter in den Fachabteilungen heute häufig selbst im Dialogverfahren Daten austauschen oder Datensätze ändern, sei auf die Datenänderung noch einmal besonders eingegangen. Wie aus Bild 68 ersichtlich, gehört der reine Datenaustausch eigentlich nicht zum Änderungsdienst, weil hier lediglich bestimmte Daten durch andere Daten ersetzt werden (beispielsweise der Austausch eines Preises bei Preisänderungen). Eine echte Datenänderung liegt dagegen vor, wenn ein Eingriff in die Datenstruktur erfolgt, beispielsweise durch Stellenerweiterung oder Hinzufügung eines Datenfeldes, wie in Bild 68 dargestellt.

## 3.25 Handhabung umgestellter EDV-Systeme

Die Abwicklung umgestellter EDV-Systeme erfolgt in den von der Umstellung betroffenen Fachabteilungen (Datenaufnahme, dezentrale Datenerfassung, Direkteingabe, Abfrage, Stammdatenpflege, Fehlerkorrektur, Auswertung von Computerlisten) und dem Rechenzentrum (zentrale Datenerfassung, Dateneingabe, Datenverarbeitung, Datenausgabe).

Im einzelnen umfaßt die Handhabung der EDV-Abläufe in den Fachabteilungen

- Aufnahme der Bewegungsdaten (neue Geschäftsvorfälle) und der Änderungsdaten (Änderung von Stamm- und Bestandsdaten) sowie die Erfassung der Daten auf Datenerfassungsbelegen (dezentrale Datenerfassung) und Weitergabe an das Rechenzentrum oder
- Direkteingabe der Daten über Bildschirmgeräte mit Abfragemöglichkeiten einschließlich Pflege der Stammdaten (Dialog-Datenerfassung)
- Handhabung von Eingabe- und Fehlerprotokollen mit Korrektur der Erfassungs- und Eingabefehler und
- Auswertung von Computerlisten.

<u>Austausch von Daten:</u> alter Beleg wird durch neuen Beleg ersetzt

alt

| Kunden-Nr. | Rabattsatz | Kreditlimit | akkum. Umsatz |
|---|---|---|---|
| 4711 | 11,5 | 10.000 | 865.000 |

neu

| | | | |
|---|---|---|---|
| 4711 | 11,5 | 15.000 | 865.000 |

<u>Änderung eines Datenfeldes:</u> Feld "akkum. Umsatz" muß um eine Stelle erweitert werden

alt

| | | | |
|---|---|---|---|
| 4711 | 11,5 | 15.000 | 865.000 |

neu

| | | | |
|---|---|---|---|
| 4711 | 11,5 | 15.000 | 1.053.000 |

<u>Erweiterung eines Datensatzes:</u> Datensatz muß um ein zusätzliches Datenfeld erweitert werden

alt

| | | | |
|---|---|---|---|
| 4711 | 11,5 | 15.000 | 1.053.000 |

neu

| | | | | Kundenart |
|---|---|---|---|---|
| 4711 | 11,5 | 15.000 | 1.053.000 | 135 |

Bild 68: Austausch, Änderung und Erweiterung von Daten
(Beispiel: Kundenstammsatz)

Für die Aufnahme von Bewegungs- und Änderungsdaten, also der Geschäftsfälle von außerhalb oder innerhalb des Unternehmens, bedarf es fester organisatorischer Regeln und Verfahren, wie z.B.:

- Veranlassung der Kunden und Lieferanten, die Kundennummer, Lieferantennummer, Artikelnummer, Rechnungsnummer usw. anzugeben, damit die eigene Datenerfassung erleichtert wird.
- Gute organisatorische Gestaltung der Datenerfassungsbelege (aufgedruckte Belegnummer, richtige Reihenfolge und optische Hervorhebung der Erfassungsfelder, erfassungsgerechte Gestaltung).
- Bereitstellung von Arbeitsanweisungen für die Datenaufnahme, die Datenerfassung und den Datenabruf.
- Herausgabe von Terminplänen für eine zeitgerechte Weitergabe der erfaßten Daten an das Rechenzentrum.
- Einsatz von Einrichtungen der Datenerfassung, sofern auch die Datenträger selbst (Disketten, Magnetbandkassetten, Magnetbänder) in den Fachabteilungen gewonnen werden.

Im Falle der Direkteingabe und Abfrage mit Hilfe von Bildschirmgeräten in den Fachabteilungen (Dialogbetrieb) konzentrieren sich die Maßnahmen auf den Einsatz dieser Geräte. Bei einem solchen Dialogverkehr kommt es nicht nur auf sehr sorgfältige organisatorische (Arbeitsanweisungen und Muster von Bildschirmmasken) und arbeitstechnische (ergonomische Maßnahmen) Vorbereitungen an, sondern auch auf eine gute Kenntnis des Datenflusses und der Verarbeitungsregeln bei den Mitarbeitern der Fachabteilungen. Außerdem ist Disziplin bei Eingabe und Abrufen erforderlich (Vermeidung des Spieltriebs). Durch eine gute Disziplin können die Mitarbeiter in den Fachabteilungen entscheidend mithelfen, den technischen und finanziellen Aufwand beim Dialogverkehr zu reduzieren und damit die Antwortzeiten am Bildschirmgerät zu senken.

Wegen ihrer steigenden Bedeutung für die Fachabteilungen sollen die besonderen ergonomischen Anforderungen bei der Gestaltung der Bildschirmarbeitsplätze hervorgehoben werden, im einzelnen

- Bildschirmgeräte
  blendfreie, grüne oder gelbe Schriftzeichen; Schriftbild

in der Lichtstärke verstellbar; bedienungsfreundliche, vom Bildschirm getrennte Tastatur

- Arbeitstische und Arbeitsstühle
  richtige Größenordnung von Bildschirmabstand (ca. 50 cm zum Mittelpunkt der Bildschirmröhre), richtige Bildschirmhöhe (gleiche Höhe von Augen und Gerätobergrenze), richtige Tischhöhe (72 bis 75 cm), richtige Tischtiefe (ca. 90 cm), arbeitsgerechter Stuhl und genügend Ablagefläche (Tischlänge = ca. 160 cm)

- Umfeldgestaltung
  Vermeidung von Blendwirkung bei künstlichem Licht (Lichtstärke 300 bis 500 Lux), seitlicher Lichteinfall von links bei Tageslicht (Bildschirmgeräte sollten im Winkel von $90^{\circ}$ zum Fenster aufgestellt werden), ausreichende Klimatisierung (Bildschirmgeräte geben selbst Wärme ab) und Vermeidung von Lärm.

Fehlerprotokolle entstehen, wenn Daten im Stapelbetrieb in den Computer eingegeben und mit Hilfe von Prüfprogrammen geprüft werden. Sofern ein Datensatz einen logischen Fehler aufweist (sachliche Fehler wie z.B. eine falsche Bestellmenge können vom Programm naturgemäß nicht erkannt werden), sollte er, bis zur Korrektur und Wiedereingabe, im Computer zwischengespeichert und vom Drucker protokolliert werden. Bei der Handhabung von Fehlerprotokollen ist sicherzustellen, daß sie handhabungsfreundlich gestaltet werden (Kennzeichnung des Fehlers, Verwendung als Datenerfassungsbeleg für Korrektur und Wiedereingabe), nur von den Mitarbeitern der betreffenden Fachabteilung korrigiert werden (Datensicherheit) und die korrigierten, wiedereingegebenen Daten von den zwischengespeicherten Daten abgebucht werden, damit Übereinstimmung zwischen abgewiesenen und wiedereingegebenen Daten besteht.

Computerlisten sollten nicht nur von Art und Umfang her begrenzt werden (aussagefähige, aktuelle Informationen über Bildschirmgeräte sind besser als umfangreiche gedruckte Zahlenfriedhöhe!), sondern auch so gestaltet sein, daß der Empfänger mit ihrem Inhalt unmittelbar etwas anfangen kann. Die wichtigsten Regeln bei der Gestaltung von Computerlisten sind:

- Für betriebsinterne Zwecke sollten statt Vordrucke Listen aus Blankopapier verwendet werden.
- Die Druckanordnung ist so vorzunehmen, daß ein Gleichmaß an Aussagefähigkeit durch zweckmäßige Gestaltung und vertretbarem Rüst- und Maschinenaufwand erreicht wird.
- Auch die letzten Kopien müssen lesbar sein (gegebenenfalls Paralleldruck oder mehrere Druckdurchläufe).
- Die Köpfe von Blankolisten sind hinsichtlich Inhalt und Anordnung zu standardisieren.
- Bei Blankolisten ist der Text in Kopf und Überschriften sinnvoll abzukürzen, gegebenenfalls durch Doppelzeile.
- Die zu druckenden Zeilen sind nach Überschrifts-, Posten-, Zwischensummen-, Gesamt-, Übertragungs- und Fußzeilen zu gliedern.
- Es ist stets eine maschinell fortlaufende Numerierung der Formular- oder Listenseiten vorzusehen.
- Die Druckfelder im Formular-Entwurfsblatt sind einheitlich zu kennzeichnen.
- Die zu druckenden Vorzeichen sind, vor oder hinter den Daten, einheitlich anzuordnen.
- Beim Entwurf von Formularen und Listen sind technische Einzelheiten von Vordruck, Beschriftung, Schneiden, Separieren und Datensicherung zu berücksichtigen.
- Alle Listen und Formulare sollten einheitlich jeweils auf dem ersten oder letzten Blatt Hinweise für Verteilung, Versand und Datensicherung enthalten, die jeweils mitzudrucken sind.

Als Naht- und Kontaktstelle zwischen Fachabteilungen und Rechenzentrum hat sich eine, dem Rechenzentrum zugeordnete Gruppe Kontrolle/Abstimmung (auch Nachkontrolle oder Belegstelle genannt) bewährt. Die Kontrolle/Abstimmung ist sowohl für die zeitliche wie sachliche Ein- und Ausgabekontrolle verantwortlich, sorgt für die rechtzeitige Anlieferung der Datenerfassungsbelege und Datenträger von den Fachabteilungen, führt Ausgabekontrollen durch und ist für den ordnungsgemäßen Versand der Formulare und Listen an die Fachabteilungen verantwortlich.

## 3.26 Datenschutz und Datensicherung

### Begriffe und Übersicht

Die Datenbestände, aber auch die Programme und die EDV-Einrichtungen selbst sind fortwährend zahlreichen Gefahren und Risiken ausgesetzt wie beispielsweise Verlust, Zerstörung, Beschädigung, Verfälschung oder Mißbrauch. Solche Gefahren und Risiken sind zwar bei jeder Art von Datenverarbeitung vorhanden. Während sie aber bei der bisher überwiegend betriebenen Form des Stapelverfahrens (engl.Batch-Betrieb) überschaubar und kalkulierbar waren, muß bei künftigen Dialogverfahren (engl. On-Line-Betrieb) mit weitaus höheren Risiken gerechnet werden. Diesen Risiken gilt es vorzubeugen und gesetzlichen Vorschriften Rechnung zu tragen.

Der Datenschutz umfaßt die Summe aller Vorkehrungen zur Verhinderung des rechtswidrigen Gebrauchs der Datenverarbeitung, soll also Schutz vor Mißbrauch durch die Datenverarbeitung bieten. Demgegenüber bezeichnet der Begriff der Datensicherung die Sicherung der Datenverarbeitung selbst. Sie erstreckt sich auf alle organisatorischen, technischen und programmtechnischen Maßnahmen, um die Datenbestände (Datenträger, Dateien und Datenbanken), Programme und Einrichtungen (Gebäude, Räume, EDV-Anlagen, Datenerfassungsgeräte, Übertragungseinrichtungen sowie Stromversorgungs- und Klimaanlagen) der Datenverarbeitung gegen Katastrophen, Fehler und Mißbrauch zu sichern. Bild 69 zeigt eine Übersicht über die Gesamtfragen von Datenschutz und Datensicherung.

### Das Bundes-Datenschutzgesetz (BDSG)

Aus dem Bundes-Datenschutzgesetz (BDSG) sind für die Fachabteilungen folgende Maßnahmen abzuleiten (die ein Jahr später am 1.1.1979 in Kraft getretenen Datensicherungsbestimmungen des BDSG werden wir aus Gründen der Zweckmäßigkeit im nächsten Abschnitt erläutern):

- Es sind nur schutzwürdige Daten natürlicher Personen (also nicht juristischer Personen) vor Mißbrauch geschützt.

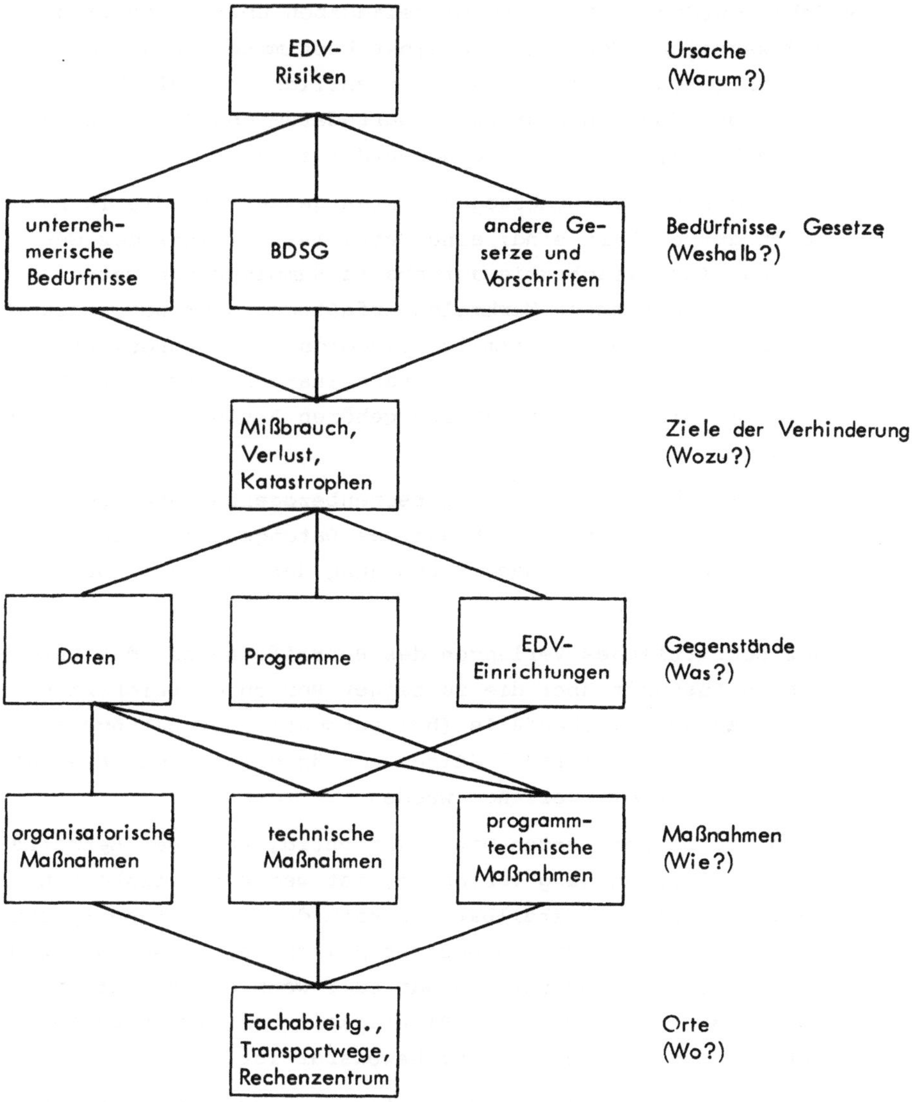


Bild 69: Übersicht über das Gesamtgebiet von Datenschutz und Datensicherung

- Schutzwürdige Daten sind Einzelangaben über persönliche und sachliche Verhältnisse einer bestimmten natürlichen Person (nicht geschützt sind öffentlich zugängliche Daten wie Name, Ort, Anschrift, Geburtsdatum und Telefonnummer sowie Daten, die nicht schutzwürdig sind).

- Es sind nur personenbezogene Daten geschützt, die in Dateien gespeichert sind; eine Datei ist im Sinne des Gesetzes eine gleichartig aufgebaute Sammlung von Daten, die nach bestimmten Merkmalen erfaßt und geordnet, nach anderen bestimmten Merkmalen umgeordnet und ausgewertet werden kann (auch Listen und Karteikarten sind meist Dateien!); nicht zu den Dateien gehören Akten und Aktensammlungen.

- Alle Mitarbeiter, die mit personenbezogenen Daten umgehen, sind nach § 5 schriftlich auf das Datengeheimnis zu verpflichten, das auch nach Beendigung der Tätigkeit weiter besteht.

- Auf schriftliches Verlangen des Betroffenen hat das Unternehmen Auskunft über die zu seiner Person gespeicherten Daten zu geben, ebenfalls (bei automatischer Datenverarbeitung) über die regelmäßigen Empfänger; für die Auskunft kann ein Entgelt verlangt werden.

- Sind die gespeicherten Daten unrichtig, kann der Betroffene eine Berichtigung verlangen, ist weder Richtigkeit noch Unrichtigkeit feststellbar, so kann der Betroffene Sperrung der Daten verlangen. Es besteht Pflicht zur Löschung, wenn die Speicherung unzulässig war oder wenn der Betroffene es verlangt oder wenn die Richtigkeit bestimmter Daten durch das Unternehmen nicht beweisbar ist.

- Bei Erstspeicherung ist der Betroffene zu benachrichtigen, es sei denn, daß er auf andere Weise von der Speicherung Kenntnis erlangt hat ( aber nicht automatisch aufgrund des Vertragsabschlusses und nicht versteckt in den allgemeinen Vertragsbedingungen!).

- Datenverarbeitung außer Haus in einem Service-Rechenzentrum bedeutet keine Weitergabe von Daten an Dritte, jedoch unterliegt das Service-Rechenzentrum selbst erschwerten Datenschutz-Vorschriften.

- Eine Weitergabe von Daten an juristisch selbständige Unternehmen der selben Firmengruppe gilt dagegen als Weitergabe an Dritte und unterliegt den Vorschriften des BDSG.

## Maßnahmen des Datenschutzes und der Datensicherung

Während die Begriffe Datenschutz und Datensicherung definitionsgemäß verschiedenartige Dinge bezeichnen, müssen ihre Maßnahmen zu einem einheitlichen Katalog zusammengefaßt werden. Dies ist schon deshalb notwendig, weil der größte Teil dieser Maßnahmen sowohl dem Datenschutz als auch der Datensicherung dient. Genauso wenig ist es sinnvoll, die Maßnahmen des Datenschutzes und der Datensicherung in unternehmensbezogene und vom Gesetzgeber geforderte Maßnahmen aufzuteilen, weil die im Anhang zu § 6 des BDSG aufgeführten Datensicherungsmaßnahmen den Sicherungsanforderungen der Unternehmen selbst voll entsprechen.

Eine große Anzahl der Datenschutz- und Datensicherungsmaßnahmen betreffen lediglich die EDV-Abteilung, insbesondere das Rechenzentrum, und nicht die Fachabteilungen, weswegen wir diese Maßnahmen hier nicht erläutern wollen. Um häufig begegneten Mißverständnissen vorzubeugen, sei darauf hingewiesen, daß nicht der betriebliche Datenschutzbeauftragte allein für den Datenschutz und die Datensicherung verantwortlich ist (er übernimmt im wesentlichen nur Überwachungs- und Kontrollfunktionen), sondern gemeinsam mit ihm die Führungskräfte von Betriebsorganisation, EDV-Abteilung und Fachabteilungen.

Zusammengefaßt sind im Bereich der Fachabteilungen folgende Maßnahmen des Datenschutzes und der Datensicherung erforderlich:

- Mitwirkung und Kontrolle der Fachabteilungen in allen Phasen des Umstellungsprozesses und Änderungsdienstes.
- Verantwortung für die Datenerfassung (Aufnahme, Prüfung, Ergänzung, Prüfziffern, Belegnummern).

- Verantwortung für die Direkteingabe (Sicherung der Bildschirmgeräte, Benutzeridentifikation, Zugriffskontrolle, Sicherheitsprotokollierung).
- Verantwortung für Datenänderungen (Korrektur von Fehlerprotokollen, Neueingabe, Direktänderungen, Änderungsprotokolle).
- Verantwortung für den Datentransport zum Rechenzentrum (verschlossene Behälter, Vollständigkeitskontrolle, Laufzettel, Rückquittung).
- Verantwortung für die ordnungsgemäße Lagerung und Vernichtung von Belegen (Urbelege, Datenerfassungsbelege, Protokolle, Listen).

Zur Darstellung der Schutz-/Sicherungsmaßnahmen benutzt man am besten einen Maßnahmenkatalog, wie mit Beispielen im Bild 70 dargestellt. Ein solcher Katalog enthält je Schutz-/Sicherungsgegenstand (Daten in Form von Belegen, Programme und EDV-Einrichtungen wie z.B. Bildschirmgeräte) die Sachnummer, (Beleg-, Programm-, Geräte-Nummer), die Sicherungsklasse, den Aufbewahrungsort, die Schutz-/Sicherungsmaßnahme, die Kennzeichnung dieser Maßnahme (org. = organisatorische Maßnahme, progr. = programmtechnische Maßnahme, techn. = technische Maßnahme), die für die Sicherung verantwortliche Person und eine Bemerkungsspalte. Die Sicherungsklasse weist auf die besonderen oder weniger umfassenden Sicherungsmaßnahmen hin. Hierbei wird eine Dreierteilung vorgeschlagen in:

- Sicherungsklasse 1
  besonders vertrauensvolle und wichtige Daten oder Programme (besondere Schutz-/Sicherungsmaßnahmen)
- Sicherungsklasse 2
  mittelmäßig vertrauensvolle und wichtige Daten und Programme (mittlere Schutz-/Sicherungsmaßnahmen)
- Sicherungsklasse 3
  normal vertrauensvolle und wichtige Daten und Programme (normale Schutz-/Sicherungsmaßnahmen).

| Proj.-Nr.: 18/1978 | | | MASSNAHMENKATALOG DATENSCHUTZ UND DATENSICHERUNG | | | | Datum: 15.1.80 |
|---|---|---|---|---|---|---|---|
| Proj.-Name: Buchhaltung | | | | | | | Bearbeiter: Meyering |

| Lfd. Nr. | Sach-Nr. | Bezeichnung | Kl. | Ort | Maßnahme | Verf. | verantw. | Bemerkungen |
|---|---|---|---|---|---|---|---|---|
| 1.000 | – | Belege | | | | | | |
| 1.110 | 05-326 | Deb.-Buchungen | 2 | Deb.-Buchh. | fortlfd. Beleg-Nr., nach Gebrauch verschließen, Altablage Tresor | org. | Kreißig | |
| 1.120 | – | Zahlungseingänge | 2 | Deb.-Buchh. | | org. | Kreißig | |
| 1.210 | 05-128 | Änd.-Protokolle | 1 | Buchhaltung | Unterschrift u. Ablage Leiter FiBu | org. | Lehmann | |
| 1.310 | 05-613 | Deb.-Journal | 2 | Deb.-Buchh. | nach Gebrauch verschließen, Altablage Tresor | org. | Kreißig | |
| 2.000 | – | Programme | | | | | | |
| 2.110 | FB 023 | Prüfprogramm | 2 | Rechenzentrum | Änderung u. Freigabe nur mit Unterschrift Leiter FiBu | progr. | Lehmann | |
| 2.120 | FB 136 | Druckprogramm | 2 | Rechenzentrum | Abruf nur durch Leiter FiBu | progr. | Lehmann | |
| 3.000 | – | EDV-Einrichtungen | | | | | | |
| 3.110 | T 010 | Terminal 010 | 2 | Deb.-Buchh. | Benutzeridentifikation, Zugriffskontrolle, Sicherheitsprotokollierung | progr. | Lehmann | über Pers.-Code über Zugriffs-Tabelle, an Leiter FiBu |

Bild 70: Maßnahmenkatalog Datenschutz und Datensicherung

# 4. EDV-Anwendungen und Informationssysteme

## 4.1 Einleitung und Übersicht

Neben der Mitverantwortung, die die Führungs- und Fachkräfte der Fachabteilungen für die Gestaltung von EDV-Konzeptionen, den Änderungsdienst und die Handhabung von EDV-Systemen tragen, sind sie selbst EDV-Anwender und Empfänger von Computerinformationen. Aus diesem Grunde müssen die Mitarbeiter der Fachabteilungen über die Möglichkeiten und Grenzen computergesteuerter Anwendungen und über die Bedeutung und den Einsatz computerunterstützter Informationssysteme Bescheid wissen.

Bei den EDV-Anwendungen kommt es darauf an, daß in sachlicher Hinsicht drei Voraussetzungen für einen wirtschaftlichen und organisatorisch sinnvollen EDV-Einsatz vorhanden sind bzw. geschaffen werden. Es sind dies

- qualitative Voraussetzungen
  (Computer sollten nicht nur für einfache Abrechnungsvorgänge, sondern auch für dispositive Aufgaben, Planungs- und Informationssysteme sowie Entscheidungsmodelle eingesetzt werden)
- quantitative Voraussetzungen
  (Computeranwendungen sind nur dann wirtschaftlich und sinnvoll, wenn sie die Merkmale der Gleichförmigkeit und Mengenhaftigkeit aufweisen) und
- ablaufmäßige Voraussetzungen
  (die Arbeitsabläufe sind anwendungsbezogen so zu gestalten, daß sie die Möglichkeiten moderner Computer voll nutzen und keine Insellösungen sind).

Von dem aufgezeigten Wandel bei den Computeranwendungen ist besonders die Verwendung der Computer für Informationssysteme hervorzuheben. Denn moderne, leistungsfähige EDV-Anlagen sollten nicht nur für die reine Datenverarbeitung, sondern auch dafür eingesetzt werden, die Mitarbeiter und Führungskräfte aller Ebenen mit aktuellen, brauchbaren Informationen zu versorgen. Bei dem Prozeß der Informationsversorgung kommt es vor allem darauf an, die periodische Massenproduktion von Zahlenfriedhöfen zu stoppen und den Mitarbeitern statt dessen aktuelle und unmittelbar gebrauchsfähige Informationen aus Informationsbanken über Bildschirmgeräte zur Verfügung zu stellen.

## 4.2 Anwendungsorientierte Datenverarbeitung

### 4.21 EDV-Anwendungen im Wandel

Die ersten Computer Mitte der 50er Jahre wurden lediglich für einfache Abrechnungsvorgänge eingesetzt wie beispielsweise die Lagerbestandsfortschreibung und die Lohn- und Gehaltsabrechnung. Denn einerseits waren damals die technischen Möglichkeiten lochkartenorientierter Computer sehr begrenzt und andererseits war man froh, einfache Routinearbeiten mit großen Datenmengen maschinell erledigen zu können.

Doch inzwischen hat sich ein erheblicher Wandel vollzogen. Nicht nur sind die Kapazität und Leistungsfähigkeit moderner Computer erheblich gestiegen, sondern auch Datenbanken, einfache Programmiersprachen und der Dialogverkehr bieten den Benutzern völlig neue technische Möglichkeiten und Voraussetzungen. Hinzu kommt, daß viele Unternehmen, die ein Jahrzehnt oder länger Datenverarbeitung betreiben, ihre Massen- und Routinearbeiten inzwischen vom Computer abwickeln lassen und nach neuen Anwendungsmöglichkeiten suchen.

Wie in Bild 71 dargestellt, reichen die EDV-Anwendungsstufen (wie die qualitative Unterteilung der Anwendungen meist genannt wird) von einfachen Abrechnungsvorgängen über dispositive Aufgaben und Planungs-/Informationssysteme bis hin zu computergefertigten Entscheidungsmodellen. Die genannte Darstellung zeigt Beispiele aus allen Bereichen eines Industrieunternehmens. Der Darstellung ist

| EDV-Anwendungsstufen mit Beispielen | | | | | |
|---|---|---|---|---|---|
| Arbeitsbereiche / EDV-Stufen | Materialwirtschaft | Verkauf | Produktion | Rechnungswesen | Personalwesen |
| Einfache Abrechnungsvorgänge | Lagerbestandsfortschreibung | Auftragsbearbeitung und Fakturierung | Produktionsabrechnung | BAB | Lohn- und Gehaltsabrechnung |
| Dispositionsaufgaben | Bedarfs- und Verfügbarkeitsrechnung | Auftragsdisposition | Fertigungsdisposition | Ergebnisrechnung | Personaldisposition |
| Planungs- und Informationssysteme | Automatische Bestellrechnung und Bedarfsvorhersage | Vertriebsplanung und rechnerische Ermittlung der Absatzerwartung | Fertigungssteuerung mit Terminierung | Überwachung und Steuerung aller Kosten- und Leistungsdaten | Planung von Personalbeschaffung und -einsatz |
| Entscheidungsmodelle | Simulierte Lagerhaltungsmodelle, Entscheidungsmodelle | Marktprognosen und Absatzmodelle | Maschinelle Produktgestaltung und optimale Kapazitätsplanung | Planungsmodelle | Personalbedarfsplanung |

Bild 71: EDV-Anwendungsstufen mit Beispielen

hinzuzufügen, daß bei der Umstellung der Arbeitsgebiete eine logisch richtige Reihenfolge eingehalten werden muß (beispielsweise können dispositive Aufgaben erst umgestellt werden, wenn die dazugehörigen Abrechnungsvorgänge bereits sicher auf der Anlage laufen) und ein Computer im allgemeinen je wirtschaftlicher eingesetzt ist, desto höher die Anwendungsstufen sind. Hierbei darf nicht verschwiegen werden, daß zugleich mit dem Anstieg der Anwendungsstufe auch der Vorbereitungs- und Umstellungsaufwand (meist sogar überproportional) anwächst.

### 4.22 Welche Arbeitsgebiete eignen sich für die EDV?

Grundsätzlich eignen sich alle diejenigen Aufgaben für eine wirtschaftliche EDV-Abwicklung, die die Merkmale der Gleichförmigkeit und Mengenhaftigkeit tragen.

Das Merkmal der <u>Gleichförmigkeit</u> besagt, daß diejenigen EDV-Prozesse besonders wirtschaftlich sind, deren Programme überwiegend nach einfachen Standardregeln ablaufen und nicht durch unzählige Ausnahmefälle ausgedehnt sind. Hierbei ist zu beachten, daß es bei der Programmierung keinen Unterschied zwischen Normal-, Ausnahme- und Sonderfällen gibt. Für jede nur denkbare Alternative ist ein Programmteil oder eine Programmschleife anzufertigen, weil der Computer nicht wie der Mensch zwischen normalen und Ausnahmefällen unterscheiden kann. Werden die Ausnahmefälle nicht reduziert bzw. nicht logisch formalisiert, so kommt es zu starker Aufblähung der Programme. Die alte Regel, daß 80 % aller Geschäftsvorfälle mit nur 20 % der Verarbeitungsregeln und umgekehrt 20 % der Geschäftsvorfälle mit 80 % aller (Ausnahme-) Verarbeitungsregeln abgewickelt werden, sollte sich im Zeitalter der Automation unbedingt in eine umgekehrte Folge verkehren. Eine große Anzahl von Ausnahmeregeln (die meist historisch begründet und nicht in allen Fällen betriebsnotwendig ist) führt nicht nur zu hohem Organisations- und Programmierungsaufwand, sondern kann auch die EDV-Anlage in erheblichem Maße belasten, abgesehen davon, daß spätere Änderungen solcher Programmkomplexe nur mit hohem Aufwand und großem Risiko durchzuführen sind.

Mit dem Ausdruck <u>Mengenhaftigkeit</u> ist die Anzahl der Geschäftsvorfälle gemeint, die je Periode von der EDV-Anlage zu verarbeiten ist. Es versteht sich von selbst, daß es umso wirtschaftlicher ist, je mehr Geschäftsvorfälle in einem Durchlauf von der EDV-Anlage verarbeitet werden. Ist dagegen die Rüstzeit des Computers höher als seine eigentliche Verarbeitungszeit, so muß der EDV-Ablauf üblicherweise als unwirtschaftlich angesehen werden. Sofern eine Datenmenge je Verarbeitungsperiode zu gering ist, sollte geprüft werden, ob nicht mehrere Verarbeitungsperioden zusammen abgewickelt werden und damit zu wirtschaftlicheren Abläufen führen können.

## 4.23 Automatisierte, integrierte EDV-Abläufe

Nicht nur die EDV-Anwendungen selbst, sondern auch die Computerabläufe haben sich grundlegend geändert. In Stichworten zusammengefaßt war die EDV der frühen Jahre dadurch gekennzeichnet, daß

- einzelne Teilaufgaben getrennt und unabhängig von größeren Arbeitsgebieten auf den Computer übernommen wurden (= Insellösungen)
- die Arbeiten von Datenerfassung, Dateneingabe, Datenverarbeitung und Datenausgabe zeitversetzt und ohne Verbindung zwischen Computer und Mitarbeitern in den Fachabteilungen abliefen (= Teilhaberbetrieb, engl. Off-Line-Betrieb) und
- das Hauptgewicht auf reine Datenverarbeitungsaufgaben und nicht auch auf die Informationsversorgung der Mitarbeiter und Führungskräfte gelegt wurde (= reine Datenverarbeitungsprozesse).

Bei allen vorgenannten Merkmalen des Computereinsatz hat sich bis heute ein erheblicher Wandel vollzogen. Anstelle einzelner Insellösungen sind integrierte Arbeitsabläufe getreten. Es werden also nicht mehr einzelne, voneinander völlig isolierte Teilaufgaben vom Computer abgewickelt, sondern <u>integrierte Aufgabenkomplexe</u>, wie z.B. die gesamte Auftragsbearbeitung einschließlich Fakturierung und Fertiglagerverbuchung oder eine integrierte Finanzbuchhaltung (statt getrennter Debitoren-, Kreditoren- und Sachbuchhaltung), eingebettet in den noch größeren Aufgabenkomplex des Rechnungswesens.

Auch der stapelperiodische Teilhaberbetrieb tritt heute immer mehr zurück und macht dem Dialogverkehr (= Teilnehmerbetrieb, engl. On-Line-Betrieb) Platz, bei dem Mensch und Computer über Bildschirmgeräte und Datenübertragungsleitungen miteinander verbunden sind. Schon heute gibt es kaum noch EDV-Anwendungen, bei denen eine Umstellung im reinen Teilhaberbetrieb organisatorisch und wirtschaftlich gerechtfertigt wäre. Von allen Entwicklungen im EDV-Bereich wird der Dialogverkehr die stärksten Auswirkungen auf die Strukturorganisation, die personelle Zusammensetzung und die Arbeitsabläufe in den Fachabteilungen haben.

Ein erst mit den Möglichkeiten des Dialogbetriebs zur Blüte gelangter Zweig der EDV ist die Informationsverarbeitung. Von einem Informationssystem (oder MIS = Management-Informationssystem) spricht man, wenn der Computer nicht nur zum Zwecke der reinen Datenverarbeitung eingesetzt wird, sondern auch dazu dient, die Mitarbeiter und Führungskräfte aller Ebenen im Unternehmen mit den für sie relevanten Informationen zu versorgen. Im Gegensatz zu früher, wo Datenverarbeitungsabläufe allenfalls durch Statistiken (besser: meist unbrauchbare Zahlenfriedhöfe) ergänzt wurden, haben heute Datenverarbeitungsprozesse und Informationssysteme eine durchaus gleichberechtigte und gleichwichtige Bedeutung. So sollte man bei jeder Umstellung eines Arbeitsgebietes den Arbeitsabläufen und Programmen der Datenverarbeitung (z.B. Verkaufsabrechnung) und der Informationsverarbeitung (Vertriebsinformationssystem) gleiche Aufmerksamkeit schenken und von vornherein Anschlüsse zwischen beiden Teilbereichen berücksichtigen.

## 4.3 Informationssysteme

### 4.31 Daten, Informationen und Informationssysteme

Während Daten bestimmte Tatbestände (Auftragsdaten, Buchhaltungsdaten, Produktionsdaten usw.) wiedergeben, sind Informationen Nachrichten, die für den Empfänger einen Neuigkeitswert besitzen und ihm zur besseren Erfüllung seiner Aufgaben helfen sollen. Von den Informationen unterscheidet sich ein Informationssystem dadurch, daß unterschiedliche Informationen, die in einem eindeutigen, logischen Zusammenhang stehen, nach festen Regeln für die einzelnen Empfänger bereitgestellt werden.

Informationssysteme sind absolut notwendig, weil die heute verfügbaren Informationen nicht mehr genügen, zur Steuerung und Kontrolle von Unternehmen ausreichende und aktuelle Informationen benötigt werden und leistungsfähige, wirtschaftliche Computer zur besseren Nutzung zwingen und dieser Weg folgerichtig zum Einsatz von Informationssystemen führt.

Je nach Verwendungszweck unterteilt man Informationssysteme in

- Berichtssysteme
  (Informationssysteme mit Soll-, Ist- und Soll/Ist-Werten, für Vergangenheitsberichte, zur Kontrolle mit teilweiser Diagnose)
- Planungssysteme
  (Informationssysteme, die über die reine Soll/Ist-Berichterstattung hinaus die Mitarbeiter und Führungskräfte bei der Planung unterstützen, vornehmlich für die mittlere und obere Führungsebene) und
- Entscheidungssysteme
  (Informationssysteme, bei denen die Ergebnisse unter Einsatz von Entscheidungsmodellen und Simulationen gewonnen werden, vornehmlich für die Ebene der Unternehmensführung).

Bild 72 zeigt den Zusammenhang zwischen Daten, Informationen und Informationssystemen sowie eine Übersicht über die verschiedenen Informationssysteme.

| Daten aus | | | | | |
|---|---|---|---|---|---|
| Produktion | Vertrieb | Material-wirtschaft | Personal-bereich | Rechnungs-wesen | Entwicklung |

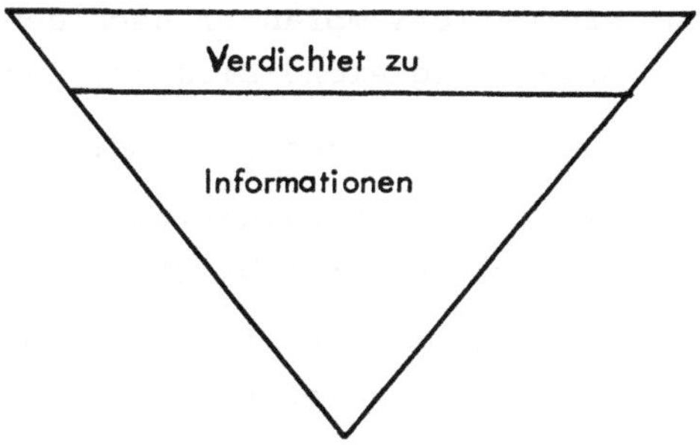


| Verarbeitet zu Informationssystemen | |
|---|---|
| | <u>Berichtssysteme</u> |
| Beispiele: | Verkaufsstatistik über Umsätze mit Plandaten, Ist-Werten und Soll/Ist-Abweichungen |
| | <u>Planungssysteme</u> |
| Beispiele: | Umsatzplanung, Kostenplanung, Prognosen |
| | <u>Entscheidungssysteme</u> |
| Beispiele: | Investitionsmodelle, Lagerhaltungsmodelle, Verteilungsmodelle, simulierte Bilanzen |

Bild 72: Daten, Informationen und Informatiossysteme

## 4.32 Anforderungen und Voraussetzungen

Ein Informationssystem kann nur dann den gestellten Anforderungen genügen, wenn

- es alle Tatbestände aus Vergangenheit und Gegenwart richtig widerspiegelt
- es zu jeder Zeit aktuelle Informationen liefert, auf die einzelnen Informationsempfänger nach dem Modell der Informationspyramide (vergleiche Bild 73) zugeschnitten
- es einfach zu handhaben und flexibel ist und
- es die gegenseitigen Abhängigkeiten zu anderen Teil-Informationssystemen berücksichtigt.

Welche Voraussetzungen müssen nun im Unternehmen vorhanden sein bzw. geschaffen werden, um ein Informationssystem einrichten zu können?

In technischer Hinsicht erfordert die Einrichtung eines Informationssystems den Einsatz einer leistungsfähigen EDV-Anlage mit Direktzugriffsspeichern (Magnetplatten), Datenübertragungseinrichtungen, Datenbanktechniken und Dialogsystemen. Zwar hängt die benötigte Leistungsfähigkeit und Speicherkapazität von Umfang und Stufe (Berichts-, Planungs- oder Entscheidungssystem) des geplanten Informationssystems ab, doch muß darauf hingewiesen werden, daß die meisten Informationssysteme wegen der beträchtlichen Datenbasis und Informationsspeicherung umfangreiche Speicher und Einrichtungen für den Direktzugriff benötigen.

In organisatorischer Hinsicht wird folgendes vorausgesetzt:

- Zielsetzung und Informationsbedarf müssen genau formuliert werden.
- Neben der Beschreibung der Informationen im Informationskatalog kommt es auf die exakte Definition der benötigten Datenbasis und der programmtechnischen Methoden an.
- Die Einrichtung eines Informationssystems setzt klare organisatorische Aufgaben- und Verantwortungsabgrenzungen voraus.
- Die Formulierung der Zielsetzung und die Definition des Informationsbedarfs ist keine Aufgabe der unteren Mitar-

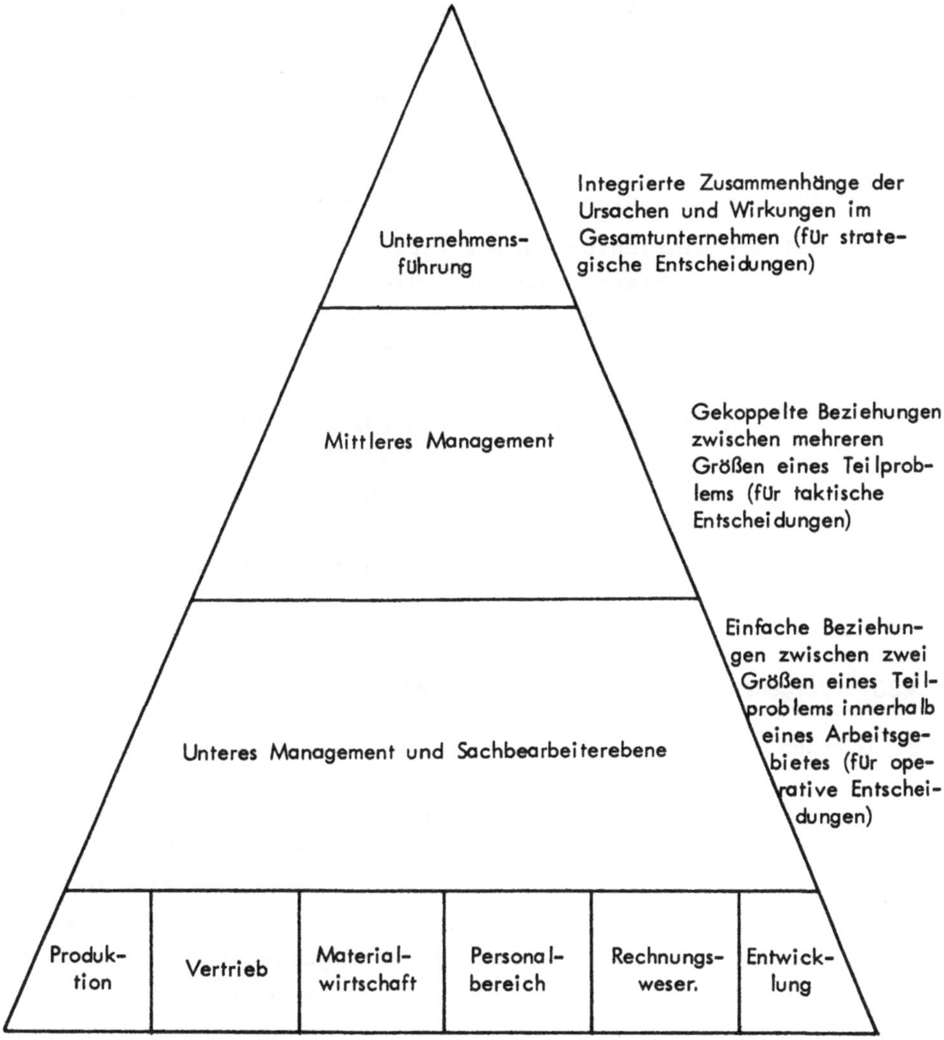


Bild 73: Modell einer Informationspyramide

beiterebene, sondern das Management selbst muß die Zielsetzungen formulieren und das Informationssystem aktiv mitgestalten.

- Die benötigten Informationen müssen gezielt auf die Empfänger der einzelnen Hierarchieebenen, entsprechend der Informationspyramide, zugeschnitten werden. Der Informationskatalog gibt Auskunft darüber, welche Informationen ein Aufgabenträger zur Erfüllung seiner Aufgaben benötigt.

- Im Bereich der Datenverarbeitung setzt die Einrichtung eines Informationssystems voraus, daß die dem Informationssystem zugrunde liegenden Datenverarbeitungsabläufe zweckmäßig aufgebaut sind und sicher beherrscht werden.
- Bei der Einrichtung eines Informationssystems muß man sich darüber im klaren sein, daß diese Aufgabe zum Teil mit erheblichen Entwicklungsinvestitionen auf der betriebswirtschaftlich-organisatorischen als auch auf der Hardware- und Softwareseite verbunden ist. Da die Einrichtung größerer und komplexer Informationssysteme bei den meisten Unternehmen Neuland ist, so muß man hierbei mit der gebotenen Vorsicht und Sorgfalt vorgehen, zu denen auch eine gewissenhafte Planung, ein modernes Projektmanagement und eine möglichst genaue Nutzenschätzung gehören.

## 4.33 Vorgehensweise bei der Einrichtung von Informationssystemen

### Einleitung

Bedeutung und Umfang, aber auch der meist hohe Zeit- und Kostenaufwand bedingen, daß ein Informationssystem mit großer Sorgfalt entwickelt, realisiert und eingeführt wird. Für die Planung, Überwachung und Kontrolle dieser Arbeiten haben sich die Verfahren des Projektmanagements bewährt. Nur bei sehr großen Informationssystemen sei der zusätzliche Einsatz der Netzplantechnik empfohlen.

Die Einrichtung eines Informationssystems selbst entspricht, von ihrer Systematik und ihren Hilfsmitteln her, der Vorgehensweise bei Umstellungsprozessen von Datenverarbeitungsaufgaben, im einzelnen:

- Projektstufe 1: Systementwicklung
    - Formulierung der Zielsetzung
    - Untersuchung der gegenwärtigen Informationsversorgung
    - Analyse des künftigen Informationsbedarfs
    - Entwurf des Grobkonzeptes

   - Abstimmung mit benachbarten Informationssystemen
   - Planung von Terminen, Zeitaufwand, Personal, Kosten sowie Hardware und Software.
- Projektstufe 2: Systemrealisierung
   - Ausarbeitung der Feinkonzeption
   - Programmierung.
- Projektstufe 3: Systemeinführung
   - Systemübernahme
   - Abschlußdokumentation
   - Überprüfung der Planwerte.

## Erläuterungen zu den einzelnen Projektstufen

### Projektstufe 1: Systementwicklung

Die Systementwicklung beginnt mit der Formulierung der Zielsetzung, bei der festgelegt wird, welches Ziel mit der Einrichtung des geplanten Informationssystems erreicht werden soll. Die Ziele der Informationsversorgung sind naturgemäß betriebsindividuell und reichen von einer allgemeinen Zielsetzung (z.B. bestmögliche Informationsversorgung aller Empfängerebenen) bis zu konkreten Zielen (z.B. telefonische Auskunftserteilung über Bildschirmgerät an Kunden hinsichtlich Lieferbarkeit).

Der nächste Schritt befaßt sich mit der Untersuchung der gegenwärtigen Informationsversorgung, d.h. mit der Erfassung und Analyse des Informations-Istzustandes. Denn auch bei der Einrichtung eines Informationssystems kann nicht auf die Analyse des Istzustandes verzichtet werden. Sie dient einmal zur besseren Unterrichtung der einzelnen Mitglieder des Projektteams und bringt zum anderen Hinweise auf den möglichen neuen Informationsbedarf. Die Analyse und Beurteilung des gegenwärtigen Informationswesens sollte nach Merkmalen vorgenommen werden, wie in Bild 74 dargestellt. Als Beispiel haben wir, wie auch für die nachfolgenden Darstellungen, einen Ausschnitt aus dem Vertriebs-Informationssystem gewählt.

| Proj.-Nr.: 04/80<br>Proj.-Name: Vertrieb-Informationssystem | INFORMATIONSANALYSE | | | | | Datum: 12.2.80<br>Bearbeiter: Hatz |
|---|---|---|---|---|---|---|
| Name | Empfänger | Per. | Form | Zweck | Inhalt | Beurteilung |
| Auftragseingang | Verkauf, Produktion, Rechnungswesen | w | Liste, einzeln, akkum. | Überwachung des Auftragseingangs | Auftragseingang je Kunde, nach Artikelgruppen | Ausdruck je Monat würde genügen |
| Auftragsbestand | Produktion, Lager | m | Liste, einzeln, akkum. | Transparenz bzw. Änderung des Auftragsbestands | Auftragsbestand je Woche, nach Artikeln | nicht erforderlich, wenn Abfragemöglichkeiten |
| Umsatz | Verkauf, Rechnungswesen, Unternehmensführung | m | Liste, einzeln, akkum. | Kontrolle der Umsatzentwicklung | Umsätze je Periode mit Vorjahresvergleich, nach Kundengruppen | weiterhin in gedruckter Form erforderlich |

Bild 74: Informationsanalyse

Während die Istaufnahme also dazu dient, die gegenwärtig bereitgestellten Informationenen kennenzulernen, um daraus Schlüsse zur Verbesserung der Informationsversorgung zu ziehen, ermittelt der künftige Informationsbedarf die Anforderungen an das Informationssystem und bildet damit die Grundlage für den sich anschließenden Entwurf des Grobkonzeptes. Bild 75 zeigt das Beispiel eines Informationskataloges zur Übersicht über den geplanten Informationsbedarf.

Nachdem der Informationsbedarf je Empfängerebene mit allen sachbezogenen Einzelangaben ermittelt und dargestellt ist, folgt als nächster Schritt der Projektstufe Systementwicklung der Entwurf des Informations-Grobkonzeptes. Zur Darstellung dieses Grobkonzeptes bedient man sich des bekannten Grob-Datenflußplans, wie mit Beispiel in Bild 66 aufgeführt.

Da ein Informationssystem immer ein Teil-Informationssystem ist (das Gesamt-Informationssystem eines Unternehmens wäre nicht mehr überschaubar), muß dem Entwurf des Grobkonzeptes die Abstimmung mit den anderen, benachbarten Teilsystemen folgen. Deshalb ist es erforderlich festzulegen, welche Informationen von anderen Teilsystemen übernommen werden (z.B. Planwerte aus dem Informationssystem Rechnungswesen) und welche Informationen an andere Teilsysteme fließen (z.B. an die Informationssysteme Materialwirtschaft und Produktion).

Genauso wie bei herkömmlichen Datenverarbeitungssystemen muß auch bei Informationssystemen eine Planung von Terminen, Zeitaufwand, Personal, Kosten sowie benötigte Hardware und Software durchgeführt werden, wozu wir das bekannte Formular "Kosten-/Nutzenanalyse" (vergleiche Bild 56) verwenden.

## Projektstufe 2: Systemrealisierung

Die Systemrealisierung entspricht, wie bei herkömmlichen Datenverarbeitungsprozessen, der EDV-Feinkonzeption und der Programmierung. In dieser Projektstufe müssen alle organisatorischen Einzelheiten festgelegt und Programme erstellt werden, bezogen auf (vergleiche hierzu Bild 76)

| Proj.-Nr.: 04/80<br>Proj.-Name: Vertrieb-Informationssystem | INFORMATIONSKATALOG | | | | | Datum: 23.3.80<br>Bearbeiter: Lutz |
|---|---|---|---|---|---|---|
| **Inform.-Art** | **Inform.-Inhalt** | **Inform.-Basis** | **je Inform.-Empfänger** | | | | |

| Inform.-Art | Inform.-Inhalt | Inform.-Basis | Empfänger | Gliederung | Spezifikat. | Per. | Form |
|---|---|---|---|---|---|---|---|
| Auftragseingang | Auftragseingang je Kunde, je Kundengruppe nach Artikelgruppen | Auftragserfassung | Sachbearb. Verkauf<br>Leiter Verkauf<br>Bereichsleiter Vertrieb | je Kunde<br>je Kundengruppe<br>je Verkaufsgebiet | E, A, V<br>E, A, V, S<br>E, A, S, T | a<br>w<br>m | Anzeige<br>Liste<br>Liste |
| Auftragsbestand | Auftragsbestand nach Artikelgruppen | Auftragserfassung<br>Auslieferung | Sachbearb. Verkauf<br>Leiter Fertiglager | je Artikelgruppe<br>je Periode | E, A, V<br>E, A, V | a<br>a | Anzeige<br>Anzeige |
| Umsatz | Umsatz je Kunde und Kundengruppe nach Artikelgruppen | Fakturierung | Leiter Verkauf<br>Bereichsleiter Vertrieb<br>Unternehmensführung | je Kunde<br>je Kundengruppe<br>je Kunden- u. Artikelgruppe | E, A, V, S<br>E, A, S, T<br>E, A, S, T | m<br>m<br>m | Liste<br>Liste<br>Liste |

<u>Spezifikation</u> E = Einzelwerte, A = Akkum. Werte, P = Planzahlen, V = Vergleich m. Vorperiode, S = Vergleich m. Sollwert, T = Trendentwicklung

<u>Periode</u> t = täglich, w = wöchentlich, m = monatlich, v = vierteljährlich, h = halbjährlich, j = jährlich, a = aperiodisch

Bild 75: Informationskatalog

- die Eingabe und Speicherung der Daten aus den Datenverarbeitungsprogrammen, die zu Informationen verdichtet und umgeformt werden (Beispiel: Datenbank Vertrieb)
- die Eingabe externer Daten und Informationen (Beispiel: statistische Werte von Verbänden und Landesämtern)
- die Speicherung der Informationen (Beispiel: Informationsbank Vertrieb)
- die Programme für die Umformung der Daten zu Informationen (Beispiel: Methodenbank Vertrieb) und
- die Ausgabe der Informationen in Listen und Anzeigen im Dialogverfahren.

Während eine Datenbank die Basisdaten für die Informationsumformung aus den Anwendungsprogrammen aufnimmt, dient die Informationsbank zur Speicherung der umgerechneten, umstrukturierten und aufbereiteten Informationen und die Methodenbank zur Aufnahme der Programme des Informationssystems. Wie aus Bild 76 ersichtlich, werden Programme sowohl durch die Umformung der Daten zu Informationen als auch zum Ausdrucken und Abrufen von Informationen benötigt.

## Projektstufe 3: Systemeinführung

Rechtzeitig und parallel zu den Aufgaben der Einrichtung einer Daten-, Informations- und Methodenbank sowie der Programmierung muß die Übernahme und Überleitung des Informationssystems geplant und vorbereitet werden. Ziel dieser Einführungsmaßnahmen ist es, das Informationssystem so reibungslos wie möglich einzuführen.

Die Sicherheit der Systemeinführung wird erhöht durch

- die Durchführung umfangreicher Programmtests
- Praxis-Simulationsläufe
- den Einbau zusätzlicher Vorsichts- und Sicherheitsmaßnahmen sowie
- die Ausarbeitung von Notplänen.

Sofort nach Abschluß der Übernahme muß die Ausarbeitung und Si-

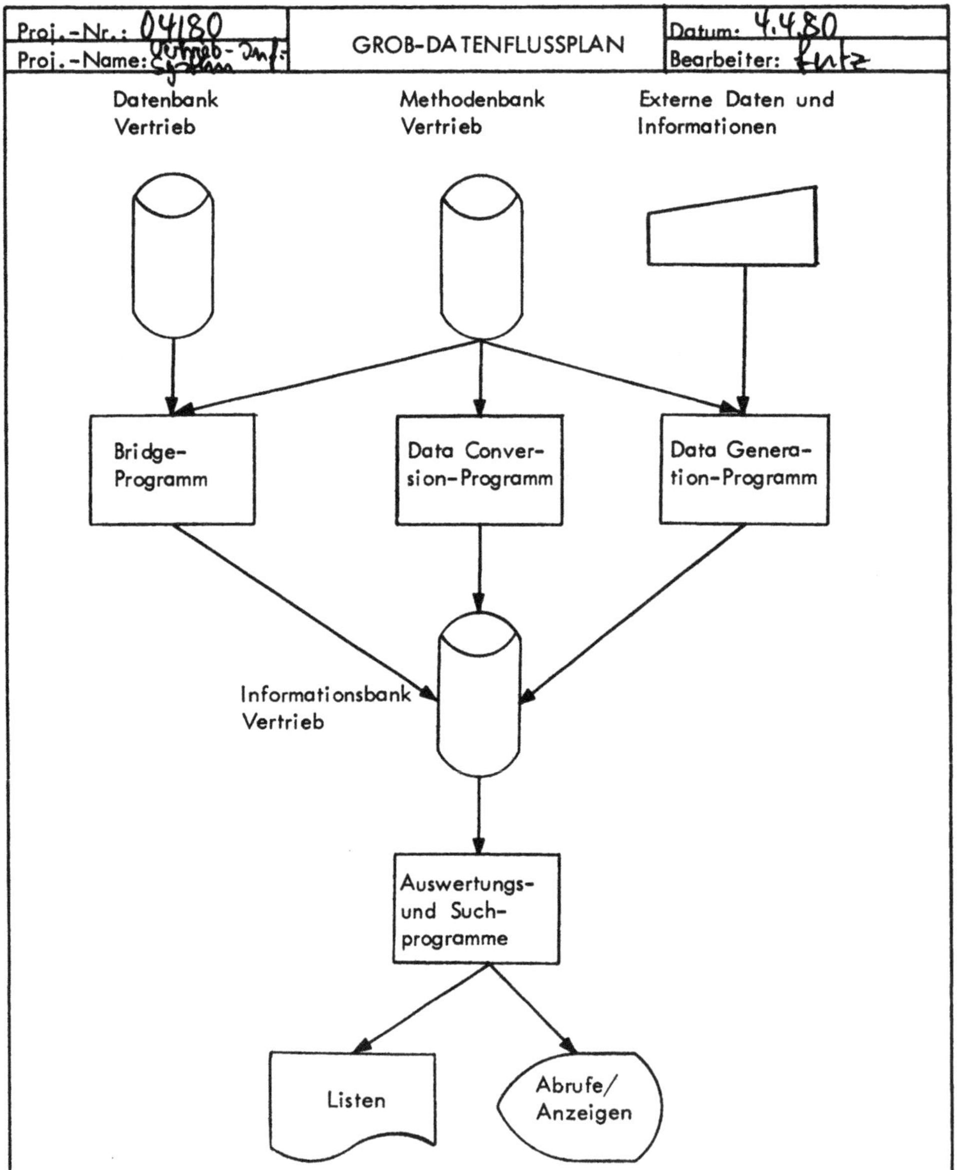


| | |
|---|---|
| Bridge-Programm: | Umrechnung von Daten zu Informationen |
| Data Conversion-Programm: | Umstrukturierung von Daten zu Informationen |
| Data Generation-Programm: | Aufbereitung externer Daten zu Informationen |

Bild 76: Grob-Datenflußplan Informationssystem Vertrieb

cherstellung der Abschlußdokumentation erfolgen, wodurch nicht nur Überprüfungen vereinfacht werden, sondern überhaupt erst eine Änderung der Informationsstruktur und Programme möglich wird.

Neben der Abschlußdokumentation gehört auch die Überprüfung der in der Planungsphase (Kosten-/Nutzenanalyse) geschätzten und ermittelten Vorkalkulationswerte. Diese Maßnahme dient dazu festzustellen, ob die damals erwarteten Plandaten auch wirklich erreicht wurden. Ein solcher Soll-/Istvergleich ist für die künftige Einrichtung von Informationssystemen von großem Wert.

# Anhang

## Begriffserklärungen

A

| | |
|---|---|
| Abschlußtest oder Praxistest | Endtest, bei dem mit Hilfe einer größeren Anzahl von Testbeispielen die richtige Arbeitsweise eines ganzen Programmkomplexes überprüft wird |
| Adresse | fortlaufende Numerierung der Speicherplätze bei internem Arbeitsspeicher und den externen Speichern (mit Ausnahme des Magnetbandes) |
| Änderungsauftrag | Formular für die Beantragung, Durchführung und Freigabe von Programmänderungen |
| Änderungsdienst | Bezeichnung des gesamten Ablaufs bei Programmänderungen vom Änderungsantrag bis zur Änderungsfreigabe |
| ALGOL | problemorientierte Programmiersprache für mathematische Zwecke |
| Anwendungsprogrammierer | im Gegensatz zum Systemprogrammierer Fachkraft, die die individuellen Benutzerprogramme ausarbeitet |
| Anwendungssoftware | Begriff für die Summe aller Programme für die Aufgabendurchführung einer EDV-Anlage |

| | |
|---|---|
| Arbeitsanweisung | siehe Programminstruktion |
| Arbeitsprogramme | Teil der Systemsoftware, unterteilt in Dienst- und Übersetzungsprogramme |
| Arbeitsspeicher oder Hauptspeicher; | Teil der Zentraleinheit zur Aufnahme der gerade ablaufenden Programme und der jeweils zu bearbeitenden Daten |
| Arbeitsvorbereitung | Gruppe des Rechenzentrums, die die Planung und Vorbereitung der Arbeitsabläufe auf der EDV-Anlage durchführt |
| Assembler | maschinenorientierte symbolische Programmiersprache, gleichzeitig Bezeichnung für das Übersetzungsprogramm |
| Ausgabegeräte | Geräte einer EDV-Anlage, die ausschließlich zur Ausgabe von Verarbeitungsergebnissen dienen |
| Auskunftssystem | siehe Dialogverkehr |
| automatische Datenverarbeitung (ADV) | anderer Ausdruck für elektronische Datenverarbeitung |

B

| | |
|---|---|
| BASIC | spezielle problemorientierte Programmiersprache, vor allem für Datenfernübertragung und Dialogverkehr bei MDT-Systemen entwickelt |
| Bedienungskonsole | Tastatur, Schreibmaschine oder Bildschirmgerät für die Ein- und Ausgabe von Einzeldaten bei der Bedienung einer EDV-Anlage |

| | |
|---|---|
| Befehl | siehe Operation |
| Befehlsschlüssel | siehe Operationscode |
| Beleglesung | Vorgang, bei dem Daten vom Magnetschrift-, Klarschrift- oder Markierungsbeleg ohne Umwandlung in einen Datenträger direkt maschinell gelesen werden |
| Berichtssystem | Informationssystem, das vornehmlich zur Bereitstellung von Informationen für die operative Kontrolle dient |
| Bestandsdaten | auf Datenträgern und externen Speichern fortgeschriebene Datenbestände, z.B. Lagerbestände |
| Betriebssystem (engl. Operating System) | Steuerprogramm als Teil der Systemsoftware |
| Bewegungsdaten | im Gegensatz zu den Stamm- und Bestandsdaten handelt es sich bei den Bewegungsdaten um neue Geschäftsvorfälle |
| Bildschirmgerät oder Bildschirmarbeitsplatz | Dialoggerät bei EDV-Anlagen für die Eingabe und Ausgabe |
| Bildschirmmaske | optische Gestaltung der Bildschirmanzeige |
| Binärsystem oder Dualsystem; | Zahlensystem, auf der Basis 2 aufbauend |
| Binärzahl | Grundzahl des Binärsystems, nur aus den beiden Zahlen 0 und 1 bestehend |

| | |
|---|---|
| Bit (engl. Binary Digit) | kleinste Stelle bei der Datenspeicherung zur Aufnahme einer Binärzahl |
| Byte | englisches Wort für die Speicherung und Darstellung binärer Zahlen; ein Byte umfaßt 8 Datenbits und 1 Prüfbit und kann einen Buchstaben oder ein Sonderzeichen oder zwei Dezimalziffern aufnehmen |
| C | |
| Cobol | problemorientierte Programmiersprache für kommerzielle Anwendungen |
| Codierblatt oder Codierschemata | Hilfsmittel zur Verschlüsselung von Programminstruktionen |
| Codierung | Verschlüsselung eines Programms |
| Closed-Shop-Betrieb | abgeschlossener Maschinenraum, zu dem nur bestimmte Personen mit Genehmigung Zutritt haben |
| COM-Gerät | Einrichtung für die Übertragung von Daten aus der EDV-Anlage, meist mit Hilfe eines Magnetbandes, in Mikrofilmaufzeichnungen |
| Compiler | Übersetzungsprogramm zur Übersetzung oder Umwandlung symbolischer Programme in die Maschinensprache |
| Computer | englischer Ausdruck für EDV-Anlage |
| Computer-Verbundnetz | siehe Rechner-Verbundnetz |

D

| | |
|---|---|
| Datei | Bezeichnung eines zusammenhängenden Datenbestandes; Beispiel; Personaldatei, Kundendatei, Artikeldatei |
| Datenorganisation | Organisation der Speicherung und Wiedergewinnung von Daten in externen Speichern |
| Daten | in Form von Buchstaben, Sonderzeichen und Ziffern dargestellte Geschäftsvorfälle jeglicher Art |
| Datenbank | Ausdruck für die Sammlung und Speicherung einer meist größeren Datenmenge nach bestimmten Strukturmerkmalen |
| Datenbanksystem | Datenbank mit Zugriffs- und Verwaltungssystem in Form eines Softwarepaketes |
| Datenbanktechnik | Technik der Speicherung und Wiedergewinnung von in Datenbanken gespeicherten Daten |
| Datenendeinrichtung | Ausdruck für Eingabe- und Ausgabegeräte, Codier- und Decodiergeräte sowie Datensicherungsgeräte bei der Datenfernübertragung |
| Datenerfassung | Aufnahme der von äußeren oder inneren Stellen eingehenden Daten und ihre Übertragung auf maschinell lesbare Datenträger oder direkt lesbare Belege |

| | |
|---|---|
| Datenerfassungsbeleg | spezieller Beleg, von dem Daten auf Datenträger übertragen werden |
| Datenerfassungsgeräte | Geräte für die Übertragung der Daten von Datenerfassungsbelegen auf Datenträger |
| Datenfernübertragung (DFÜ) | System zur Übertragung von Daten zwischen EDV-Anlagen oder zwischen einer EDV-Anlage und Ein-/Ausgabegeräten mit Hilfe von Fernschreib-, Fernsprech- oder Sonderleitungen |
| Datenfernverarbeitung (DFV) | Datenfernübertragung mit anschließender Verarbeitung der übertragenen Daten und Rückübertragung der Verarbeitungsergebnisse |
| Datenfluß | Anordnung der Arbeitsschritte und des Belegflusses in der Reihenfolge ihres Ablaufs |
| Datenflußplan | graphische Darstellung des Datenflusses von der Datenerfassung bis zur Auswertung der Verarbeitungsergebnisse |
| Datenkanal | Verbindung zwischen Zentraleinheit und den Steuereinheiten der peripheren Geräte zur Übertragung der Daten zwischen Zentraleinheit und den peripheren Geräten |
| Datenmengengerüst | Datenanfall je Zeiteinheit und Arbeitsgebiet |
| Datensammelsystem | Datenerfassungsgeräte, die zu einem Zentralsystem zusammengeschlossen sind (Gegensatz: Dateneinzelerfassungsplätze) |

| | |
|---|---|
| Datenschutz | Ausdruck für den Schutz von Personen und Organisationen vor Mißbrauch der Datenverarbeitung |
| Datenschutzbeauftragter | Mitarbeiter des Unternehmens, der für den Schutz von Daten, Programmen und Dokumentationsunterlagen verantwortlich ist (entsprechend Vorschrift des BDSG) |
| Datensicherung | Sicherung der Daten, Programme und Dokumentationsunterlagen gegen Beschädigung, Zerstörung und Verlust |
| Datenstation (engl. Terminal) | Ein- und Ausgabegerät bei der Datenübertragung |
| Datenstruktur oder Datenhierarchie; | Anordnung der Daten in Dateien oder Datenbanken innerhalb einer bestimmten Ordnung |
| Datenträger | Mittel zur Erfassung und Speicherung von Daten der elektronischen Datenverarbeitung |
| Datenübertragung (DÜ) | Übertragung von Daten zwischen Zentraleinheit und lokal angeordneten Datenstationen |
| Datenübertragungseinrichtung | Geräte und Einrichtungen für die Datenübertragung |
| Datenverwaltungssystem | Teil eines Datenbanksystems, der der Speicherung und Sicherung der in der Datenbank aufbewahrten Daten dient |
| Datenzugriffssystem | Teil eines Datenbanksystems, der zur Verbindung von Anwenderprogrammen und gespeicherten Daten in der Datenbank dient |

| | |
|---|---|
| Dialoggeräte | kombinierte Ein-/Ausgabegeräte zur Kommunikation zwischen Mitarbeiter und EDV-Anlage |
| Dialogverarbeitung | (engl. On-Line-Betrieb); direkte Kommunikation zwischen Mensch und Computer |
| Dienstprogramm | Arbeitsprogramm, vom Hersteller der EDV-Anlage zur Verfügung gestellt; Beispiele für Dienstprogramme sind allgemein verwendbare Sortier- und Mischprogramme, Standard-Druckprogramme u.ä. |
| Direkteingabe | Eingabe von Daten in eine EDV-lage ohne Verwendung gesonderter Datenträger |
| Diskette | kleine Platte zur Aufnahme von Daten bei der Datenerfassung |
| Dualsystem | siehe Binärsystem |
| E | |
| EDV-Anlage | elektronische programmgesteuerte Maschine, aus der Zentraleinheit und den peripheren Geräten bestehend |
| EDV-Ausschuß | EDV-Koordinierungsstelle im Unternehmen, als Ausschuß organisiert |
| EDV-Betrieb | anderer Ausdruck für Rechenzentrum |
| EDV-Budget | kurzfristige Planung von Personal, Maschinenausstattung und Kosten |
| EDV-Feinkonzeption | Ausarbeitung der organisatorischen Details; Ergebnis: Programmvorgaben |

| | |
|---|---|
| EDV-Grobkonzeption | Entwurf der EDV-Groblösung; Ergebnis: Organisationsvorschlag |
| EDV-Kontaktleute | Mitarbeiter in den Fachabteilungen, die aktiv an EDV-Prozessen teilnehmen |
| EDV-Langfristplanung | Vorausschau über EDV-Aufgaben, EDV-Personal, EDV-Maschinenausstattung und EDV-Kosten für 5 bis 6 Jahre |
| EDV-Projektantrag | Hilfsmittel zur Beantragung und Genehmigung von EDV-Projekten |
| EDV-Revision | Überprüfung der EDV-Abteilung, unterteilt in Programm- und Systemrevision |
| EDV-Anwendungsstufen | Gliederung des qualitativen EDV-Einsatzes nach einfachen Abrechnungsaufgaben, dispositiven Aufgaben, Planungs- und Informationssystemen und Gestaltungssystemen |
| EDV-Systemtechnik | Gruppe oder Abteilung der EDV, die Systemprogrammierung, das Datenbank-Management und die DFÜ-Spezialisten umfassend |
| Eingabegeräte | Einrichtungen für die Eingabe von Daten und Programmen in eine EDV-Anlage |
| Einführungsphase | siehe Systemeinführung |
| elektronische Datenverarbeitung (EDV) | Verarbeitung von Daten kommerzieller, technischer und wissenschaftlicher Art auf einer EDV-Anlage |

| | |
|---|---|
| Entscheidungssystem | höchste Stufe eines Informationssystems, bei dem durch die EDV Entscheidungsmodelle für das Management zur Verfügung gestellt werden |
| Entscheidungstabelle | Hilfsmittel zur Darstellung logischer Zusammenhänge |
| externe Speicher | im Gegensatz zum internen Arbeitsspeicher der Zentraleinheit zusätzliche Speicher, wie Magnetband, Magnetplatte oder Magnettrommel |
| F | |
| FORTRAN | problemorientierte Programmiersprache für mathematisch-technische Zwecke |
| G | |
| Generator | Übersetzungsprogramm für deskriptive Programmiersprachen wie RPG oder LPG |
| H | |
| Halbleiterspeicher | interner Arbeitsspeicher auf der Basis der Halbleitertechnik |
| Hardcopy-Gerät | Ausgabegerät, an eine Datenstation angeschlossen |
| Hardware | englischer Ausdruck für alle technischen Einrichtungen zur Erfassung, Übertragung und Verarbeitung von Daten |
| Hardware-Diagramm | graphische Darstellung der Ausrüstung einer EDV-Anlage |

| | |
|---|---|
| Hardware-Steuerung | fest eingebaute Steuerungseinrichtungen in der Zentraleinheit einer EDV-Anlage |
| Hauptprogramm | im Gegensatz zum Vor- und Schlußprogramm umfaßt das Hauptprogramm alle sich wiederholenden Eingabe-, Verarbeitungs- und Ausgabeoperationen |
| Hauptspeicher | siehe Arbeitsspeicher |
| Hollerith | Erfinder der herkömmlichen Lochkartenmaschinen |
| I | |
| Informationen | Nachrichten zur besseren Aufgabenerfüllung des Empfängers |
| Informationsbank | Datenbank zur Speicherung von Informationen |
| Informationskatalog | Zusammenstellung der organisatorischen Einzelheiten zur Informationsbereitstellung |
| Informationspyramide | modellhafte Darstellung der Informationsversorgung nach Empfängerebenen |
| Informationssystem | Bereitstellung von Informationen innerhalb einer bestimmten Ordnung |
| Interpreter | Übersetzungsprogramm für BASIC-Programmiersprachen |

J

| | |
|---|---|
| Job | englische Bezeichnung für die Zusammenfassung mehrerer Programme zu einem Programmkomplex, der gemeinsam auf der EDV-Anlage abgewickelt wird |
| Job-Accounting | Programme zur Kontrolle der Maschinenauslastung und Verrechnung von Maschinenleistungen auf die einzelnen Kostenstellen |
| Job-Steuerung | Teil des Betriebssystems zur Steuerung von Programmkomplexen |

K

| | |
|---|---|
| Kettendrucker | Schnelldrucker einer EDV-Anlage, der als Typenträger eine umlaufende Druckkette benutzt |
| Klarschriftbeleg | Beleg für die optische Beleglesung |
| Klarschriftverfahren oder optische Beleglesung | Verfahren zum Lesen von Klarschrift mit Hilfe eines Klarschrift-Lesegeräts |
| Kompatibilität | Verträglichkeit von Programmen (Programmkompatibilität) oder Daten (Datenkompatibilität) zwischen verschiedenen EDV-Anlagen |
| Konsoloperator | Maschinenbediener, der die EDV-Anlage mit Hilfe der Konsoleinrichtungen steuert |
| Kontrolle/Abstimmung | Gruppe des Rechenzentrums für die Ein- und Ausgabekontrolle |

| | |
|---|---|
| Kosten-/Nutzenanalyse | Hilfsmittel zur Erfassung der Kosten, Einsparungen und zusätzliche Vorteile bei EDV-Projekten |
| **L** | |
| Laserdrucker | Schnelldrucker einer EDV-Anlage auf der Basis von Laserstrahlen |
| Lochkarte | Spezialkarton für die Aufnahme und maschinelle Verarbeitung von Daten in Lochschrift |
| Lochkartenlesegerät | Eingabegerät einer EDV-Anlage zum Abfühlen von Lochkarten |
| Lochstreifen | genormter Papierstreifen für die verschlüsselte Aufnahme und maschinelle Verarbeitung von Daten in Lochschrift |
| Lochstreifenlesegerät | Gerät für die Lochstreifeneingabe bei EDV-Anlagen |
| LPG<br>engl. List Programm Generator | anderer Ausdruck für RPG |
| **M** | |
| Magnetband | Kunststoffband für die verschlüsselte Aufnahme und maschinelle Verarbeitung von Daten in Form von Magnetpunkten |
| Magnetbandgerät | Gerät für die Speicherung und Wiedergewinnung von Daten auf Magnetband |

| | |
|---|---|
| Magnetbandkassette | Mini-Magnetband anstelle einer Spule auf einer Kassette untergebracht |
| Magnetdrahtspeicher | Arbeitsspeicher, bei einigen EDV-Anlagen verwendet |
| magnetische Beleglesung | siehe Klarschriftverfahren |
| Magnetkern | kleiner Eisenring als Bestandteil eines Magnetkernspeichers für die Aufnahme eines Bits |
| Magnetkernspeicher | der am meisten verbreitete Typ des internen Arbeitsspeichers, aus kleinen Magnetkernen aufgebaut |
| Magnetplatte | hochpolierte Metallscheibe, auf deren beiden Flächen Daten in konzentrischen Spuren gespeichert werden |
| Magnetplattenspeicher | externer Speicher, bei dem die Daten auf den magnetisierbaren Oberflächen von Magnetplatten in Form von Magnetpunkten gespeichert werden |
| Magnetschriftverfahren | Verfahren der direkten Beleglesung, das Magnetschrift verwendet |
| Magnetschriftbeleg | Beleg, auf dem spezielle Schriftzeichen mit magnetischer Farbe geschrieben sind, für Menschen und Maschinen lesbar |
| Magnetstreifenspeicher | heute kaum noch verwendeter externer Speicher |
| Magnetträger | allgemeiner Ausdruck für Datenträger in Form von Magnetband, Magnetbandkassette und Diskette |

| | |
|---|---|
| Magnettrommelspeicher | externer Größraumspeicher, von einigen Großanlagen verwendet, bei dem die Daten auf der magnetisierbaren Oberfläche eines Metallzylinders gespeichert werden |
| Markierungsbeleg | Beleg für die Eingabe von Strichmarkierungen ohne Verwendung eines besonderen Datenträgers |
| Markierungsverfahren | Verfahren, bei dem die Belege selbst mit handschriftlichen Markierungen versehen für die Eingabe verwendet werden |
| Maschinenprogramm | siehe Objektprogramm |
| Maschinenraum | Teil des Rechenzentrums, in dem die EDV-Anlage einschließlich der Zusatzgeräte untergebracht sind |
| Maschinensprache | Programmsprache, der Struktur einer EDV-Anlage angepaßt |
| Match-Code-Verfahren | Programme zum Aufsuchen von Ordnungsbegriffen durch Eingabe alphabetischer Kennzeichen |
| MDT-System | System der mittleren Datentechnik |
| Methodenbank | ähnlich der Datenbank, aber zur Aufbewahrung von Programmen für die Informationsverarbeitung |
| Mikrocomputer | Kleinstcomputer, mit neuartigen elektronischen Elementen ausgestattet |
| Mikrosekunde | der millionste Teil einer Sekunde |

| | |
|---|---|
| Millisekunde | der tausendste Teil einer Sekunde |
| Minicomputer | kleines EDV-System, vergleichbar einem MDT-System, vornehmlich für technische Anwendungen eingesetzt |
| mittlere Datentechnik | Ausdruck für den Einsatz eines MDT-Systems |
| Mixed Hardware | Ausstattung einer EDV-Anlage mit Geräten verschiedener Hersteller |
| Modem | zusammengesetzter Ausdruck aus Modulator und Demodulator; Modems werden für die Modulation bzw. Demodulation von Frequenzen bei der Datenfernübertragung benötigt |
| Monitor | hier: Einsatz von technischen oder programmtechnischen Einrichtungen zur Messung der Leistung bei EDV-Anlagen |
| Multiplexkanal | Datenkanal zur vergleichsweise langsamen Übertragung von Daten zwischen Zentraleinheit und peripheren Geräten |
| N | |
| Nanosekunde | der milliardste Teil einer Sekunde |
| numerische Daten | anderer Ausdruck für Ziffern bei der Datenverarbeitung |
| O | |
| Objektprogramm | aus dem Quellenprogramm mit Hilfe eines Übersetzungsprogramms gewonnenes Maschinenprogramm |

| | |
|---|---|
| Off-Line | Datenübertragung, bei der Datenträger zwischengeschaltet sind |
| On-Line | direkte Übertragung von Daten zwischen einer EDV-Anlage und externen Geräten |
| Operand oder Operandenteil; | Teil einer Maschineninstruktion zur Aufnahme der Operandenadressen |
| Operation | Teil einer Instruktion mit Ausweis des Befehls, den die EDV-Anlage durchführen soll |
| Operationscode | Bestimmung der Operation (Befehlsschlüssel) |
| optische Beleglesung | siehe Klarschriftverfahren |
| Organisationsprogrammierer | Anwendungsprogrammierer, der nicht nur programmiert, sondern auch Aufgaben der Detailorganisation durchführt |

P

| | |
|---|---|
| periphere Geräte | Zusammenfassung aller Ein- und Ausgabegeräte, externer Speicher und Dialoggeräte einer EDV-Anlage |
| PL 1 | Bezeichnung für eine neue problemorientierte Programmiersprache, die sowohl für kaufmännische als auch für technisch-wissenschaftliche Zwecke geeignet ist |
| Planungssystem | Management-Informationssystem, das Informationen für Planungsprozesse bereitstellen soll |

| | |
|---|---|
| Plattenzylinder | Ausdruck aus der Speichertechnik beim Magnetplattenspeicher; unter einem Plattenzylinder versteht man die übereinander liegenden Spuren aller Platten eines Magnetplattenstapels |
| Plotter | Zeichengerät als Ausgabegerät bei einer EDV-Anlage |
| Praxistest | Programmtest, bei dem der gesamte Programmkomplex im Hinblick auf das Funktionieren unter praktischen Bedingungen überprüft wird |
| Problemanalyse | erste Phase der Systementwicklung zur Aufnahme und Analyse des organisatorischen Istzustandes |
| Programmablauf | Folge der Einzelschritte eines Programms |
| Programmablaufplan | graphische Darstellung eines Programmablaufs |
| Programmbeschreibung | verbale Beschreibung eines Programmablaufs |
| Programmbibliothek | meist auf Magnetplatten gespeicherte Programme eines Unternehmens |
| Programmdokumentation | Niederschrift und Zusammenstellung aller Programmunterlagen für Prüfzwecke und Programmänderungen |
| Programmiersprache | im Gegensatz zur echten Maschinensprache eine symbolische Sprache, die vom Programmierer gehandhabt wird und noch in die Maschinensprache übersetzt werden muß |

| | |
|---|---|
| Programmierung | zweite Stufe der Systemrealisierung: Ausarbeitung der individuellen Programme bzw. Anpassung von Standardprogrammen |
| Programminstruktion | Arbeitsschritt eines Programms, bestehend aus der Operation (Befehl) und den Operandenadressen (Bezeichnung der Speicherplätze der zu bearbeitenden Daten) |
| Programmkarten | Lochkarten für die Aufnahme des Quellenprogramms |
| Programmrevision | Überprüfung von Programmen auf einwandfreie Funktion |
| Programmsteuerung | hier: Steuerung einer EDV-Anlage mit Hilfe eines eingegebenen Programms |
| Programmtest | Prüfung eines ausgearbeiteten Programms anhand von Testbeispielen mit Hilfe der EDV-Anlage |
| Programmverschlüsselung oder Codierung | Übertragung der einzelnen Schritte des Programmablaufplans in Instruktionen unter Benutzung der vorgeschriebenen Programmiersprache |
| Programmvorgabe | Aufbereitung einer Aufgabe mit allen organisatorischen Details für die Durchführung der Programmierung |
| Projektabwicklung | Umstellung eines Arbeitsgebietes auf die EDV |
| Projektsteuerung | Planung, Überwachung und Kontrolle von EDV-Projekten |

| | |
|---|---|
| Prüfziffernverfahren | Absicherung von Ordnungsbegriffen mit Hilfe von Prüfziffern, die den Ordnungsbegriffen hinzugefügt werden |
| Pufferspeicher oder Puffer | Zwischenspeicher zur vorübergehenden Speicherung von Daten bei den langsam arbeitenden Ein- und Ausgabegeräten, um eine bessere Auslastung der Zentraleinheit sicherzustellen |
| Q | |
| Quellenprogramm | Programm in einer symbolischen Programmiersprache, das in das Maschinenprogramm (Objektprogramm) übersetzt werden muß |
| R | |
| Recheneinheit oder Rechenwerk | Teil der Zentraleinheit zur Durchführung der Rechen- und logischen Maschinenoperationen |
| Rechenzentrum | Zusammenfassung der Stellen und Räume für die Abwicklung der maschinellen Datenverarbeitung, üblicherweise unterteilt in Arbeitsvorbereitung, zentrale Datenerfassung, Maschinenraum und Kontrolle/Abstimmung |
| Rechner-Verbundnetz | Verbindung verschiedener EDV-Anlagen und/oder MDT-Systeme mit gemeinsamer Steuerung durch einen größeren Universalrechner |
| RPG engl. Report Program Generator | problemorientierte Programmiersprache für einfache Anwendungen |

S

| | |
|---|---|
| Satellitenrechner | kleine Rechenanlage oder MDT-System, an eine große EDV-Anlage gekoppelt |
| Satzaufbau | Struktur eines Datensatzes mit Unterteilung in Satzfelder |
| Schnelldrucker | Ausgabegerät einer EDV-Anlage zum Ausdrucken der Verarbeitungsergebnisse |
| Schreib-/Lesekopf | Einrichtung bei magnetischen Speichern (Magnetbandgerät, Magnetplatteneinheit) zum Speichern und Lesen der Daten |
| Selektorkanal | Datenkanal für die schnelle Übertragung von Daten zwischen Zentraleinheit und externen Speichern |
| Software | Summe aller Programme für den Einsatz einer EDV-Anlage |
| Softwarepaket | anderer Ausdruck für Programmkomplex |
| Software-Steuerung | anderer Ausdruck für Programmsteuerung |
| Speicheradresse | numerische oder alphanumerische Bezeichnung der Speicherplätze |
| Speicherplatz | siehe Speicheradresse |
| Sprachausgabe | Ausgabe von Daten in akkustischer Form über Telefon |
| Stabdrucker | Schnelldrucker mit Typenstab |

| | |
|---|---|
| Stammdaten | Daten, die über einen gewissen Zeitraum hinweg nicht geändert zu werden brauchen |
| Standardsoftware | Summe aller Standardprogramme, die nicht von eigenen Programmierern ausgearbeitet wurden |
| Stapelverarbeitung | (engl. Batch-Betrieb); keine direkte Verbindung zwischen Mensch und Computer |
| Step | englischer Ausdruck für ein einzelnes Programm |
| Steuereinheit | Steuereinrichtung, den peripheren Geräten vorgeschaltet, zur getrennten Steuerung von Ein- und Ausgabevorgängen außerhalb des Steuerwerks der Zentraleinheit |
| Steuerkarten | für jedes Programm bzw. jeden Job anzulegende Vorlaufkarten, zur Mitteilung von programmindividuellen Steuermerkmalen an das Betriebssystem der EDV-Anlage |
| Steuerwerk | Teil der Zentraleinheit zur hardwaremäßigen Steuerung von Programmabläufen |
| symbolische Programmiersprache | Programmiersprache unter Verwendung leicht verständlicher Symbole |
| Systemeinführung | letzte Stufe der Umstellung, die die Übergabe und Einführung des umgestellten Programmkomplexes umfaßt |

| | |
|---|---|
| Systementwicklung | erste Stufe der Umstellung, in der der neue EDV-Arbeitsablauf entworfen wird |
| Systemprogrammierer | Programmierer, der für die Betreuung der Systemsoftware verantwortlich ist |
| Systemrealisierung | nach der Systementwicklung zweite Umstellungsstufe, die EDV-Feinkonzeption und die Programmierung umfassend |
| Systemrevision | Bezeichnung der Überprüfung aller EDV-Aktivitäten mit Ausnahme der einzelnen Programme (Programmrevision) |
| Systemsoftware | im Gegensatz zur Anwendungssoftware anwendungsunabhängige Programme zur Steuerung der EDV-Anlage und für generell durchführbare Aufgaben |
| T | |
| Teilprogramm | in sich geschlossener Teil eines Programms, der getrennt ausgearbeitet und getestet wird |
| Testauswertung | Überprüfung der Ergebnisse eines Programmtests |
| Testbeispiele | simulierte Daten zur Überprüfung eines Programms |
| Testdaten | siehe Testbeispiele |
| Testhilfsprogramme | Dienstprogramme, vom Hersteller der EDV-Anlage zur Verfügung gestellt, die dem Programmierer das Testen von Programmen erleichtern sollen |

U

| | |
|---|---|
| Übersetzung | siehe Umwandlung |
| Übersetzungsprogramm | Programm zur Übersetzung aus der symbolischen Programmiersprache in die Maschinensprache |
| Übertragungskanal | Fernschreib-, Fernsprech- oder Sonderleitungen bei der Datenfernübertragung |
| Umwandlung oder Übersetzung; | Arbeitsablauf auf der EDV-Anlage zur Übersetzung eines Quellenprogramms in die Maschinensprache (Objektprogramm) |
| Umwandlungsliste | bei der Übersetzung vom Quellen- in das Objektprogramm von der EDV-Anlage ausgedrucktes Maschinenprotokoll |
| Unterprogramm | siehe Teilprogramm |

W

| | |
|---|---|
| Walzendrucker | Schnelldrucker mit Typenzylinder |

Z

| | |
|---|---|
| Zeilendrucker | Schnelldrucker bei EDV-Anlagen; bei jedem Anschlag wird eine ganze Zeile auf einmal gedruckt |
| Zentraleinheit (engl. CPU) | zusammengefaßte Bezeichnung für das Steuerwerk, die Recheneinheit und den internen Arbeitsspeicher einer EDV-Anlage |
| Zugriffszeit | Zeit für das Auffinden oder Hinbringen eines Datensatzes im Speicher |

# Sachregister

K



L



M



P



R



S



U



V



Z

Bei Fragen zur Produktsicherheit wenden Sie sich bitte an:
If you have any questions regarding product safety,
please contact:

Walter de Gruyter GmbH
Genthiner Straße 13
10785 Berlin
productsafety@degruyterbrill.com